HORST BARTELS

Die Anhörung Beteiligter im Verwaltungsverfahren

AF894752

Schriften zum Öffentlichen Recht

Band 491

Die Anhörung Beteiligter im Verwaltungsverfahren

dargestellt anhand von § 24 SGB X

Von

Dr. Horst Bartels

DUNCKER & HUMBLOT / BERLIN

Gefördert vom Deutschen Sozialrechtsverband, Essen

CIP-Kurztitelaufnahme der Deutschen Bibliothek

Bartels, Horst:
Die Anhörung Beteiligter im Verwaltungsverfahren:
dargest. anhand von § 24 SGB X / von Horst Bartels. —
Berlin: Duncker und Humblot, 1985.
(Schriften zum Öffentlichen Recht; Bd. 491)
ISBN 3-428-05874-7
NE: GT

Alle Rechte vorbehalten
© 1985 Duncker & Humblot GmbH, Berlin 41
Gedruckt 1985 bei Buchdruckerei A. Sayffaerth - E. L. Krohn, Berlin 61
Printed in Germany

ISBN 3-428-05874-7

Vorwort

Die vorliegende Arbeit wurde im Dezember 1984 von der Fakultät der Abteilung für Rechtswissenschaft der Ruhr-Universität Bochum als Dissertation angenommen. Rechtsprechung und Literatur konnten bis Oktober 1984 Berücksichtigung finden.

Herrn Professor Dr. Wilhelm Wertenbruch und Herrn Professor Dr. Wolfgang Loschelder danke ich für wertvolle Anregungen und die Mühe der Begutachtung. Mein Dank gilt aber auch all denen, die mir durch Diskussion und weiterführende Hinweise Hilfe zuteil werden ließen.

Zu Dank verpflichtet bin ich auch dem Deutschen Sozialrechtsverband für die Förderung durch einen großzügigen Druckkostenzuschuß.

Bochum, im Juni 1985

Horst Bartels

Inhaltsverzeichnis

Abkürzungsverzeichnis

AcP	=	Archiv für die civilistische Praxis
AFG	=	Arbeitsförderungsgesetz vom 25. 6. 1969 (BGBl. I, S. 582)
AnwBl.	=	Anwaltsblatt
AO	=	Abgabenordnung vom 16. 3. 1976 (BGBl. I, S. 613)
AöR	=	Archiv des öffentlichen Rechts
AVG	=	Angestelltenversicherungsgesetz i. d. F. vom 28. 5. 1924 (RGBl. I, S. 563)
BayVBl.	=	Bayerische Verwaltungsblätter
BayVerfGH	=	Bayerischer Verfassungsgerichtshof
BG	=	Die Berufsgenossenschaft
BKK	=	Die Betriebskrankenkasse
BlStSozArbR	=	Blätter für Steuerrecht, Sozialversicherung und Arbeitsrecht
BochKomm	=	Bochumer Kommentar
Boorberg-FS	=	Festschrift zum 50jährigen Bestehen des Richard Boorberg Verlags
BR-Drucks.	=	Drucksache des Bundesrates
BT-Drucks.	=	Drucksache des Bundestages
BVerwG-FS	=	Festgabe aus Anlaß des 25jährigen Bestehens des Bundesverwaltungsgerichts
BVG	=	Gesetz über die Versorgung der Opfer des Krieges (Bundesversorgungsgesetz) i. d. F. vom 22. 1. 1982 (BGBl. I, S. 21)
bzw.	=	beziehungsweise
DAngVers	=	Die Angestellten-Versicherung
Diss. jur.	=	Juristische Dissertation
ders.	=	derselbe
DOK	=	Die Ortskrankenkasse
DRV	=	Deutsche Rentenversicherung
EAO	=	Entwurf einer Abgabenordnung (AO 1974), 1971, BT-Drucks. 6/1982
ESGB I	=	Entwurf eines Sozialgesetzbuchs (SGB) — Allgemeiner Teil —, 1973, BT-Drucks. 7/868
ESVGH	=	Entscheidungen des Hessischen Verwaltungsgerichtshofs und des Verwaltungsgerichtshofs Baden-Württemberg mit Entscheidungen der Staatsgerichtshöfe beider Länder
EVwPO	=	Entwurf einer Verwaltungsprozeßordnung (VwPO), 1982, BR-Drucks. 100/82
EVwVfG 1970	=	Entwurf eines Verwaltungsverfahrensgesetzes (VwVfG), 1970, BT-Drucks. 6/1173

EVwVfG 1973	=	Entwurf eines Verwaltungsverfahrensgesetzes (VwVfG), 1973, BT-Drucks. 7/910
f./ff.	=	folgende (Seite/Seiten)
FGO	=	Finanzgerichtsordnung vom 6. 10. 1965 (BGBl. I, S. 1477)
FS	=	Festschrift
GewArch	=	Gewerbearchiv
ggf.	=	gegebenenfalls
HessVGH	=	Hessischer Verwaltungsgerichtshof
InfAuslR	=	Informationsbrief Ausländerrecht
i. S. d.	=	im Sinne des/der
JuS	=	Juristische Schulung
JZ	=	Juristenzeitung
KrV	=	Die Krankenversicherung
MEVwVfG	=	Musterentwurf eines Verwaltungsverfahrensgesetzes (MEVwVfG 1963), 2. Auflage, Köln, Berlin 1968
NVwZ	=	Neue Zeitschrift für Verwaltungsrecht
NW	=	Nordrhein-Westfalen
OVGE	=	Entscheidungen der Oberverwaltungsgerichte für das Land Nordrhein-Westfalen in Münster sowie für die Länder Niedersachsen und Schleswig-Holstein in Lüneburg
PsychKG NW	=	Gesetz über Hilfen und Schutzmaßnahmen bei psychischen Krankheiten (PsychKG) vom 2. 12. 1969 (GV NW S. 872/SGV NW 2128) des Landes Nordrhein-Westfalen
Rdnr.	=	Randnummer
Schlesw.-Holst. LSG	=	Schleswig-Holsteinisches Landessozialgericht
SGb	=	Die Sozialgerichtsbarkeit
SGB-SozVers-GesKomm	=	Sozialgesetzbuch Sozialversicherung-Gesamtkommentar, bearbeitet von Bley u. a.
sog.	=	sogenannt
SozR	=	Sozialrechtliche Rechtsprechung und Schrifttum, bearbeitet von den Richtern des Bundessozialgerichts
SozSich	=	Soziale Sicherheit
SozVers	=	Die Sozialversicherung
StaatsR	=	Staatsrecht
u. a.	=	und andere
VBlBW	=	Verwaltungsblätter für Baden-Württemberg
VDR-Komm	=	Kommentar zum Recht der Gesetzlichen Rentenversicherung, hrsg. vom Verband Deutscher Rentenversicherungsträger
VerfR und VwVfR	=	Verfassungsrecht und Verwaltungsverfahrensrecht
VerwArch	=	Verwaltungsarchiv
VVDStRL	=	Veröffentlichungen der Vereinigung der Deutschen Staatsrechtslehrer
VwVfG NW	=	Verwaltungsverfahrensgesetz für das Land Nordrhein-Westfalen vom 21. 12. 1976 (GV NW S. 438 / SGV NW 2010)

VwR	=	Verwaltungsrecht
WPflG	=	Wehrpflichtgesetz i. d. F. vom 8. 12. 1972 (BGBl. I, S. 2277)
Württ.-Bad. VGH	=	Württemberg Badischer Verwaltungsgerichtshof
ZfF	=	Zeitschrift für das Fürsorgewesen
zit.	=	zitiert
ZRP	=	Zeitschrift für Rechtspolitik
ZSR	=	Zeitschrift für Sozialreform
z. T.	=	zum Teil
ZZP	=	Zeitschrift für Zivilprozeß

Im übrigen verweise ich auf *Kirchner*, Hildebert (Bearb.), Abkürzungsverzeichnis der Rechtssprache, 3. Auflage, Berlin, New York 1983.

Einleitung

A. Gegenstand der Untersuchung

Die Gewährung rechtlichen Gehörs zählt zu den Grundsätzen des Verwaltungsverfahrens zahlreicher kontinentaler Länder[1] und ist als Folge der „due process clause" Bestandteil des amerikanischen Verwaltungsverfahrens[2]. Auch für das Verwaltungsverfahren in der Bundesrepublik Deutschland ist die Gewährung rechtlichen Gehörs zu einem festen Bestandteil geworden. Im Gegensatz zum rechtlichen Gehör vor Gericht ist das rechtliche Gehör im Verwaltungsverfahren in der Bundesrepublik Deutschland nicht ausdrücklich verfassungsrechtlich gewährleistet. In Art. 103 Abs. 1 des Grundgesetzes für die Bundesrepublik Deutschland ist nur ein Anspruch auf rechtliches Gehör vor Gericht für jedermann garantiert[3]. Aufgrund der Geltung des Gewaltenteilungsprinzips wird aber ein Anspruch auf rechtliches Gehör durch Art. 103 Abs. 1 GG für den Bereich der Verwaltung nicht ausgeschlossen.

Zunächst war die Gewährung rechtlichen Gehörs als Bestandteil des Verwaltungsverfahrens in der Bundesrepublik Deutschland nur in einzelnen speziellen Gesetzen vorgeschrieben. Als Beispiele seien hier § 90 BBG, § 56 BRRG, §§ 108, 151 Abs. 2 BBauG, § 19 Abs. 3 WPflG, §§ 13 Abs. 3, 19 Abs. 4 ZDG sowie die §§ 14 Abs. 2, 36 Abs. 2 und 40 Abs. 2 SchwbG[4] genannt. Über die speziellen Vorschriften hinaus einen Anspruch auf rechtliches Gehör zu einem Grundsatz des Verwaltungsverfahrens zu entwickeln, ist längere Zeit Gegenstand wissenschaftlicher Bemühungen gewesen. Bei diesem Bestreben mußte es zunächst darum gehen, für diesen Anspruch eine Grundlage zu finden. Dabei hat es nicht an Versuchen gefehlt, rechtsdogmatische Begründungen, insbesondere aus der Verfassung herzuleiten[5]. Überwiegend rechtsstaatliche

[1] Siehe bei Becker, S. 51 ff.; für das Schweizer Verwaltungsverfahren siehe Reinhardt, S. 35 ff.; für das französische Verwaltungsverfahren sei auf die Arbeit von Rudolf Behrendt hingewiesen; zum Anspruch auf rechtliches Gehör im Verwaltungsverfahren der Europäischen Gemeinschaften siehe bei Michelsen.

[2] Siehe dazu bei Schwartz, S. 105 ff., sowie bei Schlephorst, S. 98 ff. und Löwenstein, S. 510 ff.

[3] Zur historischen Entwicklung siehe bei Rüping, S. 12—100.

[4] Weitere Beispiele spezialgesetzlicher Vorschriften bei Clausen, in: Knack, § 28 Rdnr. 7 sowie bei Wolff/Bachof, VwR III, § 156 IV d 1 (Rdnr. 39).

[5] Etwa König, S. 189 ff.; Heinzmann, S. 36 ff.; Schultze-Rhonhof, S. 35 ff.; Renkl, S. 51 ff.

Überlegungen haben dann dazu geführt, daß ein Anspruch auf rechtliches Gehör im Verwaltungsverfahren, wenn auch mit im einzelnen umstrittenen Voraussetzungen, als Grundsatz in Rechtsprechung und Literatur anerkannt wurde[6]. Der Gesetzgeber hat schließlich dem angesichts einer uneinheitlichen Rechtsprechung zu dem ungeschriebenen Grundsatz bestehenden Bedürfnis nach gesetzlicher Regelung[7] Rechnung getragen und das rechtliche Gehör über die bestehenden speziellen Vorschriften hinaus normiert.

Das rechtliche Gehör ist zuerst in § 34 des 1. Buches, des Allgemeinen Teils des Sozialgesetzbuches, der am 1. Januar 1976 in Kraft getreten ist, geregelt worden. Wegen des Sachzusammenhangs ist dann diese Regelung unverändert als § 24 des am 1. Januar 1981 in Kraft getretenen, das Verwaltungsverfahren betreffenden, 10. Buches des Sozialgesetzbuches übernommen worden[8]. Eine Änderung hat sich dadurch insofern ergeben, als die Regelung nicht mehr nur für den Sozialleistungsbereich gilt[9], sondern allgemein im Sozialverwaltungsverfahren[10]. Fast wörtlich übereinstimmend ist das rechtliche Gehör für das Verwaltungsverfahren allgemein in § 28 des am 1. Januar 1977 in Kraft getretenen Verwaltungsverfahrensgesetzes[11] und für das Finanzverwaltungsverfahren in § 91 der zur gleichen Zeit in Kraft getretenen Abgabenordnung geregelt worden.

Unter der Überschrift „Anhörung Beteiligter" bestimmen nunmehr die Abs. 1 der §§ 24 SGB X, 28 VwVfG und ähnlich auch § 91 Abs. 1 S. 1 AO: „Bevor ein Verwaltungsakt erlassen wird, der in Rechte eines Beteiligten eingreift, ist diesem Gelegenheit zu geben, sich zu den für die Entscheidung erheblichen Tatsachen zu äußern." Damit hat der Gesetzgeber unter der Bezeichnung „Anhörung Beteiligter" für das rechtliche Gehör im Verwaltungsverfahren eine Umschreibung gewählt, die auch für das rechtliche Gehör vor Gericht gebräuchlich ist[12]. Im Anschluß an die Terminologie des Gesetzgebers wird jetzt im juristischen Sprachgebrauch vielfach zwischen dem Anspruch auf rechtliches Gehör vor Gericht und der Anhörung Beteiligter im Verwaltungsverfahren unterschieden[13]. Um das rechtliche Gehör im Verwaltungsverfahren

---

[6] Vgl. BT-Drucks. 7/910, S. 51.

[7] Siehe BT-Drucks. 6/1173, S. 42.

[8] Vgl. BT-Drucks. 8/4022, S. 81 — § 34 SGB I ist durch Art. II § 28 Nr. 1 SGB X gestrichen worden.

[9] Vgl. die Überschrift des Dritten Abschnitts des Art. I SGB I — siehe auch BSG, in: SozR 1200, § 34 Nr. 8, S. 35; danach geht der Anwendungsbereich des damaligen § 34 SGB I über den Leistungsbereich hinaus.

[10] Vgl. § 1 SGB X.

[11] Mit § 28 VwVfG übereinstimmende Regelungen finden sich in den Landes-Verwaltungsverfahrensgesetzen, etwa § 28 VwVfG NW.

[12] Vgl. bei Renkl, S. 75 f.

von dem durch Art. 103 Abs. 1 GG für den Bereich einer anderen Staatsgewalt garantierten abzugrenzen, wird das rechtliche Gehör im Verwaltungsverfahren auch hier nunmehr als Anhörung Beteiligter bezeichnet.

Mit der Normierung der Anhörung Beteiligter hat sich das Zentrum der Fragestellung vom „Ob" des rechtlichen Gehörs im Verwaltungsverfahren zum „Wie" seiner Ausgestaltung verschoben. So ist etwa mit der gesetzlichen Regelung die Frage aufgeworfen worden, welche Bedeutung der Anhörung für den Beteiligten zukommt; insbesondere, ob er, wie vielfach behauptet, einen Anspruch auf Anhörung hat. Weiterhin ist eine lebhafte Diskussion um die gesetzlichen Voraussetzungen des Verwaltungsakts, „der in Rechte eines Beteiligten eingreift", entstanden. Umstritten ist auch, was zu den „für die Entscheidung erheblichen Tatsachen" zu zählen ist. Ebenso bedürfen die Voraussetzungen der in Abs. 2 der Regelungen vorgesehenen Ausnahmen von der Anhörung Beteiligter näherer Bestimmung, z. B. wann „gleichartige Verwaltungsakte in größerer Zahl" erlassen werden.

Die Ausgestaltung der Anhörung ergibt sich über § 24 SGB X, § 28 VwVfG und § 91 AO hinaus, indem sich in den entsprechenden Verwaltungsverfahrensgesetzen und Prozeßordnungen Vorschriften für den Fall eines Verstoßes gegen die Regelung der Anhörung Beteiligter finden lassen.

Soweit die Anhörung Beteiligter noch der Konkretisierung bedarf, teilt sie damit das Schicksal des in Art. 103 Abs. 1 GG garantierten rechtlichen Gehörs vor Gericht, das in den einzelnen Prozeßrechtsnormen nur eine lückenhafte Ausgestaltung erfahren hat[14]. Der Anspruch auf rechtliches Gehör vor Gericht mußte demzufolge durch Literatur und Rechtsprechung[15], insbesondere auch für einzelne Zweige des gerichtlichen Verfahrens[16], konkretisiert werden. Soweit dort die gleichen Fragestellungen, wie sie sich auch bei der Anhörung Beteiligter ergeben, erörtert worden sind, kann aber wegen der Verschiedenheit

[13] Kritisch dazu Borgs, in: Meyer/Borgs, § 28 Rdnr. 12 — siehe auch § 62 SGG.

[14] Zu der Ausgestaltung in einzelnen Verfahrensarten siehe z. B. bei Kenneweg, S. 143 ff.; Rumpel, S. 89 ff.

[15] Etwa Arndt, in: NJW 1959, S. 6 ff. und S. 1297 ff.; Röhl, in: NJW 1953, S. 1531 ff., NJW 1958, S. 1269 ff. und NJW 1964 S. 273 ff.; Baur, S. 401 ff.; Zeuner, S. 1021 ff.; Hamann, S. 143 ff.; Wolf, S. 405 ff.; v. Winterfeld, S. 850 ff.; Löwe, S. 109 ff.; Rumpel, S. 20 ff., 89 ff.; für die Rechtsprechung sei auf die Darstellung von Kenneweg, S. 5 ff. hingewiesen.

[16] Besonders für das strafgerichtliche Verfahren, vgl. etwa Bröll, S. 13 ff.; Rausche, S. 82 ff.; Seidel, S. 25 ff.; Dahs, S. 12 ff.; Jagusch, S. 266 ff.; Rüping, S. 144 ff.; vgl. auch Müller, S. 1659 f. und Ule, DVBl. 1959, S. 541 f. für das Verfahren der freiwilligen Gerichtsbarkeit bzw. das verwaltungsgerichtliche Verfahren.

der Funktionen von Rechtsprechung und Verwaltung auf die dort gefundenen Ergebnisse nicht ohne weiteres zurückgegriffen werden. Es besteht demnach Anlaß zu einer eigenständigen Untersuchung der gesetzlichen Ausgestaltung der Anhörung Beteiligter im Verwaltungsverfahren.

B. Zielsetzung und Gang der Untersuchung

Die nachfolgende Untersuchung hat zum Ziel, die gesetzliche Ausgestaltung der Anhörung Beteiligter im Verwaltungsverfahren am Modell des § 24 SGB X darzustellen. Dabei sollen nach Klärung der grundsätzlichen Frage, ob der Gesetzgeber mit der Normierung für den Beteiligten einen Anspruch auf Anhörung festgeschrieben hat, die mit den Voraussetzungen und Inhalt sowie den Folgen eines Verstoßes gegen § 24 SGB X verbundenen Probleme erörtert und einer Lösung zugeführt werden.

Für die Darstellung ist als Modell § 24 SGB X gewählt worden, da diese Regelung im Zusammenhang mit den Verfahrensvorschriften des 10. Buches des Sozialgesetzbuches die modernste Ausgestaltung der Anhörung Beteiligter ist. § 24 SGB X ist auch Bestandteil einer Kodifikation[17], des Sozialgesetzbuches, und bietet damit den Vorteil, daß bei der Erörterung auf normative Regelungen, die in anderen Bereichen des Verwaltungsrechts fehlen, zurückgegriffen werden kann. Schließlich hat die Anhörung Beteiligter im Sozialverwaltungsrecht wie in keinem anderen verwaltungsrechtlichen Bereich Rechtsprechung und Literatur beschäftigt[18]. Dies zeigt, daß gerade für diesen Bereich ein besonderes Bedürfnis für eine Erörterung der mit der Anhörung Beteiligter verbundenen Probleme besteht.

Im ersten Teil der Abhandlung wird die Regelung der Anhörung Beteiligter dargestellt. Zunächst soll die Bedeutung des Begriffs Anhörung Beteiligter untersucht werden, insbesondere soll dabei geklärt werden, ob § 24 SGB X dem Beteiligten einen Anspruch auf Anhörung gibt. Dem Konzept des § 24 SGB X folgend, schließt sich dann an die Erörterung der Voraussetzungen und des Inhalts der Anhörung Beteiligter eine Darstellung der Ausnahmen von der Anhörung an. Schließlich wird im zweiten Teil der Arbeit auf die Folgen, die sich aus einem Verstoß gegen die Anhörung ergeben, eingegangen.

---

[17] Siehe dazu bei Wertenbruch, in: v. Münch, S. 395.

[18] Vgl. etwa die Zusammenstellung von Schrifttum und Rechtsprechung bei Grüner, § 24 sowie den Überblick über die Rechtsprechung des Bundessozialgerichts zur Anhörung bei Nehls, S. 494 ff.

Soweit die Regelung der Anhörung Beteiligter nach den mit § 24 SGB X weitgehend übereinstimmenden §§ 28 VwVfG und 91 AO Abweichungen von dem hier gewählten Modell aufweist, wird auf diese hingewiesen werden. Ansonsten gelten die hier gefundenen Ergebnisse entsprechend für die Anhörung Beteiligter nach diesen Vorschriften. Sie lassen sich darüber hinaus unter Beachtung der Besonderheiten auch auf die Anhörung nach speziellen verwaltungsverfahrensrechtlichen Vorschriften übertragen.

C. Eingrenzung der Thematik

Die Untersuchung ist auf die Anhörung Beteiligter im Verwaltungsverfahren am Modell des § 24 SGB X begrenzt. Damit erfolgt nach § 8 SGB X, der das Verwaltungsverfahren i. S. d. 10. Buches des Sozialgesetzbuches definiert, eine Beschränkung auf das Verfahren zum Erlaß eines Verwaltungsakts. Nach § 8 SGB X kann zwar ein Verwaltungsverfahren nicht nur den Erlaß eines Verwaltungsakts, sondern auch den Abschluß eines öffentlich-rechtlichen Vertrages zum Ziel haben. Ein wirksamer öffentlich-rechtlicher Vertrag setzt jedoch wie jeder Vertrag zwei sich entsprechende Willenserklärungen voraus. Das schließt die Möglichkeit ein, ein Angebot abzulehnen, selbst ein anderes Angebot abzugeben und über den Vertragsinhalt zu verhandeln. Dabei soll nicht verkannt werden, daß der Abschluß eines öffentlich-rechtlichen Vertrages dem Erlaß eines Verwaltungsakts auf einen Antrag hin sehr angenähert sein kann und beide Verfahren austauschbar sein können[19]. Aber nur in einem Verwaltungsverfahren, in dem eine einseitige Maßnahme, der Verwaltungsakt, ergeht, kann eine Anhörung geboten sein. Wo nicht zu den einer einseitigen Entscheidung zugrunde liegenden Tatsachen Stellung zu nehmen ist, erscheint eine Anhörung überflüssig[20]. § 24 SGB X formuliert demgemäß auch, daß eine Anhörung Beteiligter nur vor dem Erlaß eines Verwaltungsakts zu erfolgen hat[21].

Durch die Beschränkung in § 8 SGB X auf das Verfahren vor Erlaß eines Verwaltungsakts und vor Abschluß eines öffentlich-rechtlichen Vertrages sind aus dem Anwendungsbereich des 10. Buches des Sozial-

[19] Vgl. § 53 Abs. 1 S. 2 SGB X.

[20] Ebenso v. Wulffen, in: Schroeder-Printzen/Engelmann u. a., § 24 Anm. 4; siehe auch Begründung zu § 12 MEVwVfG, S. 104.

[21] Bei Entscheidungen und Erklärungen des öffentlichen Vertragspartners zur Wahrnehmung der Rechte aufgrund von Leistungsstörungen bei einem öffentlich-rechtlichen Vertrag hat sich Bullinger, S. 820 für eine analoge Anwendung der Anhörungsvorschriften ausgesprochen, da es sich dabei um verwaltungsaktähnliche Willenserklärungen handele.

gesetzbuches und damit auch des § 24 SGB X die Verfahren, die andere Verwaltungshandlungen zum Ziel haben, ausgegrenzt. Demnach ist die Frage nach dem rechtlichen Gehör vor sonstigen Verwaltungsrechtshandlungen, etwa bei fiskalischem Verwaltungshandeln oder vor Verwaltungstathandlungen, nicht Gegenstand der nachfolgenden Untersuchung[22].

[22] Eine Anhörung Beteiligter in anderen Verfahren, bei denen in Rechte eingegriffen wird, fordert Thieme, in: Wannagat, § 34 Rdnr. 1 und Schenke, S. 321.

Erster Teil

Die Anhörung Beteiligter nach § 24 SGB X

Erstes Kapitel

Die Bedeutung des Begriffs Anhörung Beteiligter

A. Definition

§ 24 SGB X trägt die Überschrift „Anhörung Beteiligter" und auch Abs. 2 der Vorschrift spricht von der „Anhörung". Während sich die Bestimmung, wer Beteiligter ist, in § 12 SGB X findet, folgt die Definition der Anhörung aus § 24 Abs. 1 SGB X.

§ 24 Abs. 1 SGB X sieht vor, daß, bevor ein Verwaltungsakt erlassen wird, der in Rechte eines Beteiligten eingreift, diesem Gelegenheit zu geben ist, sich zu den für die Entscheidung erheblichen Tatsachen zu äußern. Unter den Tatbestandsvoraussetzungen, daß ein Verwaltungsakt erlassen wird, der in Rechte eines Beteiligten eingreift, ist für diesen Beteiligten als Rechtsfolge vorgesehen, daß ihm Gelegenheit zu geben ist, sich zu äußern. Diese Rechtsfolge wird auf einen bestimmten Gegenstand, die entscheidungserheblichen Tatsachen, beschränkt. Durch die in § 24 SGB X vorgesehene Rechtsfolge wird die Anhörung des Beteiligten umschrieben. Aus dieser Umschreibung folgt als formale Definition der Anhörung, daß diese die Gelegenheit ist, sich zu äußern.

B. Abgrenzung zur Anhörung Beteiligter als Beweismittel

Die Bezeichnung Anhörung Beteiligter findet sich im Verwaltungsverfahren auch in § 21 Abs. 1 Nr. 2 SGB X. Diese Vorschrift sieht die Anhörung Beteiligter als ein Beweismittel vor[1]. Es stellt sich die Frage, ob unter der Anhörung Beteiligter in diesem Sinne der gleiche Vorgang zu verstehen ist wie i. S. d. § 24 SGB X.

Nach § 21 Abs. 1 S. 1 SGB X bedient sich die Behörde nach pflichtgemäßem Ermessen der Beweismittel, die sie zur Ermittlung des Sach-

[1] Übereinstimmend § 26 Abs. 1 Nr. 2 VwVfG, anders § 92 Nr. 1 AO.

verhalts für erforderlich hält. Zweck einer Anhörung Beteiligter als Beweismittel ist also die Sachverhaltsermittlung. Sie stellt oft ein notwendiges Beweismittel dar, da die Beteiligten vielfach die einzigen Wissensträger sind. Es kommt für die Anhörung als Beweismittel darauf an, ob die Behörde, die aufgrund des Untersuchungsgrundsatzes[2] den Sachverhalt von Amts wegen ermittelt, Tatsachen als feststehend ansieht oder ob sie eine weitere Sachverhaltsaufklärung als notwendig erachtet. Demgegenüber ist eine Voraussetzung der Anhörung Beteiligter nach § 24 Abs. 1 SGB X, daß „ein Verwaltungsakt erlassen wird". Das bedeutet, daß die aufgrund der Geltung des Untersuchungsgrundsatzes durchzuführende Sachverhaltsermittlung und, soweit Ermessen eingeräumt ist, auch die Ermessensausübung mit der Absicht, einen Verwaltungsakt zu erlassen, abgeschlossen sein muß[3].

Die Anhörung Beteiligter als Beweismittel nach § 21 Abs. 1 Nr. 2 SGB X und die Anhörung Beteiligter nach § 24 SGB X sind demnach zwei verschiedene Vorgänge. Aufgrund des mit der Anhörung Beteiligter nach § 21 Abs. 1 Nr. 2 SGB X verfolgten Ziels der Sachverhaltsermittlung kann diese Anhörung auch nicht als Gelegenheit zur Äußerung definiert werden, sondern als die Aufforderung zur mündlichen Mitteilung[4]. Diese Anhörung Beteiligter kann auch als Vernehmung[5] oder Einvernahme[6] bezeichnet werden.

Obwohl die Anhörung Beteiligter i. S. d. § 21 Abs. 1 Nr. 2 SGB X und die Anhörung Beteiligter nach § 24 SGB X zwei verschiedene Vorgänge sind, können sie durchaus faktisch in einem Akt zusammenfallen. Dies ist der Fall, wenn ein Beteiligter aufgefordert wird, Tatsachen mitzuteilen und zugleich Gelegenheit erhält, zu den Tatsachen Stellung zu nehmen, soweit damit den Anforderungen des § 24 SGB X Rechnung getragen werden kann. Wenn eine derart konzentrierte Vorgehensweise zulässig ist, ist diese auch nach § 9 S. 2 SGB X[7], wonach Verwaltungsverfahren einfach und zweckmäßig durchzuführen sind, geboten. Aus dem Zweck der Anhörung als Beweismittel folgt, daß eine solche Anhörung unterbleiben kann, wenn für die Behörde kein Bedürfnis zur Sachverhaltsermittlung mehr besteht[8]. Wann eine Anhörung nach § 24 SGB X stattzufinden hat, bestimmt sich hingegen allein nach dieser

---

[2] Vgl. § 20 SGB X, ebenso § 24 VwVfG und § 88 AO.

[3] Vgl. auch Erichsen, S. 65; Borgs, in: Meyer/Borgs, § 28 Rdnr. 14.

[4] Die Mündlichkeit dieser Mitteilung ergibt sich aus § 21 Abs. 1 Nr. 2 SGB X, ebenso aus § 26 Abs. 1 Nr. 2 VwVfG; siehe dazu Stelkens, in: Stelkens/Bonk/Leonhardt, § 26 Rdnr. 8; Clausen, in: Knack, § 26 Rdnr. 4.2.

[5] Kopp, § 26 Rdnr. 12; § 28 Rdnr. 4.

[6] Reinhardt, S. 10.

[7] Ebenso § 10 S. 2 VwVfG.

[8] Siehe Reinhardt, S. 12 f.; Clausen, in: Knack, § 26 Rdnr. 4.2.

Vorschrift und soll im folgenden untersucht werden. Dabei wird unter Anhörung Beteiligter die Anhörung i. S. d. § 24 SGB X verstanden.

C. Rechtsnatur der Vorschrift

Nach § 24 Abs. 1 SGB X ist dem Beteiligten unter den dort genannten Voraussetzungen Gelegenheit zur Äußerung zu geben. Die Vorschrift sieht dadurch als zwingende Rechtsfolge die Pflicht zur Gewährung einer Äußerungsmöglichkeit vor. Anhörung Beteiligter bedeutet demnach Pflicht zur Anhörung Beteiligter[9]. Da § 24 SGB X dem öffentlichen Recht zuzurechnen ist[10], besteht eine öffentlich-rechtliche Pflicht zur Anhörung Beteiligter.

Nach weit verbreiteter Ansicht besteht nach § 24 SGB X jedoch nicht nur eine Pflicht zur Anhörung Beteiligter als Bestandteil des objektiven Rechts, sondern auch ein entsprechendes subjektives öffentliches Recht in der konkreten Ausgestaltung eines Anspruchs auf Anhörung, so daß unter Anhörung Beteiligter ein Anspruch des Beteiligten auf Anhörung zu verstehen ist[11]. Durch ein subjektives öffentliches Recht auf Einhaltung einer objektiv-rechtlichen Verpflichtung werden die Interessen des einzelnen in besonderem Maße geschützt, indem das Recht, die Einhaltung der Pflicht verlangen zu können, eingeräumt wird[12]. Eine Norm, die Grundlage eines subjektiven öffentlichen Rechts ist, ist demnach nicht nur den Interessen der Allgemeinheit, sondern auch des einzelnen zu dienen bestimmt. Daher muß auch die Interpretation einzelner Merkmale einer solchen Norm dem mit ihr verfolgten Zweck entsprechen. Der Frage nach der Rechtsnatur einer Norm, d. h., ob sie nur eine objektiv-rechtliche Regelung oder Grundlage eines subjektiven öffentlichen Rechts, insbesondere eines Anspruchs ist, kommt daher für die Erörterung der Norm grundsätzliche Bedeutung zu.

---

[9] A. A. (ohne Begründung) Laubinger, in: VerwArch 1984, S. 66 ff.: Keine Pflicht sondern nur Obliegenheit. Dagegen spricht, daß die Behörde die Anhörung nicht nur im eigenen Interesse durchzuführen hat, um eine eventuelle Aufhebung ihres Bescheids zu vermeiden. Es ist vielmehr keine Regelung ersichtlich, nach der ausgeschlossen ist, daß der Beteiligte die Einhaltung der Verpflichtung verlangen kann. Insbesondere ist durch § 44 a VwGO nur die *selbständige* Durchsetzbarkeit der Anhörung möglicherweise ausgeschlossen. Vgl. im einzelnen unter C III und im 2. Teil, 2. Kapitel unter C.

[10] Zur Abgrenzung von öffentlichem Recht und Privatrecht siehe bei v. Münch, in: Erichsen/Martens, § 2 II 1 m. w. N.

[11] So etwa Grüner, § 24 Anm. I 1; Schellhorn, in: Burdenski/v. Maydell/Schellhorn, § 34 Rdnr. 44; Schnapp, in: BochKomm, § 34 Rdnr. 1; ders., in: SGb 1980, S. 179 f. — für § 28 VwVfG siehe Ule, in: DVBl. 1976, S. 427; Clausen, in: Knack, § 28 Rdnr. 3.1; Badura, in: Erichsen/Martens, § 40 II 3; Kopp, § 28 Rdnr. 2.

[12] Erichsen/Martens, in: Erichsen/Martens, § 10 II 5.

Anders als in Art. 103 Abs. 1 GG, wonach vor Gericht jedermann einen Anspruch auf rechtliches Gehör hat, ist in § 24 SGB X nicht zum Ausdruck gekommen, daß der Beteiligte einen Anspruch auf Anhörung hat. Daß § 24 SGB X die Rechtsnatur einer Anspruchsgrundlage hat und dem Begriff Anhörung Beteiligter die Bedeutung eines Anspruchs des Beteiligten auf Anhörung zukommt, bedarf daher des Nachweises.

In §§ 38, 40 SGB I ist bestimmt, daß auf Sozialleistungen ein Anspruch besteht, wenn die gesetzlichen Voraussetzungen erfüllt sind und kein Ermessen eingeräumt ist. Sozialleistungen sind nach § 11 SGB I Gegenstand eines sozialen Rechts i. S. d. §§ 2—10 SGB I, zählen also zum materiellen Recht[13]. Für das formelle Recht, zu dessen Bestandteil als Verfahrensvorschrift auch § 24 SGB X gehört, fehlt eine den §§ 38, 40 SGB I entsprechende Vorschrift. Demnach kann im Bereich des formellen Rechts von einer zwingenden Verpflichtung nicht auf einen entsprechenden Anspruch geschlossen werden. Zum Nachweis eines Anspruchs auf Anhörung nach § 24 SGB X ist daher zu untersuchen, ob diese Vorschrift die Voraussetzungen der Grundlage eines subjektiven öffentlichen Rechts erfüllt. Dabei muß, um von einem Anspruch sprechen zu können, ein konkretes Tun oder Unterlassen verlangt werden können[14].

Nach herrschender Dogmatik setzt ein subjektives öffentliches Recht aufgrund einer Norm des öffentlichen Rechts voraus, daß diese einem Träger hoheitlicher Gewalt eine Pflicht auferlegt. Die Vorschrift muß weiterhin zumindest auch den Interessen einzelner zu dienen bestimmt sein und dem einzelnen muß die Rechtsmacht zur Durchsetzung seiner normgeschützten Interessen eingeräumt sein[15].

I. Die objektiv-rechtliche Pflicht zur Anhörung

§ 24 SGB X enthält als Bestandteil des objektiven öffentlichen Rechts, wie eingangs schon festgestellt wurde, die Pflicht, dem Beteiligten Gelegenheit zur Äußerung zu geben. Diese Pflicht besteht für die juristische Person des öffentlichen Rechts, deren Behörde das jeweilige Verwaltungsverfahren durchführt. Die erste Voraussetzung eines subjektiven öffentlichen Rechts auf Anhörung aufgrund des § 24 Abs. 1 SGB X liegt demnach vor.

Ein subjektives Recht ist in der Form eines (perfekten) Anspruchs nur dann gegeben, wenn der Inhalt des Rechts derart konkret ist, daß

---

[13] Wertenbruch, in: v. Münch, S. 395; ders., in: BochKomm, § 2 Rdnr. 2.

[14] Siehe bei Wertenbruch, in: BochKomm, § 34 Rdnr. 15 ff.

[15] Erichsen/Martens, in: Erichsen/Martens, § 10 II 5 m. w. N. — siehe auch BVerwG, in: NJW 1981, S. 239, 240; NJW 1982, S. 1546, 1548.

der Berechtigte von dem Verpflichteten ein bestimmtes Tun oder Unterlassen verlangen kann[16]. § 24 Abs. 1 SGB X kann demnach nur dann Grundlage eines Anspruchs auf Anhörung sein, wenn die Vorschrift geeignet ist, aus ihr ein bestimmtes Tun verlangen zu können. Dazu muß die Pflicht, die dem Träger hoheitlicher Gewalt durch diese Norm auferlegt ist, ein bestimmtes Tun zum Inhalt haben. Nur dann kann ein dieser Pflicht entsprechendes Recht konkret genug sein, um als Anspruch qualifiziert zu werden. § 24 Abs. 1 SGB X verpflichtet den Träger hoheitlicher Gewalt, dem Beteiligten Gelegenheit zur Äußerung zu geben, ohne näher zu bestimmen, wie diese Gelegenheit zu geben ist[17]. Da Gelegenheit zur Äußerung notwendigerweise die Kenntnis des Anhörungsgegenstandes, der entscheidungserheblichen Tatsachen, voraussetzt, ist diese, soweit erforderlich, dem Beteiligten zu vermitteln. Wie die Kenntnis ggf. zu vermitteln ist, z. B. durch schriftliche Mitteilung oder Akteneinsicht, ist nicht bestimmt. Ebensowenig ist bestimmt, ob die Gelegenheit zur Äußerung in einer bestimmten Form zu geben ist und binnen welcher Frist. Gelegenheit zur Äußerung umschreibt demnach einen komplexen Vorgang mit mehreren Handlungsalternativen. Damit ist die Rechtsfolge des § 24 Abs. 1 SGB X nicht im einzelnen, sondern als Vorgang bestimmt. Ist die Rechtsfolge einer Norm bestimmt, so besteht für die Verwaltung kein Ermessen[18]. § 24 Abs. 1 SGB X räumt daher der Verwaltung kein Ermessen ein[19], sondern enthält mit dem Begriff Gelegenheit zur Äußerung einen unbestimmten Rechtsbegriff[20].

Bei der Erfüllung der Pflicht aus § 24 SGB X ist von der Behörde zu beurteilen, wie die Gelegenheit zur Äußerung im konkreten Fall zu geben ist[21]. Das schließt auch die Möglichkeit ein, daß die Behörde ihre Pflicht im Einzelfall unterschiedlich erfüllen kann, indem sie etwa Gelegenheit zur schriftlichen oder mündlichen Äußerung gibt. Aufgrund der Handlungsalternativen korrespondiert der Pflicht der Verwaltung kein Recht des Beteiligten, ein bestimmtes Tun verlangen zu

[16] Vgl. § 194 BGB; siehe dazu auch Wertenbruch, in: BochKomm, § 38 Rdnr. 15 ff.

[17] Für das Außenprüfungsverfahren enthalten die §§ 199 Abs. 2, 201—203 AO nähere Bestimmungen.

[18] Siehe Wolff/Bachof, VwR I, § 31 II a m. w. N.

[19] So aber (ohne Begründung) Pickel, § 24 Anm. 2 c; Rohwer-Kahlmann/Ströer, § 34 Rdnr. 2; Grüner, § 24 Anm. VI 2 — zu § 28 VwVfG: Clausen, in: Knack, § 28 Rdnr. 3.7; Kopp, § 28 Rdnr. 28; — zu § 91 AO: Söhn, in: Hübschmann/Hepp/Spitaler, § 91 Rdnr. 22.

[20] Zum unbestimmten Rechtsbegriff: Wolff/Bachof, VwR I, § 31 I c; Erichsen/Martens, in: Erichsen/Martens, § 12 II 1; siehe auch bei Wertenbruch, in: BochKomm, § 33 Rdnr. 7 f.

[21] Für das materielle Recht findet sich dazu in § 33 SGB I die Bestimmung, daß die persönlichen und örtlichen Verhältnisse zu berücksichtigen sind.

können[22]. Die gesetzlich normierte Pflicht, Gelegenheit zur Äußerung zu geben, kann demnach keinen Anspruch auf eine konkrete Anhörungshandlung der Behörde begründen, sondern nur ein konkretisierungsbedürftiges Recht auf Anhörung.

II. Schutz von Individualinteressen

Ein subjektives öffentliches Recht auf Anhörung nach § 24 SGB X hat neben der objektiv-rechtlichen Verpflichtung des Trägers hoheitlicher Gewalt zur Voraussetzung, daß der Normzweck auch im Schutz individueller Interessen zu sehen ist. Die Anhörung gibt dem Beteiligten die Möglichkeit, durch eine Äußerung auf das Verfahren und sein Ergebnis Einfluß zu nehmen. Damit müßte zumindest auch der Schutz individueller Interessen des Beteiligten bezweckt sein.

Ein solcher Zweck ergibt sich nicht bereits aus dem Wortlaut der Vorschrift; allenfalls vermag die Systematik des Verfahrensrechts nahezulegen, einen solchen Zweck zu vermuten. So kann die als Beweismittel vorgesehene Anhörung nach § 21 SGB X, die im Interesse der Behörde an der Ermittlung des Sachverhalts vorgesehen ist, indizieren, daß die daneben vorgesehene Anhörung des Beteiligten auch seinen Interessen dienen soll[23]. Dafür kann auch die Stellung des § 24 SGB X im Zusammenhang mit der Regelung der Akteneinsicht durch Beteiligte in § 25 SGB X, bei der sich der individualschützende Zweck bereits aus dem Wortlaut erschließt[24], sprechen.

Es ist ebenso nicht eindeutig erkennbar, ob der Gesetzgeber mit der Regelung der Anhörung Beteiligter auch den Schutz der Interessen des einzelnen beabsichtigt hat. Das Anliegen bei der Normierung der Anhörung Beteiligter im Sozialverwaltungsverfahren ging dahin, Überraschungsentscheidungen zu vermeiden, und so das Vertrauensverhältnis zwischen Sozialverwaltung und Bürger zu stärken[25]. Dabei bleibt jedoch ungeklärt, ob das Vertrauensverhältnis im Interesse der Allgemeinheit oder des einzelnen gestärkt werden soll. Im Gesetzgebungsverfahren wird i. d. R. auch auf eine Anhörungspflicht abgestellt und nur vereinzelt von einem Anspruch auf rechtliches Gehör gesprochen, wobei offenbleibt, ob nicht nur die Terminologie des Art. 103 Abs. 1 GG

---

[22] Nach § 33 S. 2 SGB I *soll* bei der Ausgestaltung materieller Rechte und Pflichten den angemessenen Wünschen des Berechtigten oder Verpflichteten entsprochen werden.

[23] So für § 28 VwVfG Clausen, in: Knack, § 26 Rdnr. 4.2.

[24] Vgl. § 25 Abs. 1 SGB X: „soweit deren Kenntnis zur Geltendmachung oder Verteidigung ihrer rechtlichen Interessen erforderlich ist".

[25] BT-Drucks. 7/868, S. 28.

gebraucht wurde, ohne eine inhaltliche Aussage treffen zu wollen[26]. Die Frage, ob der Normzweck des § 24 SGB X auch im Schutz individueller Interessen zu sehen ist, beantwortet sich letztlich nach objektiver Betrachtung der Norm im Hinblick auf die gegenwärtige Interessenwertung, wie sie insbesondere in der Verfassung zum Ausdruck gekommen ist[27].

1. *Schutz der Menschenwürde*

Sowohl für das rechtliche Gehör vor Gericht als auch für die Anhörung Beteiligter im Verwaltungsverfahren wird die Ansicht vertreten, die Pflicht zur Anhörung finde ihren Grund in der Menschenwürde; zusätzlich wird teilweise noch das Rechtsstaatsprinzip als Geltungsgrund genannt[28]. Die Anhörung Beteiligter nach § 24 SGB X wäre demnach ein Mittel, das dem Interesse des einzelnen Menschen an der Achtung seiner Würde zu dienen bestimmt ist.

Ausgangspunkt der Begründung ist, daß, wie auch in Art. 1 Abs. 1 GG deklariert[29], jeder Mensch als Person eine unverlierbare Würde hat[30], welche vom Staat zu achten ist. Dies zu gewährleisten, ist Aufgabe des Rechtsstaates, zu dem sich das Grundgesetz in den Art. 20 und 28 Abs. 1 bekennt. Das Rechtsstaatsprinzip, das nur in einigen Bestimmungen des Grundgesetzes seine Ausprägung erfahren hat[31], gilt darüber hinaus als ein der Konkretisierung bedürftiger Verfassungsgrundsatz[32]. Neben der Gewährleistung von Rechtssicherheit ist das Rechtsstaatsprinzip auf die Gewährleistung materieller Gerechtigkeit gerichtet[33]. Zur materiellen Rechtsstaatlichkeit gehört die Beachtung der im Grundgesetz zum Ausdruck gekommenen Wertentscheidungen[34]. In Art. 1 Abs. 1 GG

---

[26] Vgl. BT-Drucks. 7/3786, S. 5; anders lediglich BT-Drucks. 7/910, S. 109 zu § 24 EVwVfG 1973.

[27] Bachof, S. 297; Erichsen/Martens, in: Erichsen/Martens, § 10 II 5 2.

[28] BVerfGE 7, 275 (279); 9, 89 (95); Dürig, in: Maunz/Dürig/Herzog/Scholz, Art. 103 Rdnr. 4 ff.; Heck, S. 23 ff.; Arndt, in: NJW 1959, S. 6 und S. 1298; Rüping, S. 122 ff.; Seidel, S. 4 f. — für das Verwaltungsverfahren: BVerwG, in: DVBl. 1965, S. 26, 28; BSG, in SozR 1200, § 34 Nr. 4, S. 17, 20; Dürig, S. 128 f.; ders., in: Maunz/Dürig/Herzog/Scholz, Art. 103 Rdnr. 92; Kopp, VerfR und VwVfR, S. 30 ff.; Schnapp, in: BochKomm, § 34 Rdnr. 1; Schimanski, S. 521 f.; unter Hinzunahme von Art. 2 Abs. 1 GG: Heinzmann, S. 26 ff. — in diesem Zusammenhang sei auch auf die Arbeit von Ethel Leonore Behrendt hingewiesen.

[29] Vgl. Nipperdey, in: Neumann/Nipperdey/Scheuner, S. 2.

[30] Wertenbruch, Grundgesetz und Menschenwürde, S. 198 f., 209.

[31] Etwa Art. 19 Abs. 4 S. 1, 103 und 104; siehe auch bei Stern, § 20 II 2.

[32] BVerfGE 35, 41 (47); Stern, § 20 II 4 m. w. N.

[33] BVerfGE 35, 41 (47); siehe auch Wertenbruch, in: FS für Jahrreiß, S. 487 ff.

[34] Maunz/Zippelius, § 12 III 2; siehe auch Herzog, in: Maunz/Dürig/Herzog/Scholz, Art. 20, Anm. VII Rdnr. 71 ff.

ist das Leitbild des Menschen als Subjekt festgeschrieben[35]. Der an diesem Leitbild orientierte materielle Rechtsstaat hat daher zu gewährleisten, daß der Mensch nicht zum Objekt staatlich-kollektiven Handelns degradiert wird, sondern als Subjekt zu behandeln ist. Als Mittel, dies zu gewährleisten, wird die Anhörung desjenigen gefordert, der von einer Entscheidung in seinen Rechten betroffen wird. So formuliert das Bundesverfassungsgericht für das rechtliche Gehör vor Gericht, daß die Würde der Person fordert, „daß über ihr Recht nicht kurzerhand von Obrigkeits wegen verfügt wird, der einzelne soll nicht nur Objekt der richterlichen Entscheidung sein, sondern er soll vor einer Entscheidung, die seine Rechte betrifft, zu Wort kommen, um Einfluß auf das Verfahren und sein Ergebnis nehmen zu können“[36]. Letztlich würde damit sowohl vor Gericht als auch im Verwaltungsverfahren die Würde des Menschen eine Anhörung des Beteiligten erfordern; das Rechtsstaatsprinzip hätte demgegenüber nur „sichernde“ Funktion[37].

Gegen ein Gebot der Anhörung aus der Menschenwürde wird eingewandt, daß eine Anhörung nicht geeignet sei, die Achtung der Menschenwürde zu gewährleisten. Es könne „die Möglichkeit zu einer Äußerung in vollem Umfang gegeben und dennoch die Menschenwürde auf das Tiefste verletzt sein“[38]. Als Beleg dafür wird die Gelegenheit zu einer Äußerung in einem „Schauprozeß“ genannt. Gegen diese Argumentation spricht jedoch, daß sich eine, durch die Achtung der Menschenwürde determinierte Anhörung jedenfalls nicht darin erschöpfen kann, die Äußerung eines Beteiligten zu ermöglichen, diese dann aber völlig unbeachtet zu lassen. In diesem Fall läge eine Anhörung überhaupt nicht vor, so daß dieser Einwand nicht zu überzeugen vermag.

Es erscheint jedoch aus anderen Gründen fraglich, ein Gebot der Anhörung unmittelbar aus der Menschenwürde herzuleiten. Würde durch die Menschenwürde die Anhörung als Institut gewährleistet werden, so würde jedes hoheitliche Verfahren, für das keine Anhörung vorgesehen ist, gegen den Grundsatz der Achtung der Menschenwürde verstoßen. Wenn durch die Menschenwürde das Gebot der Anhörung in jedem einzelnen Fall begründet werden würde, so erschienen damit Ausnahmeregelungen wie etwa in Abs. 2 des § 24 SGB X unvereinbar. Es gibt aber sowohl Verfahren als auch Einzelfälle, in denen von der Anhörung Beteiligter abgesehen werden kann, ohne daß der Beteiligte damit nicht mehr als Subjekt staatlichen Handelns anzusehen und daher die Verletzung der Menschenwürde zu befürchten wäre. Regelmäßig

---

[35] Das BVerfG (E 6, 32 [41]) bezeichnet die Würde des Menschen als obersten Wert im Grundgesetz.

[36] BVerfGE 9, 89 (95).

[37] Dürig, in: Maunz/Dürig/Herzog/Scholz, Art. 103 Rdnr. 92; Rüping, S. 124.

[38] Kenneweg, S. 24 ff.

sind dies Verfahren, die den Beteiligten auf seinen Antrag hin ausschließlich begünstigen und daher mangels Interesse an einer Einflußnahme auf das Verfahren eine Äußerung nicht zu erwarten ist[39]. Das gilt gleichermaßen, soweit im Einzelfall, wie etwa in § 24 Abs. 2 Nr. 3 SGB X vorgesehen, die Entscheidung aufgrund eigener Angaben des Beteiligten erfolgt oder im Fall des § 24 Abs. 2 Nr. 5 SGB X, wenn nur eine Anpassung an die geänderten Verhältnisse vorgenommen werden soll[40]. Dies zeigt, daß die Achtung der Menschenwürde nicht in jedem Verfahren und in jedem Fall die Anhörung Beteiligter erfordert.

Die Anhörung Beteiligter kann aus der Menschenwürde auch nicht i. S. einer „Mindestgarantie" nur für bestimmte Verfahren[41] hergeleitet werden. Die Annahme, daß aus der Menschenwürde selbst nur eine „Mindestgarantie" folgt, ist mit der Würde des Menschen, da sie ihrer Natur nach einer Einschränkung nicht zugänglich ist, nicht zu vereinbaren[42].

Die Begründung der Anhörung Beteiligter mit der Achtung der Würde des Menschen erscheint bei genauer Betrachtung als zu weit hergeholt[43]: Aus dem Gebot, die Menschenwürde zu achten, folgt zunächst nur die Verpflichtung zur Anerkennung des Menschen als Subjekt durch Zuerkennung von Rechten, mithin die Rechtssubjektivität des Menschen. Durch die Anhörung wird die Würde des Menschen im Verfahren dann mittelbar geachtet, indem über die Rechte des Beteiligten nicht kurzerhand von Obrigkeits wegen entschieden wird. Dabei ist dies nur soweit erforderlich, wie ein Bedürfnis des Rechtssubjekts an einer Einflußnahme auf das Verfahren anzuerkennen ist. Dem Gebot der Achtung der Menschenwürde ist dann Genüge getan, wenn der Beteiligte im Verfahren als Rechtssubjekt anerkannt wird.

In der Achtung der Menschenwürde kann demnach kein Geltungsgrund für die Anhörung Beteiligter nach § 24 SGB X gesehen werden. Im übrigen läßt sich auch mit der Achtung der Würde des Menschen keine Anhörungspflicht gegenüber juristischen Personen begründen[44]. Der Normzweck des § 24 SGB X ist daher auch nicht im Schutz der Interessen der einzelnen Menschen an der Achtung ihrer Würde zu sehen.

---

[39] Siehe auch Kopp, VerfR und VwVfR, S. 31 f.

[40] Vgl. auch Kenneweg, S. 31 f. und Kolb, S. 14 ff.

[41] Vgl. bei Kenneweg, S. 46 ff.

[42] Anders Rüping, S. 127 ff., 128, der das „*Verfassungs*prinzip der Menschenwürde" aus dem vorrangigen (!) Verfahrensrecht bestimmen will.

[43] Kenneweg, S. 23 ff.; siehe auch Ule, in: DVBl. 1959, S. 53; Kolb, S. 13.

[44] So auch Kenneweg, S. 32.

2. *Gewährleistung eines rechtsstaatlichen Verfahrens*

Das Erfordernis der Anhörung Beteiligter im Verwaltungsverfahren wird teilweise mit dem Rechtsstaatsprinzip begründet[45].

Das Verwaltungsverfahren dient in dem auch auf die Verwirklichung materieller Gerechtigkeit gerichteten Rechtsstaat[46] dazu, die formalen Bedingungen für materiell richtige Entscheidungen zu schaffen. Eine dieser Bedingungen soll die vollständige Ermittlung des Sachverhalts sein. Dafür soll die Anhörung Beteiligter eine notwendige Voraussetzung darstellen. § 24 SGB X würde demnach dazu dienen, die materielle Richtigkeit von Verwaltungsentscheidungen sicherzustellen. Damit wäre die Vorschrift den Interessen der Allgemeinheit an der Gesetzmäßigkeit der Verwaltung zu dienen bestimmt. Das rechtsstaatlich geordnete Verwaltungsverfahren ist dadurch aber zugleich auch den Interessen des einzelnen zu dienen bestimmt, wenn sichergestellt werden soll, daß der einzelne nicht durch eine unrichtige Verwaltungsentscheidung in seinen Rechten verletzt wird[47]. § 24 Abs. 1 SGB X nennt als Voraussetzung für die Anhörung Beteiligter, daß „ein Verwaltungsakt erlassen wird, der in Rechte eines Beteiligten eingreift". Die Vorschrift könnte demnach auch den Interessen des einzelnen, nicht durch einen rechtswidrigen Verwaltungsakt in seinen Rechten verletzt zu werden, zu dienen bestimmt sein.

Zunächst erscheint es fraglich, ob die Anhörung Beteiligter als notwendige Voraussetzung eines vollständig festgestellten Sachverhalts eine Bedingung für eine materiell richtige Entscheidung ist. Die vollständige Ermittlung des Sachverhalts führt regelmäßig auch zu einer materiell richtigen Entscheidung. Es ist jedoch möglich, daß trotz optimaler Sachverhaltsermittlung aufgrund unrichtiger Rechtsanwendung eine materiell unrichtige Entscheidung ergeht. Die vollständige Ermittlung des Sachverhalts schafft demnach nur eine Bedingung für eine richtige Entscheidung. Andererseits erscheint es nicht ausgeschlossen, daß die Behörde auch aufgrund eines unvollständig ermittelten Sachverhalts eine materiell richtige Entscheidung trifft. Es läßt sich demnach sagen, daß die vollständige Sachverhaltsermittlung nicht tatsächlich notwendige Bedingung einer materiell richtigen Entscheidung ist. Da im Rechtsstaat die Richtigkeit einer Entscheidung nicht dem Zufall

---

[45] BSGE 44, 207 (211); BSG, in: SozR 1200, § 34 Nr. 11, S. 50; Ule, in: DVBl. 1963, S. 476 f.; Ule/Becker, S. 39; Ule/Laubinger, § 1 II 2; Kopp, VerfR und VwVfR, S. 57 f., 75 ff. und 116 ff. m. w. N.; Forsthoff, S. 235; König, S. 190 f.; Schultze-Rhonhof, S. 50 ff.; Reinhardt, S. 24 ff.; Schmitt Glaeser, S. 246 f.; siehe auch Schenke, S. 320; Degenhardt, S. 879.

[46] Siehe oben unter C II 1.

[47] Siehe dazu Kopp, VerfR und VwVfR, S. 103 und Bartlsperger, S. 33.

überlassen werden darf, ist sie jedoch rechtlich notwendige Bedingung eines Verfahrens zur Vorbereitung einer Entscheidung.

Zur vollständigen Ermittlung des Sachverhalts könnte aber die Anhörung Beteiligter nicht notwendig sein. Die der Behörde durch den Untersuchungsgrundsatz auferlegte Aufgabe der Sachverhaltsermittlung ist ohne eine Äußerung des Beteiligten, der vielfach der wichtigste Wissensträger ist, nicht zu lösen[48]. Dies vermag aber zunächst nur zu begründen, warum der Beteiligte nach § 21 Abs. 1 Nr. 2 SGB X zur Sachverhaltsermittlung „anzuhören" ist[49]. Daneben hätte es der Anhörung Beteiligter nach § 24 SGB X nicht bedurft. Gegen die Herleitung einer Anhörungspflicht aus der Verpflichtung zur Sachverhaltsermittlung wird denn auch der Einwand erhoben, daß sie allenfalls eine Verpflichtung zur Anhörung in den Fällen zu begründen vermag, in denen der Sachverhalt nicht anderweitig aufklärbar ist[50]. Dagegen wird eingewandt, daß es für die Ermittlung des Sachverhalts nicht allein auf die Sicht der Behörde ankommen kann, sondern der Sachverhalt möglichst objektiv zu ermitteln ist. Ein höheres Maß an Objektivität sei aber nicht zu erreichen, ohne daß dem Beteiligten die Gelegenheit zur Stellungnahme zu den von der Behörde ermittelten Tatsachen gegeben wird[51].

Der Schluß daraus, die Anhörung Beteiligter sei notwendige Voraussetzung eines möglichst objektiv ermittelten Sachverhalts ist jedoch nicht zwingend: Hat die Behörde den Sachverhalt aus ihrer Sicht vollständig, objektiv aber unvollständig ermittelt, so ist von dem Beteiligten, soweit der objektiv vollständige Sachverhalt zu einer für ihn ungünstigeren Entscheidung führen kann, keine weitere Aufklärung zu erwarten. Die Anhörung kann nicht mehr als über den Sachverhalt Konsens herstellen. Demgemäß sieht § 24 Abs. 2 Nr. 3 SGB X auch vor, daß von einer Anhörung abgesehen werden kann, „wenn von den tatsächlichen Angaben eines Beteiligten, die dieser in einem Antrag oder einer Erklärung gemacht hat, nicht zu seinen Ungunsten abgewichen werden soll".

Die Anhörung vermag also nur insofern eine materiell richtige Entscheidung herbeizuführen, als der Beteiligte die Gelegenheit erhält, durch eine Äußerung zu dem von der Behörde ermittelten Sachverhalt einen Eingriff in seine Rechte abzuwehren. Die Anhörung Beteiligter stellt demnach keine notwendige Voraussetzung eines vollständig er-

---

[48] Vgl. auch BVerfGE 7, 275 (278 f.); 9, 89 (95).

[49] Siehe oben unter B.

[50] Rüping, S. 118 f.; Bröll, S. 7 f.; Löwe, S. 37.

[51] Kopp, VerfR und VwVfR, S. 76 ff., 78, 118; Reinhardt, S. 30 f. jeweils m. w. N. — auch für das gerichtliche Verfahren ist der Zweck der Anhörung in der Wahrheitsfindung gesehen worden, Arndt, S. 1300.

mittelten Sachverhalts dar und ist keine Bedingung für eine materiell richtige Entscheidung.

Das Rechtsstaatsprinzip, das auch auf die Gewährleistung von Rechtssicherheit gerichtet ist[52], könnte aber aus diesem Grund die Anhörung Beteiligter gebieten. So soll die Anhörung der Rechtssicherheit für den einzelnen dienen[53], indem durch sie Überraschungsentscheidungen vermieden werden[54] und das Vertrauen in die Richtigkeit der Entscheidung gefördert wird[55]. Da zu den für die Entscheidung erheblichen Tatsachen nur dann Stellung genommen werden kann, wenn diese dem Beteiligten bekannt sind, kann sich der Beteiligte aufgrund der zu einer Stellungnahme erforderlichen Mitteilung bereits auf eine entsprechende Maßnahme einstellen. Mit diesem Argument läßt sich jedoch nicht das Institut der Anhörung, sondern allenfalls eine Anhörung in den Einzelfällen, in denen der Beteiligte durch die Ermittlungen der Behörde noch keine Kenntnis von der Maßnahme hatte, begründen. Aber auch in diesen Fällen gebietet die rechtsstaatliche Gewährleistung von Rechtssicherheit nicht die Anhörung Beteiligter: Zur Rechtssicherheit gehört zwar die Vorhersehbarkeit hoheitlicher Eingriffe; dies bedeutet aber, daß die Eingriffe aufgrund der Gesetzeslage voraussehbar und berechenbar sein müssen[56], es bedeutet jedoch nicht, daß dem Betroffenen im Einzelfall eine gegen ihn gerichtete Maßnahme angekündigt werden muß.

Ebensowenig gebietet die rechtsstaatliche Gewährleistung von Rechtssicherheit die Anhörung, um das Vertrauen in die Richtigkeit der Entscheidung zu fördern. Zwar vermag die Anhörung Beteiligter dieses Vertrauen zu vergrößern, da der Beteiligte den Kenntnisstand der Behörde überprüfen und durch eine Äußerung verbessern kann. Sie ist jedoch keine Bedingung für das Vertrauen, das auch ohne Anhörung bestehen oder trotz Anhörung fehlen kann und kann schon deshalb nicht rechtsstaatlich zwingend geboten sein. Überdies bedeutet der vom Rechtsstaat geforderte Schutz des Vertrauens nicht die Förderung des Vertrauens in die Richtigkeit einer zukünftigen Entscheidung, sondern knüpft an ein staatliches Tun oder Unterlassen an[57].

Die Anhörung Beteiligter erscheint damit auch aus dem Gesichtspunkt der Gewährleistung von Rechtssicherheit vom Rechtsstaats-

---

52 Siehe oben unter C II 1.

53 Kopp, VerfR und VwVfR, S. 135.

54 Vgl. die Begründung zu § 34 SGB I, BT-Drucks. 7/868, S. 28; siehe auch Gleitze, S. 29 und Haines, S. 8 sowie Reinhardt, S. 34.

55 Reinhardt, S. 34; vgl. auch die Begründung zu § 34 SGB I, BT-Drucks. 7/868, S. 28; siehe auch Kopp, VerfR und VwVfR, S. 189.

56 Maunz/Zippelius, § 12 III 5.

57 Die Frage des Vertrauensschutzes stellt sich damit als Rückwirkungsproblematik dar — vgl. Stern, § 20 IV 4 g β.

prinzip nicht geboten. Aus rechtssoziologischer Sicht wird sie allerdings wegen ihrer Fähigkeit, das Vertrauen in die Richtigkeit der Entscheidung zu fördern, für erforderlich gehalten. Die Entscheidung wird dabei nach dem Ansatz der Legitimität durch Verfahren für den einzelnen erst dadurch tragbar, daß er bei der Entscheidungsfindung mitwirken konnte[58].

Das Rechtsstaatsprinzip könnte zur Gewährung einer Rechtsschutzmöglichkeit die Anhörung Beteiligter im Verwaltungsverfahren gebieten. Der Beteiligte erhält durch die Anhörung die Gelegenheit, durch eine Äußerung einen rechtswidrigen Eingriff in seine Rechte abzuwehren[59]. Die Anhörung Beteiligter hat dadurch die Funktion vorverlagerten Rechtsschutzes[60] und dient damit den Interessen des einzelnen an der Verteidigung seiner Rechte[61]. Die Anhörung ist in dieser Funktion dem Widerspruchsverfahren vergleichbar und kann, so wie das Widerspruchsverfahren die Gerichte entlasten kann, entsprechend der Verwaltungsökonomie durch Straffung des Verfahrens dienen, indem Widersprüchen vorgebeugt wird[62].

Der in Art. 28 Abs. 1 S. 1 GG festgeschriebene Rechtsstaat „im Sinne dieses Grundgesetzes" sieht durch Art. 19 Abs. 4 GG den gerichtsförmigen Rechtsschutz vor und überläßt die Einführung eines Rechtsschutzes durch Selbstkontrolle der Verwaltung dem Gesetzgeber. Ebenso wie das Widerspruchsverfahren ist daher auch die Anhörung Beteiligter wegen ihrer Funktion vorverlagerten Rechtsschutzes durch das Rechtsstaatsprinzip nicht geboten[63].

Zusammenfassend läßt sich feststellen, daß die Anhörung Beteiligter materiell richtige Entscheidungen wenn auch nicht zu gewährleisten, so doch herbeizuführen vermag und damit dem Rechtsschutz des Beteiligten dienen kann, ohne jedoch von der Verfassung dazu bestimmt zu sein. Außerdem kann die Anhörung eine Überraschung des Beteiligten vermeiden und vermag das Vertrauen in die Richtigkeit der Entscheidung zu fördern. Die Anhörung Beteiligter stellt sich damit als Bestandteil eines „fairen" Verfahrens dar, der die Herstellung materiell rich-

---

[58] Luhmann, S. 9 ff., 201 ff. — zur Anhörung im Verwaltungsverfahren, S. 214 f.; dazu für das rechtliche Gehör Rüping, S. 120 ff.

[59] Baur (S. 402) leitet aus der Unrechtsabwehrtendenz das rechtliche Gehör vor Gericht her.

[60] Freitag, in: KrV 1976, S. 15; Reinhardt, S. 34.

[61] Degenhardt, S. 879; Schenke, S. 320.

[62] Vgl. Kopp, VerfR und VwVfR, S. 207 ff., 217 ff. und 243 f. sowie Schickedanz, S. 183.

[63] Vgl. Dürig, in: Maunz/Dürig/Herzog/Scholz, Art. 103, Rdnr. 5; siehe auch bei Renkl, S. 30 f., Heck, S. 12 ff., Kolb, S. 21 ff. und 30 sowie Lerche, S. 5 ff. und Reinhardt, S. 34.

tiger Entscheidungen zu fördern vermag, indem der einzelne die Gelegenheit zur Verteidigung seiner Rechte durch eine Äußerung im Verwaltungsverfahren erhält. Wenn die Anhörung nach den bisherigen Feststellungen vom Rechtsstaatsprinzip zwar nicht geboten ist, so erscheint es doch nahegelegt, die Chance materiell richtiger Entscheidungen durch die Anhörung Beteiligter zu verbessern.

Der Rechtsstaat ist aber nicht nur darauf gerichtet, die formalen Bedingungen für materiell richtige Entscheidungen zu schaffen und Rechtssicherheit zu geben, sondern hat auch, wie in anderem Zusammenhang bereits erwähnt, als materieller Rechtsstaat die Beachtung der im Grundgesetz zum Ausdruck gekommenen Wertentscheidungen zu gewährleisten[64]. Zur materiellen Rechtsstaatlichkeit gehört damit auch die Beachtung der Rechtssubjektivität des Menschen, die aus seiner Menschenwürde folgt[65]. Darüber hinaus ist auch die den juristischen Personen gemäß Art. 19 Abs. 3 GG zuerkannte Rechtssubjektivität zu garantieren. Dies erscheint in einem Verwaltungsverfahren, in dem in die zuerkannten Rechte des Rechtssubjekts eingegriffen wird, ohne eine Beteiligung des Rechtssubjekts nicht möglich. Die Anhörung ist ein Mittel, das Rechtssubjekt am Verwaltungsverfahren zu beteiligen, indem es die Gelegenheit zur Verteidigung seiner Rechte erhält. Zwar ist die Anhörung nicht das einzige Mittel der Beteiligung, aber das mindeste, um von einer Beteiligung als Rechtssubjekt sprechen zu können. Ohne die Gelegenheit zur Äußerung und Verteidigung seiner Rechte wäre das einzelne Rechtssubjekt lediglich Objekt des Verwaltungsverfahrens[66]. Dabei ist jedoch diese Beteiligung nicht ausnahmslos erforderlich; sie kann etwa dann entfallen, wenn nur aufgrund eigener Angaben des Betroffenen entschieden wird und eine Äußerung nicht mehr zu erwarten ist[67]. Das Rechtsstaatsprinzip erfordert als Mindestgarantie zur Beachtung der Rechtssubjektivität grundsätzlich die Anhörung in Verwaltungsverfahren, in denen in die zuerkannten Rechte des Rechtssubjekts eingegriffen wird. Damit erscheint das Institut der Anhörung Beteiligter im Verwaltungsverfahren rechtsstaatlich geboten. Die Interessen der Allgemeinheit an der Beachtung der Rechtssubjektivität im Rechtsstaat decken sich dabei mit den Interessen des einzelnen Rechtssubjekts an der Verteidigung seiner Rechte. Der Gesetzgeber hat die Anhörung Beteiligter in § 24 SGB X zum Bestandteil des Sozialverwaltungsverfahrens gemacht[68] und damit diesen Interessen Rechnung

[64] Siehe oben unter C II 1.

[65] Siehe oben unter C II 1.

[66] Vgl. BVerfGE 9, 89 (95).

[67] Siehe oben unter C II 1.

rung als Folge des Rechtsstaatsprinzips angesehen hat.

[68] BT-Drucks. 7/910, S. 51 läßt erkennen, daß der Gesetzgeber die Anhö-

getragen. § 24 SGB X ist daher auch Individualinteressen zu dienen bestimmt[69].

Damit liegt eine weitere Voraussetzung eines subjektiven öffentlichen Rechts auf Anhörung aufgrund von § 24 SGB X vor.

III. Durchsetzbarkeit der Anhörung

§ 24 SGB X gibt dem Beteiligten dann ein subjektives öffentliches Recht auf Anhörung, wenn auch die Rechtsmacht zur Durchsetzung der durch die Norm geschützten Interessen eingeräumt ist. Der Nachweis dieser Rechtsmacht wird unter Geltung des Grundgesetzes als entbehrlich angesehen[70]. Aufgrund des der Verfassung immanenten Gebots der Verrechtlichung objektiv-rechtlich geschützter Individualinteressen wird von der Rechtsmacht zur Durchsetzung aller individualschützenden Normen ausgegangen. Aus individualschützenden Normen ergeben sich daher subjektive öffentliche Rechte sowohl für das materielle Recht als auch für das Verfahrensrecht. Das von der ganz herrschenden Meinung getragene Ergebnis der Entbehrlichkeit eines Nachweises des Rechtsmachtmerkmals soll hier nicht in Zweifel gezogen werden. Demzufolge wird von der Rechtsmacht zur Durchsetzung der durch § 24 SGB X geschützten Interessen ausgegangen[71].

Dem steht auch nicht § 44 a S. 1 VwGO entgegen, falls diese Vorschrift, was noch zu prüfen sein wird[72], auf die Anhörung Beteiligter überhaupt Anwendung findet. § 44 a VwGO, der für das Verfahren der allgemeinen Verwaltungsgerichtsbarkeit gilt, könnte ggf. auch für die Anhörung Beteiligter nach § 24 SGB X von Bedeutung sein. Das ist der Fall, wenn sozialrechtliche Streitigkeiten nicht nach § 51 SGG den Sozialgerichten zugewiesen sind. Dazu zählen etwa Streitigkeiten in Angelegenheiten der Sozialhilfe. Über diese haben nach § 40 VwGO die allgemeinen Verwaltungsgerichte zu entscheiden.

Nach § 44 a S. 1 VwGO können Rechtsbehelfe gegen behördliche Verfahrenshandlungen nur gleichzeitig mit den gegen die Sachentscheidung zulässigen Rechtsbehelfen geltend gemacht werden. Die Ablehnung oder Unterlassung einer nach § 24 SGB X durchzuführenden Anhörung Beteiligter kann deshalb ggf. aufgrund von § 44 a VwGO nur gleichzeitig mit der Anfechtung des ohne Anhörung erlassenen Ver-

---

[69] Ebenso Schnapp, in: SGb 1980, S. 180; ders., in: BlStSozArbR 1980, S. 88.

[70] Bachof, S. 299 ff., 301 f.; Huber, S. 685 sowie BVerfGE 15, 275 (281 f.); 27, 297 (308); Lorenz, Rechtsschutz, S. 56 ff.

[71] Im Ergebnis ebenso Schellhorn, in: Burdenski/v. Maydell/Schellhorn, § 34 Rdnr. 51; Schnapp, in: BlStSozArbR 1980, S. 88; ders., in: SGb 1980, S. 180.

[72] Siehe unten 2. Teil, 2. Kapitel unter C.

waltungsakts gerügt werden. Die Durchsetzbarkeit ist jedoch durch § 44 a VwGO grundsätzlich nicht ausgeschlossen, sondern wird sogar vorausgesetzt. Sie wird lediglich davon abhängig gemacht, daß gleichzeitig der ohne Anhörung erlassene Verwaltungsakt angefochten wird[73].

Selbst wenn § 44 a VwGO auf die Anhörung Beteiligter nach § 24 SGB X Anwendung finden würde, so wäre dadurch jedenfalls die Durchsetzbarkeit des Rechts auf Anhörung nicht ausgeschlossen. § 24 SGB X gibt also dem Beteiligten ein subjektives öffentliches Recht auf Anhörung[74].

IV. Die abweichende Regelung des § 91 AO

Während nach § 24 SGB X und auch nach § 28 VwVfG dem Beteiligten Gelegenheit zur Äußerung zu geben *ist*, sieht § 91 AO vor, daß dem Beteiligten Gelegenheit zur Äußerung gegeben werden *soll*.

Der MEVwVfG und der EVwVfG 1970 sahen in § 21 die Anhörung Beteiligter noch in einer Soll-Vorschrift vor. Erst im EVwVfG 1973 wurde die Anhörung in § 24 mit dem Wortlaut des § 28 VwVfG abweichend von den vorherigen Entwürfen zwingend angeordnet. Die Stellungnahme des Bundesrates zu § 24 EVwVfG 1973 sah zwar vor, die Anhörung wieder in einer Soll-Vorschrift anzuordnen, da Elastizität und Einfachheit des Verwaltungsverfahrens dies erfordern würden[75]. Diesem Vorschlag ist durch § 28 VwVfG dann jedoch nicht entsprochen worden[76]. Orientiert am MEVwVfG und dem EVwVfG 1970 ist eine entsprechende Soll-Vorschrift in § 105 EAO übernommen und in § 91 AO beibehalten worden[77].

Durch eine Soll-Vorschrift wird der Verwaltung Ermessen in seiner schwächsten Form eingeräumt[78] und eine Umkehr der (materiellen) Beweislast vorgenommen[79]. Nur in atypischen Fällen, d. h., wenn besondere Umstände vorliegen, darf die Verwaltung von der Regelung ab-

---

73 Siehe auch Schenke, S. 325 und Ossenbühl, S. 470.

74 Nicht zu überzeugen vermag die Auffassung, zur Begründung eines subjektiven öffentlichen Rechts auf Anhörung im Verwaltungsverfahren durch die Verfahrensnormen sei Art. 103 Abs. 1 GG analog heranzuziehen und ein Rückgriff auf allgemeine Verfassungsprinzipien nicht erforderlich (Feuchthofen, S. 170). Sie übersieht, daß sich aus dem Verfahrensrecht, wie gezeigt, ein solches Recht ergibt und daher für eine analoge Anwendung, die eine planwidrige Gesetzeslücke zur Voraussetzung hat (vgl. Larenz, S. 354 ff., 365 ff.), kein Raum ist.

75 BT-Drucks. 7/910, S. 101.

76 Vgl. BT-Drucks. 7/4494, S. 7 und 7/910, S. 109.

77 Siehe dazu bei Söhn, in: Hübschmann/Hepp/Spitaler, § 91 Rdnr. 8.

78 Wolff/Bachof, VwR I, § 31 II b.

79 Wertenbruch, S. 86 m. w. N.

weichen[80]. § 24 SGB X und § 28 VwVfG ordnen demnach die Anhörung Beteiligter unter den dort genannten Voraussetzungen zwingend an, § 91 AO hingegen nur für den Regelfall[81]. Nach herrschender Dogmatik ergibt sich aus einer Norm, die der Verwaltung Ermessen einräumt, unter den weiteren Voraussetzungen eines subjektiven öffentlichen Rechts ein Recht auf fehlerfreie Ausübung des Ermessens[82]. Demgemäß ergibt sich aus § 91 AO im Gegensatz zu § 24 SGB X und § 28 VwVfG kein Recht des Beteiligten auf Anhörung, sondern nur ein Recht auf fehlerfreie Ermessensausübung über die Gewährung der Anhörung.

D. Verzicht auf Anhörung

Fraglich erscheint, ob ein Verzicht des Beteiligten auf das subjektive öffentliche Recht auf Anhörung möglich ist. Die Frage stellt sich dann, wenn der Beteiligte, bevor er die Gelegenheit zur Äußerung gemäß § 24 SGB X erhalten hat, erklärt, darauf verzichten zu wollen. Dieser Fall ist von dem zu trennen, in dem der Beteiligte erst auf die Gelegenheit zur Äußerung erklärt, auf eine Äußerung zu verzichten; in diesem Fall hat eine Anhörung stattgefunden.

Die Frage nach der Möglichkeit des Verzichts auf Anhörung erlangt weiterhin dann Bedeutung, wenn, worauf noch einzugehen sein wird[83], die Behörde den Beteiligten unter Verstoß gegen § 24 SGB X vor dem Erlaß eines Verwaltungsakts nicht angehört hat und der Verwaltungsakt nach § 42 S. 2 SGB X wegen dieses formellen Fehlers durch das Gericht aufzuheben ist. Wenn der Beteiligte in diesem Fall nachträglich auf das Recht auf Anhörung verzichten kann, so kann eine Aufhebung des Verwaltungsakts wegen der formellen Rechtswidrigkeit unterbleiben. Das kann durchaus im Interesse des Beteiligten liegen, der dadurch erreichen kann, daß das Gericht über die materielle Rechtmäßigkeit des angegriffenen Verwaltungsakts entscheidet.

Die Frage der Verzichtbarkeit des Anhörungsrechts ist ausdrücklich nicht geregelt, sie ist daher in diesem Zusammenhang nach den dem subjektiven öffentlichen Recht auf Anhörung zugrundeliegenden Interessen zu beantworten[84]. Eine Dispositionsbefugnis des Inhabers

---

[80] BVerwG, in: DVBl. 1960, S. 252, 253.

[81] Ebenso Orlopp, in: Klein/Orlopp, § 91 Anm. 1 sowie Tipke, in: Tipke/Kruse, § 91 Rdnr. 3.

[82] Siehe Randelzhofer, S. 575 sowie bei Erichsen/Martens, in: Erichsen/Martens, § 10 II 5 1 m. w. N.; siehe auch § 39 SGB I — dort ist für Sozialleistungen aufgrund einer Ermessensnorm ein Anspruch auf pflichtgemäßes Ermessen bei der Entscheidung ausdrücklich vorgesehen.

[83] Siehe unten 2. Teil, 1. Kapitel unter B II.

[84] Vgl. Erichsen/Martens, in: Erichsen/Martens, § 10 II 7 b.

eines subjektiven öffentlichen Rechts ist immer dann anzunehmen, wenn neben den das subjektive öffentliche Recht begründenden Individualinteressen überwiegende öffentliche Interessen an der Ausübung des Rechts nicht bestehen[85]. Die Anhörung ist, wie festgestellt, den Interessen des einzelnen an der Verteidigung seiner Rechte im Verwaltungsverfahren und den öffentlichen Interessen an einem rechtsstaatlichen, die Rechtssubjektivität des einzelnen wahrenden Verwaltungsverfahren zu dienen bestimmt[86]. Ein überwiegendes öffentliches Interesse an der Geltendmachung des Anhörungsrechts kann indes nicht angenommen werden. Das folgt aus der Wertung des § 46 Abs. 1 SGB I: Nach dieser Vorschrift kann auf Ansprüche auf Sozialleistungen grundsätzlich verzichtet werden, wobei die öffentlichen Interessen an sozialer Gerechtigkeit und sozialer Sicherheit[87] hinter den Interessen des Beteiligten zurücktreten. Wenn aber auf Ansprüche des materiellen Rechts verzichtet werden kann, so muß unter Fortführung dieser Interessenwertung auch ein Verzicht auf Rechtspositionen des Verfahrensrechts möglich sein, da das formelle Recht nur der Durchsetzung des materiellen Rechts dient[88]. Demnach ist ein Verzicht des Beteiligten auf das subjektive öffentliche Recht auf Anhörung möglich[89].

---

85 Wilde, S. 27 ff., 49.
86 Siehe oben unter C II 2.
87 Vgl. § 1 SGB I.
88 Vgl. Wertenbruch, S. 92 f.
89 Vgl. BSGE 53, 167 (168 f.).

Zweites Kapitel

Die Voraussetzungen der Anhörung Beteiligter

Nach § 24 Abs. 1 SGB X ist vor dem Erlaß eines Verwaltungsakts, der in Rechte eines Beteiligten eingreift, diesem Gelegenheit zu geben, sich zu den für die Entscheidung erheblichen Tatsachen zu äußern. Voraussetzungen für eine Gelegenheit zur Äußerung nach dieser Vorschrift sind demnach, daß der Erlaß eines Verwaltungsakts bevorsteht, der beabsichtigte Verwaltungsakt in Rechte eingreift und derjenige, in dessen Rechte eingegriffen wird, Beteiligter des Verwaltungsverfahrens ist.

A. Der bevorstehende Erlaß eines Verwaltungsakts

Für das in § 8 SGB X definierte Verwaltungsverfahren i. S. d. 10. Buches des Sozialgesetzbuches ist der Verwaltungsakt durch § 31 SGB X[1] definiert. Nach § 31 S. 1 SGB X ist Verwaltungsakt jede Verfügung, Entscheidung oder andere hoheitliche Maßnahme, die eine Behörde zur Regelung eines Einzelfalls auf dem Gebiet des öffentlichen Rechts trifft und die auf unmittelbare Rechtswirkung nach außen gerichtet ist. Derartige Maßnahmen sind im Sozialverwaltungsrecht z. B. Bescheide über Versicherungspflicht, Beitragspflicht und Beitragshöhe[2], die Ablehnung eines Antrags und der Widerspruchsbescheid[3]. Dazu zählen weiterhin auch die Feststellung der Nichtigkeit eines Verwaltungsakts nach § 40 Abs. 5 SGB X[4], Rücknahme (§§ 44, 45 SGB X[5])

---

[1] Diese Legaldefinition stimmt mit der für das allgemeine Verwaltungsverfahren in § 35 VwVfG und für das Finanzverwaltungsverfahren in § 118 AO überein und entspricht im wesentlichen der zuvor in Literatur und Rechtsprechung entwickelten Definition.

[2] Siehe bei v. Wulffen, in: Schroeder-Printzen/Engelmann u. a., § 31 Anm. 4 und die weiteren Beispiele dort. — Zur Beurteilung des sog. Schalterakts als Verwaltungsakt siehe BT-Drucks. 8/2034, S. 32; a. A. Krause, S. 479; vgl. auch BSGE 25, 280 ff.; Schroeder-Printzen, S. 188 ff.; Wertenbruch, in: DÖV 1969, S. 604; Lorenz, in: FS für das BSG, S. 929 ff.

[3] Grüner, § 24 Anm. III 2; Thieme, in: Wannagat, § 34 Rdnr. 6 jeweils m. w. N.

[4] Entsprechend § 125 Abs. 5 AO, § 44 Abs. 5 VwVfG, siehe dazu Meyer, in: Meyer/Borgs, § 44 Rdnr. 29.

[5] Entsprechend § 130 AO, § 48 VwVfG, siehe dazu Kopp, § 48 Rdnr. 11; Klappstein, in: Knack, § 48 Rdnr. 5; Meyer, in: Meyer/Borgs, § 48 Rdnr. 73; Wolff/Bachof, VwR I, § 53 V h 2.

und Widerruf (§§ 46, 47 SGB X[6]) sowie der Neufeststellungsbescheid nach § 48 SGB X[7]. Letztlich sei als Beispiel für einen Verwaltungsakt im Sozialverwaltungsrecht noch die Anordnung der Aufsichtsbehörde gegenüber den Selbstverwaltungskörperschaften (§ 29 SGB IV)[8] genannt[9].

Nach Satz 2 der Legaldefinition des § 31 SGB X[10] ist die Allgemeinverfügung ein Verwaltungsakt, „der sich an einen nach allgemeinen Merkmalen bestimmten oder bestimmbaren Personenkreis richtet oder die öffentlich-rechtliche Eigenschaft einer Sache oder ihre Benutzung durch die Allgemeinheit betrifft". Bei der Allgemeinverfügung handelt es sich somit um eine Maßnahme mit einer generell-konkreten Regelung, d. h., es wird die Regelung eines konkreten Sachverhalts an einen durch die Beziehung zu diesem Sachverhalt bestimmbaren, aber noch unbestimmten Adressatenkreis gerichtet[11]. Die Allgemeinverfügung unterscheidet sich einerseits von den Rechtsnormen, z. B. einer Rechtsverordnung oder einer Satzung dadurch, daß die Rechtsnorm generell und abstrakt ist, also auch der Sachverhalt im einzelnen unbestimmt ist[12]. Von dem Verwaltungsakt nach der Definition des § 31 S. 1 SGB X unterscheidet sie sich andererseits, weil es sich bei diesem regelmäßig um eine Maßnahme mit einer individuell-konkreten Regelung, d. h. einer Regelung, bei der sowohl der zu regelnde Sachverhalt als auch der Adressat bestimmt sind[13], handelt. Trotz des Unterschieds hat der Gesetzgeber beide Maßnahmen gleichgesetzt und als Verwaltungsakt definiert[14].

Im Bereich des Sozialrechts, in dem personenbezogene, also individuell-konkrete Regelungen dominieren, kann die Allgemeinverfügung keine große Bedeutung erlangen. So hat das Bundessozialgericht z. B. die personenunabhängige Feststellung der Versicherungspflicht für bestimmte Tätigkeiten durch eine Allgemeinverfügung für unzulässig erklärt, weil ein Sozialversicherungsverhältnis personenbezogen ist[15].

---

6 Entsprechend § 131 AO, § 49 VwVfG, siehe dazu Klappstein, in: Knack, § 49 Rdnr. 4; Wolff/Bachof, VwR I, § 53 IV g 3.

7 Vergleichbar § 131 Abs. 2 Nr. 3 AO, § 49 Abs. 2 S. 1 Nr. 3 VwVfG, siehe auch § 51 VwVfG.

8 Vgl. BSGE 31, 247 (249).

9 Zum Verwaltungsakt im Anwendungsbereich des SGB X siehe auch Wolfgang Meyer, S. 502 ff.

10 Entsprechend § 35 S. 2 VwVfG, § 118 S. 2 AO.

11 Erichsen/Martens, in: Erichsen/Martens, § 11 II 6 a.

12 Wolff/Bachof, VwR I, § 45 II c 2.

13 Die Regelung kann jedoch auch individuell-abstrakt sein, vgl. Erichsen/Martens, in: Erichsen/Martens, § 11 II 6 a m. w. N.

14 Vgl. auch BT-Drucks. 7/910, S. 57.

15 BSGE 45, 206 ff.; 41, 297 (299).

Von der Anhörung Beteiligter nach § 24 Abs. 1 SGB X kann nach § 24 Abs. 2 Nr. 4 SGB X vor dem Erlaß einer Allgemeinverfügung abgesehen werden.

Streitig ist, ob auch die Zusicherung nach § 34 SGB X[16], d. h. die Zusage, einen bestimmten Verwaltungsakt zu erlassen oder zu unterlassen, zu den Verwaltungsakten zu zählen ist[17]. Für die Anhörung Beteiligter kommt es jedoch auf die Entscheidung dieses Streites nicht an, da nach § 34 Abs. 1 S. 2 SGB X auch vor einer Zusicherung anzuhören ist, wenn vor dem Erlaß des zugesicherten Verwaltungsakts eine Anhörung Beteiligter nach § 24 SGB X (oder anderen Rechtsvorschriften) erforderlich ist[18]. Ebenso verhält es sich mit der Umdeutung von Verwaltungsakten nach § 43 SGB X[19], deren Rechtsnatur ebenfalls umstritten ist[20]. Auch hier hat der Gesetzgeber die entsprechende Anwendung des § 24 SGB X angeordnet[21].

Nicht zu den Verwaltungsakten zählen Maßnahmen, bei denen z. B. das Merkmal der rechtlichen Regelung fehlt, weil sie ein Recht weder begründen noch aufheben oder feststellen[22], wie etwa Beratung und Auskunft nach den §§ 14, 15 SGB I sowie schlichte Mitteilungen rechtlicher oder tatsächlicher Art. Letzteres ist etwa der Fall bei der Berichtigung offenbarer Unrichtigkeiten nach § 38 SGB X[23] sowie bei Mitteilung des Wegfalls einer Leistung aufgrund von Befristungen oder Bedingungen[24] oder bei Wegfall einer Leistung kraft Gesetzes, z. B. bei Wegfall der Waisenrente oder dem Wegfall eines Altersruhegeldes nach den Regelungen der §§ 1248 RVO, 25 AVG. Hierbei handelt es sich um schlichtes Verwaltungshandeln[25].

Dem Wortlaut des § 24 Abs. 1 SGB X ist zu entnehmen, daß eine Voraussetzung der Anhörung Beteiligter vorliegt, wenn eine beabsichtigte Maßnahme anhand des § 31 SGB X als Verwaltungsakt zu quali-

---

[16] Entsprechend § 38 VwVfG; die AO sieht hingegen in §§ 204 ff. nur die verbindliche Zusage aufgrund einer Außenprüfung vor.

[17] Siehe bei Engelmann, in: Schroeder-Printzen/Engelmann u. a., § 34 Anm. 1.1; Kopp, § 38 Rdnr. 6. Nach § 348 Abs. 1 Nr. 6 AO ist die verbindliche Zusage nach § 204 AO ein Verwaltungsakt.

[18] Ebenso § 38 Abs. 1 S. 2 VwVfG.

[19] Entsprechend § 47 VwVfG, § 128 AO.

[20] Vgl. Kopp, § 47 Rdnr. 4 m. w. N.

[21] § 43 Abs. 4 SGB X, § 47 Abs. 4 VwVfG, § 128 Abs. 4 AO.

[22] Zum Regelungsgehalt des feststellenden Verwaltungsakts vgl. Hoffmann-Becking, S. 198 ff.

[23] Entsprechend § 42 VwVfG, § 129 AO.

[24] Vgl. § 32 Abs. 2 Nr. 1 und 2 SGB X, § 36 Abs. 2 Nr. 1 und 2 VwVfG, § 120 Abs. 2 Nr. 1 und 2 AO.

[25] Weitere Beispiele in BSGE 15, 118 (120); 17, 124 (126 f.); 18, 270 (273); 21, 52 (54 f.); 25, 219 (220); 257 (258 ff.); 32, 76 (78); 41, 113 (114 f.); 43, 134 (136).

fizieren ist und der Erlaß dieses Verwaltungsakts unmittelbar bevorsteht. Die aufgrund der Geltung des Untersuchungsgrundsatzes (§ 20 SGB X[26]) im Verwaltungsverfahren durchzuführende Sachverhaltsermittlung und eine eventuell erforderliche Ermessensausübung[27] muß mit der Absicht abgeschlossen sein, einen Verwaltungsakt zu erlassen[28].

Fraglich erscheint der Zeitpunkt des Erlasses des Verwaltungsakts, vor dem die Anhörung durchzuführen ist. Die Frage erlangt Bedeutung für den Fall, daß die Behörde unter Zugrundelegung des den Vorbescheid des gerichtlichen Verfahrens[29] tragenden Gedankens eines vereinfachten und beschleunigten Verfahrens den Verwaltungsakt mit der aufschiebenden Bedingung[30] versehen will, daß dieser erst nach Ablauf einer von ihr bestimmten Frist gültig werden soll, wenn sich der Beteiligte nicht innerhalb dieser Frist zu den in der Begründung genannten entscheidungserheblichen Tatsachen geäußert hat. Die Zulässigkeit dieser Verfahrensgestaltung setzt voraus, daß der Verwaltungsakt, wenn auch mit einer aufschiebenden Bedingung versehen, nicht schon dann erlassen ist, wenn er den Bereich der Behörde verlassen hat.

Das 10. Buch des Sozialgesetzbuchs unterscheidet in verschiedenen Vorschriften[31] zwischen dem Erlaß, der Bekanntgabe und der Wirksamkeit von Verwaltungsakten[32], ohne eine genaue Bestimmung dieser Zeitpunkte zu geben. Aus § 8 SGB X[33], dem sich der Zeitpunkt des Abschlusses eines Verwaltungsverfahrens entnehmen läßt, folgt jedoch, daß ein Verwaltungsakt dann erlassen ist, wenn er die Behörde mit deren Willen verlassen hat, insbesondere bei Versendung mit der Post, wenn er dieser übergeben worden ist[34]. Durch die Übermittlung erfolgt dann gemäß § 37 SGB X[35] die Bekanntgabe. Nach § 39 SGB X[36] tritt daraufhin die Wirksamkeit des Verwaltungsakts ein, die aufgrund von Befristung oder Bedingung jedoch hinausgeschoben werden kann. Dem-

[26] Entsprechend § 24 VwVfG, § 88 AO.

[27] Daß die Anhörung Beteiligter auch vor dem Erlaß von Verwaltungsakten zu erfolgen hat, deren Erlaß im Ermessen der Behörde steht, wurde im Gesetzgebungsverfahren betont. Vgl. Begründung zu § 21 Abs. 1 MEVwVfG, S. 124 sowie BT-Drucks. 6/1173, S. 42 und 7/910, S. 51.

[28] Ebenso für § 28 VwVfG: Erichsen, S. 65; Borgs, in: Meyer/Borgs, § 28 Rdnr. 14; Clausen, in: Knack, § 28 Rdnr. 3 — siehe auch Thieme, in: Wannagat, § 34 Rdnr. 7.

[29] Siehe § 105 SGG, § 84 VwGO und § 90 Abs. 3 AO.

[30] Siehe § 32 SGB X, entsprechend § 36 VwVfG und § 120 AO.

[31] Vgl. §§ 8, 37, 39 SGB X, entsprechend §§ 9, 41, 43 VwVfG; siehe auch §§ 122, 124 AO.

[32] Vgl. Ule/Laubinger, § 53 I.

[33] Entsprechend § 9 VwVfG.

[34] Vgl. Ule/Laubinger, § 53 I 1.

[35] Entsprechend § 41 VwVfG, § 122 AO.

[36] Entsprechend § 43 VwVfG, § 124 AO.

nach besteht die aufgezeigte Möglichkeit, die Anhörung als Bedingung auszugestalten nicht, da die Anhörung damit erst nach Erlaß (und Bekanntgabe) erfolgen würde und nur die Wirksamkeit aufgeschoben wäre. § 24 Abs. 1 SGB X stellt aber ausdrücklich auf den Erlaß des Verwaltungsakts ab und fordert die Anhörung vor diesem Zeitpunkt.

B. Der Eingriff in Rechte

Weitere Voraussetzung der Anhörung Beteiligter ist nach § 24 Abs. 1 SGB X, daß der beabsichtigte Verwaltungsakt „in Rechte ... eingreift". Voraussetzung eines Rechts auf Anhörung ist damit eine Rechtsbeeinträchtigung, nicht hingegen, daß dem Beteiligten darüber hinaus bei einer Gesamtwürdigung seiner Rechtspositionen ein Nachteil entsteht[37]. Es ist eine isolierte Betrachtungsweise gefordert[38]; danach ist ein Rechtseingriff auch dann zu bejahen, wenn zugleich mit der Aufhebung eines Rechts ein gleichwertiges Recht gewährt wird[39]. Auch bei Aufrechnung und Verrechnung nach §§ 51, 52 SGB I liegt ein Nachteil nicht vor. Gleichwohl wird dadurch in ein Forderungsrecht des Beteiligten eingegriffen[40].

Es ist umstritten, ob der in § 24 SGB X vorausgesetzte Eingriff in Rechte nur in materiellem oder auch in formellem Sinn zu verstehen ist. Nach der Rechtsprechung des Bundesverwaltungsgerichts[41] und der Auffassung eines Teils der Literatur[42], zu deren Begründung neben dem Wortlaut hauptsächlich der im Gesetzgebungsverfahren zum Ausdruck gekommene Wille genannt wird, liegt ein Rechtseingriff nur vor, wenn objektiv ein Recht beeinträchtigt wird, d. h. eine materielle Beschwer vorliegt. Nach der in der Literatur überwiegenden Ansicht ist aufgrund systematischer bzw. objektiv-teleologischer Interpretation des § 24 SGB X ein Eingriff in Rechte i. S. d. Vorschrift auch dann anzunehmen, wenn durch die Feststellung, daß ein Recht überhaupt nicht besteht oder die Voraussetzungen eines Rechts nicht vorliegen, eine formelle Beschwer erfolgt[43].

---

[37] Darauf stellt z. B. § 32 SGB I ab, der bestimmt, daß privatrechtliche Vereinbarungen, die zum Nachteil des Sozialleistungsberechtigten von Vorschriften des SGB abweichen, nichtig sind. Vgl. Gitter, in: BochKomm, § 32 Rdnr. 24 ff.; dagegen Grüner, SGB I, § 32 Anm. III 3 jeweils m. w. N.

[38] Bley, in: SGB-SozVers-GesKomm, § 34 Anm. 4 d.

[39] Vgl. auch BSG, in: SozR 1200, § 34 Nr. 11, S. 49.

[40] Grüner, § 24 Anm. IV 4.

[41] BVerwGE 66, 184 (186 f.).

[42] Hauck, in: Hauck/Haines, § 24 Rdnr. 5; Grüner, § 24 Anm. IV 1; Prochnow, S. 370 ff.; Thieme, in: Wannagat, § 34 Rdnr. 9; Peters, § 34 Anm. 4 — zu § 28 VwVfG: Clausen, in: Knack, § 28 Rdnr. 3; Leonhardt, in: Stelkens/Bonk/Leonhardt, § 28 Rdnr. 9.

Die unterschiedliche Auslegung des Eingriffs in Rechte erlangt insbesondere Bedeutung für den Fall der rechtmäßigen Ablehnung eines Antrags: Da mit dieser Ablehnung keine materielle Beschwer verbunden ist, liegt nach enger Auslegung kein Rechtseingriff i. S. d. § 24 Abs. 1 SGB X vor. Bei weiter Auslegung ist diese Voraussetzung eines Rechts auf Anhörung gegeben, da mit der Ablehnung eine formelle Beschwer verbunden ist. Aufgrund differenzierender Betrachtungsweise soll jedoch bei der Ablehnung eines Antrags ein Rechtseingriff i. S. d. § 24 SGB X dann anzunehmen sein, wenn die Ablehnung auf Tatsachen gestützt wird, die der Antragsteller nicht selbst vorgetragen hat[44].

Auch bei einem Tätigwerden der Behörde von Amts wegen kann eine formelle Beschwer durch die rechtmäßige Feststellung der Nichtigkeit eines begünstigenden Verwaltungsakts nach § 40 Abs. 5 SGB X[45] erfolgen. Während nach weiter Auslegung ein Rechtseingriff vorläge, wäre dieser nach enger Auslegung zu verneinen.

I. Grammatikalische Interpretation

Ausgangspunkt jeder Auslegung ist der Wortsinn. Er bestimmt zugleich die Grenze für eine noch mögliche Auslegung. Damit stellt sich die Frage, welche Bedeutung der Wendung „in Rechte eingreift" allgemein im juristischen Sprachgebrauch bzw. im speziellen Sprachgebrauch des Sozialgesetzbuchs zukommt[46].

Als „Rechte" werden im Bereich des öffentlichen Rechts alle subjektiven öffentlichen Rechte bezeichnet, d. h. alle durch eine Norm des öffentlichen Rechts geschützten Individualinteressen[47]. Diese Rechte entstehen, unabhängig von einer Feststellung durch die Verwaltung,

---

[43] v. Wulffen, in: Schroeder-Printzen/Engelmann, u. a., § 24 Anm. 3; Schellhorn, in: Burdenski/v. Maydell/Schellhorn, § 34 Rdnr. 15 ff.; Bley, in: SGB-SozVers-GesKomm, § 34 Anm. 4 d; Schnapp, in: BochKomm, § 34 Rdnr. 7; ders., in: DAngVers 1979, S. 9 f.; ders., in: BlStSozArbR 1980, S. 88 f.; ders., in: SGb 1980, S. 180; Neumann-Duesberg, S. 438; Brackmann, S. 79 z; Marburger, S. 174; sowie Pickel, § 24 Anm. 3 b m. w. N. — zu § 28 VwVfG: Borgs, in: Meyer/Borgs, § 28 Rdnr. 8 ff.; Kopp, § 28 Rdnr. 10 f.; Wolff/Bachof, VwR III, § 156 IV d 2 (Rdnr. 40); Badura, in: Erichsen/Martens, § 40 II 4; Ule/Laubinger, § 24 I 2; Götz, S. 1427 — zu § 91 AO: Söhn, in: Hübschmann/Hepp/Spitaler, § 91 Rdnr. 10 f.; Tipke, in: Tipke/Kruse, § 91 Rdnr. 2 — siehe auch Heinzmann, S. 51 f.

[44] BSG, in: SozR 1200, § 34 Nr. 8, S. 37; im Anschluß daran Laubinger, in: VerwArch 1984, S. 73 f.

[45] Ebenso § 44 Abs. 5 VwVfG, § 125 Abs. 5 AO.

[46] Zu diesem unbestrittenen methodischen Ansatz vgl. Larenz, S. 305 ff.; Koch/Rüßmann, S. 166 ff. und Zippelius, S. 55 ff.

[47] Vgl. dazu Kopp, § 9 Rdnr. 6 ff. und oben 1. Kapitel unter C.

wenn ihre Voraussetzungen vorliegen. Dies ist für Ansprüche auf Sozialleistungen in § 40 Abs. 1 SGB I ausdrücklich festgeschrieben; entspricht im übrigen aber auch der herrschenden Verwaltungsrechtsdogmatik[48].

Ein Eingriff in ein Recht liegt nach dem bis 1949 herrschenden Verständnis vor, wenn das Recht durch einen finalen, d. h. bewußten und gewollten Hoheitsakt beeinträchtigt wird[49]. Als derartiger finaler Eingriff könnte auch der Rechtseingriff i. S. d. § 24 SGB X auszulegen sein: Da die Norm an die nach Art. 20 Abs. 3 GG zu gesetzmäßigem Handeln verpflichtete Verwaltung gerichtet ist, könnte unter Eingriff der bewußte und gewollte Eingriff durch die Verwaltung zu verstehen sein.

Liegt hingegen der Vorschrift das nach 1949 entwickelte und schon zur Zeit des Gesetzgebungsverfahrens herrschende Verständnis von einem Eingriff in Rechte, wonach auch die nicht finale Beeinträchtigung eines Rechts als Eingriff angesehen wird[50], zugrunde, so bezeichnet Eingriff jede objektive Beeinträchtigung eines Rechts[51], unabhängig davon, ob der Eingriff rechtmäßig oder rechtswidrig ist[52]. Der in § 24 Abs. 1 SGB X vorausgesetzte Rechtseingriff läge demnach dann vor, wenn ein Recht objektiv beeinträchtigt wird. Das ist der Fall, wenn ein festgestelltes Recht entzogen wird, etwa wenn ein Verwaltungsakt, der ein Recht auf eine Leistung gewährt, aufgehoben wird[53]. Aber auch wenn ein Antrag auf eine Sozialleistung abgelehnt wird, obwohl die Voraussetzungen des § 40 Abs. 1 SGB I vorliegen, erfolgt durch die rechtswidrige Ablehnung ein Eingriff in das nach § 40 Abs. 1 SGB I entstandene Recht.

Auch bei der rechtmäßigen Ablehnung eines Antrags kann ein Rechtseingriff erfolgen. Das ist dann der Fall, wenn der Antragsteller ein Grundrecht ausüben will, das unter einem Verbot mit Erlaubnisvorbehalt steht[54]. Wenn der Antrag abgelehnt wird, beeinträchtigt diese Ablehnung, unabhängig davon, ob sie rechtmäßig oder rechtswidrig ist, immer das dem Antragsteller zustehende Grundrecht. So greift etwa eine versagte Baugenehmigung immer in die von Art. 14 GG geschützte Baufreiheit; eine versagte Gewerbeerlaubnis immer in die

---

[48] Wertenbruch, in: BochKomm, § 40 Rdnr. 3 ff.; Freitag, in: DVBl. 1976, S. 10 m. w. N. — Für Ermessensleistungen bestimmen §§ 40 Abs. 2, 39 Abs. 1 S. 2 SGB I entsprechend, daß ein Anspruch auf fehlerfreie Ermessensausübung besteht; vgl. dazu im übrigen Randelzhofer, S. 575 sowie bei Erichsen/Martens, in: Erichsen/Martens, § 10 II 5 1 m. w. N.

[49] Vgl. dazu bei Bleckmann, S. 230 ff.

[50] Vgl. dazu bei Bleckmann, S. 230 ff.

[51] Vgl. Bley, in: SGB-SozVers-GesKomm, § 34 Anm. 4 d; Erichsen, S. 30.

[52] Schnapp, in: DAngVers 1979, S. 10.

[53] BVerwGE 66, 184 (186).

[54] So auch Schenke, S. 320 f.

durch Art. 12, 2 GG geschützte Berufs- und Gewerbefreiheit ein[55]. Dem Sozialrecht sind derartige Fälle fremd[56]; ebenso zu beurteilen ist dort der nach heutiger Rechtslage hypothetische Fall der rechtmäßigen Versagung des aufgrund von Art. 1, 20 Abs. 1 GG zu gewährenden Minimums an Sozialhilfe[57].

Legt man das seit 1949 entwickelte Verständnis von einem Rechtseingriff der Auslegung des § 24 SGB X zugrunde, so wäre als Eingriff der Entzug eines festgestellten Rechts, die Ablehnung eines auf Grundrechtseffektuierung gerichteten Antrags sowie die Ablehnung einer Leistung, auf die ein Anspruch besteht, zu verstehen. Diese Auslegung geht über die eingangs dargestellte hinaus, da jene die rechtswidrige Ablehnung eines Antrags nicht umfaßt, weil die Norm nicht davon ausgehen kann, daß die Verwaltung bewußt und gewollt rechtswidrig einen Antrag ablehnt.

Während der Wortsinn nach den bisherigen Interpretationen nur eine enge Auslegung des Eingriffs in Rechte i. S. d. § 24 SGB X zuläßt, könnte unter Berücksichtigung des Zusammenhangs, in dem der Begriff verwendet wird, auch eine weite Auslegung vom Wortlaut der Vorschrift umfaßt sein. Dem im 10. Buch des Sozialgesetzbuches geregelten Verwaltungsverfahren liegt, wie dem gesamten Verwaltungsverfahren, die Zweiteilung zwischen begünstigenden und belastenden Verwaltungsakten zugrunde[58]. In § 45 Abs. 1 SGB X[59] wird zwar nur der begünstigende Verwaltungsakt definiert als derjenige, „der ein Recht oder einen rechtlich erheblichen Vorteil begründet oder bestätigt hat". Daraus folgt jedoch, daß ein Verwaltungsakt belastend ist, der ein Recht oder einen rechtlich erheblichen Vorteil entzieht oder versagt. Belastend ist demnach auch ein Verwaltungsakt mit nur formeller Beschwer. Ausgehend von dieser Unterscheidung zwischen begünstigenden und belastenden Verwaltungsakten könnte der Verwaltungsakt in § 24 Abs. 1 SGB X, der in Rechte eingreift, als gleichbedeutend mit dem belastenden Verwaltungsakt anzusehen sein[60].

Dem Wortlaut des § 24 Abs. 1 SGB X kann nicht eindeutig entnommen werden, wie der Rechtseingriff i. S. d. Vorschrift auszulegen ist. Vom möglichen Wortsinn ist, wie gezeigt, sowohl eine enge als auch eine

---

[55] Vgl. auch OVG Münster, in: DÖV 1983, S. 986.

[56] Leistungsansprüche aus einem Sozialversicherungsverhältnis genießen zwar nach h. M. den Schutz des Art. 14 GG; vor dem Entstehen einer solchen Position nach § 40 Abs. 1 SGB I kann ein Recht durch die Ablehnung eines entsprechenden Antrags jedoch nicht beeinträchtigt werden.

[57] Vgl. Dürig, in: Maunz/Dürig/Herzog/Scholz, Art. 1 Rdnr. 43 f.

[58] Erichsen/Martens, in: Erichsen/Martens, § 12 III 1.

[59] Ebenso § 48 Abs. 1 S. 2 VwVfG, § 130 Abs. 2 AO.

[60] I. d. S. zu § 28 VwVfG: Kopp, § 28 Rdnr. 10.

weite Interpretation umfaßt. Welcher Auslegung im Rahmen des möglichen Wortsinns der Vorzug zu geben ist, bestimmt sich demnach nach weiteren Auslegungskriterien.

II. Systematische Interpretation

Eine Antwort auf die Frage, wie der Eingriff in Rechte i. S. d. § 24 SGB X zu verstehen ist, könnte sich aus dem systematischen Zusammenhang, in dem die Norm steht, eindeutig ergeben. Im Sozialrecht könnte eine weite Auslegung geboten sein, weil das Recht auf Anhörung sonst weitgehend „leerlaufen" würde, wenn man den Hauptfall der Ablehnung von Sozialleistungen, der auch den Bürger am stärksten belastet, ausklammern würde[61]. Wie bei der grammatikalischen Interpretation gezeigt, würde zwar bei enger Auslegung § 24 Abs. 1 SGB X im Sozialrecht für den Fall der Ablehnung eines Antrags praktisch keine Anwendung finden. Angesichts der Möglichkeiten der Behörde, in festgestellte Rechte des Beteiligten z. B. durch die Aufhebung begünstigender Verwaltungsakte nach §§ 45 ff. SGB X objektiv einzugreifen, kann aber nicht davon ausgegangen werden, daß im Sozialrecht das Recht auf Anhörung keinen Anwendungsbereich mehr hätte, also weitgehend „leerlaufen" würde, wenn die Ablehnung eines Antrags ausgeklammert würde. Davon, daß die Ablehnung eines Antrags wegen der Häufigkeit den „Hauptfall" darstellt, geht diese Begründung ohnehin nicht aus[62]. Darüber hinaus ist der Beteiligte, dessen Antrag abgelehnt wird, auch bei weiter Auslegung nur dann materiell „belastet", wenn die Ablehnung rechtswidrig war.

Andererseits erscheint aber auch nicht zwingend, daß unter Eingriff nur ein finaler Eingriff zu verstehen ist, weil zwar auch bei rechtswidriger Ablehnung eines Antrags objektiv ein Eingriff vorliegt, die Anhörung vor der Ablehnung eines Antrags aber bereits als Eingeständnis der Rechtswidrigkeit zu werten wäre[63]. Denn zum Zeitpunkt der Anhörung vor der Ablehnung eines Antrags muß die Behörde aufgrund der ihr bekannten Tatsachen der Ansicht sein, daß ein Anspruch des Bürgers nicht besteht. Die Behörde beabsichtigt dann zwar keinen Eingriff; die Prognose kann jedoch falsch sein und daher objektiv ein Eingriff bevorstehen. Dies zeigt sich möglicherweise dann bei der Anhörung, so daß der Eingriff unterbleibt. Trägt aber die Ablehnung eines Antrags die Möglichkeit der Rechtswidrigkeit in sich, so kann

[61] Schellhorn, in: Burdenski/v. Maydell/Schellhorn, § 34 Rdnr. 16; v. Wulffen, in: Schroeder-Printzen/Engelmann u. a., § 24 Anm. 3; Schnapp, in: BochKomm, § 34 Rdnr. 7; Pickel, § 24 Anm. 3 b; Marburger, S. 174.

[62] Vgl. Schellhorn, in: Burdenski/v. Maydell/Schellhorn, § 34 Rdnr. 16.

[63] So zu § 28 VwVfG: Clausen, in: Knack, § 28 Rdnr. 3.

allein darin, daß der Beteiligte die Möglichkeit erhält, auf das Verfahren zur Verteidigung seiner Rechte Einfluß zu nehmen, noch nicht das Eingestehen der Rechtswidrigkeit der beabsichtigten Ablehnung des Antrags gesehen werden. Aus dem systematischen Gesetzeszusammenhang erscheint damit weder eine weite, noch eine enge Auslegung geboten.

Eine weite Auslegung könnte jedoch durch die Systematik des 10. Buches des Sozialgesetzbuches, dem, wie bei der grammatikalischen Interpretation gezeigt, die Zweiteilung zwischen belastenden und begünstigenden Verwaltungsakten zugrundeliegt, gefordert sein. Die Definition des begünstigenden Verwaltungsakts des § 45 Abs. 1 SGB X findet sich negativ aber nur z. T. in § 24 Abs. 1 SGB X. Der Eingriffsakt des § 24 Abs. 1 SGB X zählt damit zwar zu den belastenden Verwaltungsakten; nicht jeder belastende Verwaltungsakt muß aber nach der Systematik des Gesetzes umgekehrt ein Eingriffsakt sein. Dies zeigt sich daran, daß das Gesetz bei Beibehaltung der Zweiteilung weitere Unterteilungen kennt, wie etwa in §§ 44 ff. SGB X[64]. Der Eingriffsakt i. S. d. § 24 SGB X muß also nicht als gleichbedeutend mit dem belastenden Verwaltungsakt angesehen werden[65]. Auch die Systematik des 10. Buches des Sozialgesetzbuches gebietet damit keine weite Auslegung.

Eine weite Auslegung der Formulierung Eingriff in Rechte könnte jedoch aufgrund der Systematik des § 24 SGB X selbst geboten sein: In Abs. 2 Nr. 3[66] der Norm ist vorgesehen, daß von einer Anhörung Beteiligter abgesehen werden kann, wenn „von den tatsächlichen Angaben eines Beteiligten, die dieser in einem Antrag oder einer Erklärung gemacht hat, nicht zu seinen Ungunsten abgewichen werden soll“. Aus dieser Ausnahmeregelung wird gefolgert, daß grundsätzlich in allen Fällen der Ablehnung eines Antrages nach Abs. 1 anzuhören ist, was eine weite Auslegung bedingen würde[67]. Der Regelung des § 24 Abs. 2 Nr. 3 SGB X wird nach differenzierender weiter Auslegung entnommen, daß in den Fällen, in denen die Ablehnung eines Antrags auf Tatsachen gestützt wird, die der Antragsteller nicht selbst vorgetragen hat, eine Anhörung erfolgen muß[68].

---

[64] So auch §§ 48 f. VwVfG und §§ 130 f. AO.

[65] Zwar sprach die Begründung zu § 21 MEVwVfG, S. 124 noch von belastenden Verwaltungsakten, unterschied diese aber schon von der Ablehnung eines Antrags.

[66] Ebenso § 28 Abs. 2 Nr. 3 VwVfG, § 91 Abs. 2 Nr. 3 AO.

[67] So Schnapp, in: BochKomm, § 34 Rdnr. 7; ders., in: BlStSozArbR 1980, S. 89; Pickel, § 24 Anm. 3 b; Bley, in: SGB-SozVers-GesKomm, § 34 Anm. 4 d — zu § 28 VwVfG: Wolff/Bachof, VwR III, § 156 IV d 2 (Rdnr. 40); Borgs, in: Meyer/Borgs, § 28 Rdnr. 9; Kopp, § 28 Rdnr. 10.

[68] BSG, in: SozR 1200, § 34 Nr. 8, S. 37; Laubinger, in: VerwArch 1984, S. 73 f.

Die Folgerung aus der Ausnahmeregelung hat zur Voraussetzung, daß die Erwähnung des Antrags bei enger Auslegung bedeutungslos ist[69]. Die Erwähnung des Antrags in der Ausnahmevorschrift könnte auch bei enger Auslegung des Rechtseingriffs i. S. d. § 24 Abs. 1 SGB X einen Anwendungsbereich haben, wenn unter Antrag nicht nur der Antrag zu verstehen ist, über den die Verwaltung in dem Verfahren zu entscheiden hat, sondern jeder im Verfahren gestellte Antrag[70], etwa auf Vernehmung eines bestimmten Zeugen oder auf Wiedereinsetzung in den vorigen Stand[71]. In diesem Fall könnte die Verwaltung dann von einer Anhörung aufgrund von Angaben in einem solchen Antrag absehen und zwar auch dann, wenn dem Verfahren selbst kein Antrag zugrundeliegt, sondern von Amts wegen objektiv eingegriffen wird, etwa durch die Aufhebung eines begünstigenden Bescheides.

Wenn das Gesetz von einem Antrag spricht, so unterscheidet es grundsätzlich nicht zwischen einem Antrag auf eine Leistung und sonstigen Anträgen. Aus den im Gesetzgebungsverfahren erstellten Entwürfen wird jedoch deutlich, daß unter Antrag i. S. d. § 24 Abs. 2 Nr. 3 SGB X nur der Leistungsantrag zu verstehen ist: § 21 Abs. 1 S. 2 MEVwVfG sah zunächst ausdrücklich vor, daß „bevor ein Antrag abgelehnt wird, der den Erlaß eines Verwaltungsakts zum Gegenstand hat“, anzuhören ist. § 24 EVwVfG 1973 und § 34 ESGB I sahen dann unter bestimmten Voraussetzungen vor, daß von einer Anhörung abgesehen werden kann, wenn „ein Antrag eines Beteiligten abgelehnt wird“. Dabei kann es sich in allen Fällen nur um den dem Verwaltungsverfahren zugrundeliegenden Antrag handeln. Eine Änderung ist durch die redaktionelle Umgestaltung[72] des § 24 Abs. 2 Nr. 3 EVwVfG 1973 in die heutige Fassung nicht anzunehmen. Demzufolge kann die Ausnahmevorschrift, soweit dort der Antrag erwähnt ist, nur für Leistungsanträge Anwendung finden.

Wenn die Erwähnung des Leistungsantrags in § 24 Abs. 2 Nr. 3 SGB X bei enger Auslegung keinen Anwendungsbereich finden kann, spricht die Systematik der Vorschrift für eine weite Auslegung. Die Ausnahmevorschrift findet aber auch bei einer engen Auslegung dann einen Anwendungsbereich, wenn der Leistungsantrag auf Verbesserung einer Rechtsposition gerichtet ist und aufgrund der Angaben in diesem Antrag in das bestehende Recht eingegriffen wird. Das ist z. B. dann der Fall, wenn in der gesetzlichen Unfallversicherung oder in der

[69] Zu diesem Ergebnis gelangt Grüner, § 24 Anm. IX 5.

[70] So zu § 28 VwVfG: Weides, § 7 V 5.

[71] Vgl. § 27 SGB X, § 32 VwVfG, § 110 AO.

[72] Vgl. BT-Drucks. 7/4494, S. 7 sowie bei Leonhardt, in: Stelkens/Bonk/Leonhardt, § 28 Rdnr. 3 — § 34 ESGB I wurde dem § 24 EVwVfG 1973 angeglichen, vgl. BT-Drucks. 7/3786, S. 5.

sozialen Entschädigung bei einer festgestellten MdE von 30 % ein Antrag auf Erhöhung auf 50 % gestellt wird und aufgrund der im Antrag gemachten Angaben die festgestellte MdE um 10 % gesenkt wird. Bei diesem Eingriff kann nach § 24 Abs. 2 Nr. 3 SGB X von einer Anhörung abgesehen werden, wenn die dort genannten Voraussetzungen im übrigen vorliegen. Auch bei enger Auslegung ist die Erwähnung des Antrags in Abs. 2 Nr. 3 nicht überflüssig. Es kann daher aus dieser Vorschrift nicht geschlossen werden, daß der Rechtseingriff i. S. d. § 24 SGB X weit auszulegen ist oder ein Rechtseingriff dann anzunehmen ist, wenn die Ablehnung eines Antrags auf Tatsachen gestützt wird, die der Antragsteller nicht selbst vorgetragen hat[73].

Zusammenfassend läßt sich feststellen, daß sich aus dem systematischen Zusammenhang, in dem § 24 SGB X steht, bzw. aus der Systematik der Norm weder das Gebot einer engen noch einer (mehr oder weniger) weiten Auslegung des Eingriffs in Rechte i. S. d. § 24 Abs. 1 SGB X zwingend ergibt.

III. Historisch-teleologische Interpretation

Es stellt sich die Frage, ob nach der im Gesetzgebungsverfahren zum Ausdruck gekommenen Vorstellung vom Zweck der Vorschrift der Rechtseingriff in eng zu verstehendem Sinn Geltung haben sollte oder ob der Regelungsabsicht eine darüber hinausgehende weite Auslegung entspricht.

Nach der Begründung zu § 34 ESGB I liegt ein Eingriff in Rechte nur vor, „wenn der vorhandene Rechtskreis des Betroffenen durch die Verwaltungsentscheidung beeinträchtigt wird“[74]. Noch deutlicher formuliert die Begründung zu § 24 EVwVfG 1973, daß ein Eingriff in Rechte des Beteiligten nur vorliegt, „wenn der vorhandene Rechtskreis durch die Verwaltungsentscheidung beeinträchtigt wird (Umwandlung eines Status quo in einen Status quo minus), nicht jedoch schon dann, wenn die Entscheidung erst eine Rechtsposition gewähren soll“[75]. Demnach ist in Übereinstimmung mit der sich aus dem Wortlaut ergebenden Auslegung der Rechtseingriff in engem, materiellem Sinn zu verstehen.

---

[73] Im Ergebnis ebenso Grüner, § 24 IV 3; Prochnow, S. 371 mit der Begründung, der Umkehrschluß scheide deshalb aus, weil Abs. 2 nur die Anhörungspflicht nach Abs. 1, die nur für Eingriffe in bestehende Rechte gelte, ausschließt. Diese Meinung setzt dabei schon die Auslegung des Abs. 1 voraus und verkennt, daß Abs. 1 durch systematische Interpretation unter Berücksichtigung des Abs. 2 auch anders auszulegen gewesen sein könnte. — Für § 28 VwVfG vgl. auch Weides, § 7 V 5.

[74] BT-Drucks. 6/868, S. 28.

[75] BT-Drucks. 7/910, S. 51.

Dies stimmt auch mit der in früheren Entwürfen zum Ausdruck gelangten Anschauung überein:

Die Anhörung des Beteiligten vor der Ablehnung seines Antrags hatte im ersten Entwurf eines Verwaltungsverfahrensgesetzes eine Regelung erfahren. So bestimmte Satz 2 des § 21 Abs. 1 MEVwVfG ausdrücklich, daß der Beteiligte auch anzuhören ist, „bevor ein Antrag abgelehnt wird, der den Erlaß eines Verwaltungsakts zum Gegenstand hat“[76]. Die besondere Erwähnung der Ablehnung eines Antrags steht im Einklang mit der Anschauung, daß bei Ablehnung eines Antrags nicht in jedem Fall ein Eingriff vorliegt. Abweichend von § 21 MEVwVfG sahen die späteren Entwürfe eines Verwaltungsverfahrensgesetzes aus den Jahren 1970 und 1973 die Anhörung des Beteiligten vor der Ablehnung eines Antrags auf Erlaß eines Verwaltungsakts nicht mehr vor. Es ergibt sich jedoch kein Anhaltspunkt dafür, daß jede Ablehnung eines Antrags als bereits durch Abs. 1 S. 1 geregelt angesehen wurde; die oben zitierte Begründung zu § 24 EVwVfG 1973 spricht schließlich ausdrücklich dagegen. Zwar enthält § 24 EVwVfG 1973 und auch § 34 ESGB I in Abs. 2 Nr. 3 eine Ausnahme von der Anhörung Beteiligter, „wenn ein Antrag eines Beteiligten abgelehnt wird, ohne daß die Behörde von den tatsächlichen Angaben zu dessen Ungunsten abweichen will“. Dem kann aber angesichts der systematischen Interpretation nicht entnommen werden, daß vor der Ablehnung eines Antrags immer anzuhören ist, der Rechtseingriff also weit zu verstehen ist.

In der Begründung zu § 34 ESGB I wird ausgeführt, daß von der Anhörung vor Ablehnung eines Antrags abgesehen werden kann, „weil der Betroffene in der Regel im Zusammenhang mit seinem Antrag Gelegenheit zur Stellungnahme hat und die Mitteilung der beabsichtigten Ablehnung die Tätigkeit der Verwaltung unnötig erschweren würde; eine erneute Stellungnahme kann der Betroffene im Widerspruchs- oder Rechtsmittelverfahren vortragen“[77]. Bei enger Auslegung ist, wie oben gezeigt, im Sozialrecht vor der Ablehnung eines Antrags grundsätzlich nicht anzuhören, während dies sonst bei grundrechtseffektuierenden Anträgen der Fall ist. Dieser Begründung könnte daher die Vorstellung zugrundegelegen haben, daß im Sozialrecht vor der Ablehnung von Anträgen anzuhören ist, der Rechtseingriff i. S. d. Abs. 1 also in der Bedeutung einer formellen Beschwer weit auszulegen ist. Dem widerspricht jedoch, daß die Begründung zu § 34 ESGB I aus-

---

[76] Die Sachverständigenkommission für die Vereinfachung der Verwaltung beim Bundesministerium des Innern hatte eine Formulierung Fellners (Fellner, S. 102 f.) vorgeschlagen, an die sich die Regelung des § 21 MEVwVfG anlehnte — vgl. Ule/Becker, S. 39 f.

[77] BT-Drucks. 7/868, S. 28.

drücklich auf den vorhandenen Rechtskreis abstellt. Aus der Begründung kann daher nicht eindeutig auf eine weite Auslegung geschlossen werden; es ist dagegen eher davon auszugehen, daß verkannt worden ist, daß in sozialleistungsrechtlichen Verwaltungsrechtsverhältnissen, anders als sonst in Verwaltungsrechtsverhältnissen, soweit diese grundrechtlich vorgeprägt sind, vor der Ablehnung von Anträgen grundsätzlich nicht anzuhören ist. Die historisch-teleologische Interpretation kommt demnach zu dem Ergebnis, daß der Eingriff in Rechte i. S. d. § 24 SGB X eng im Sinne einer materiellen Beschwer zu verstehen ist. Dabei ist unter Eingriff nicht nur die finale, sondern jede Beeinträchtigung eines Rechts zu verstehen, wie das Abstellen auf den vorhandenen und nicht etwa auf den als vorhanden vorausgesetzten Rechtskreis in der Begründung zeigt.

IV. Objektiv-teleologische Interpretation

Die von der überwiegenden Literaturmeinung vertretene weite Auslegung des Rechtseingriffs könnte nach dem objektiven Normzweck geboten sein. Der Normzweck des § 24 SGB X besteht darin, die Rechte des einzelnen Rechtssubjekts im Verwaltungsverfahren zu achten und dem einzelnen die Verteidigung seiner Rechte zu ermöglichen[78]. Dazu könnte die Anhörung vor jeder Ablehnung eines Antrags erforderlich sein.

Der Beteiligte, der einen Antrag gestellt hat, befindet sich in der Situation, seine Rechte dadurch zu verwirklichen[79], daß er das Bestehen dieser Rechte durch die Verwaltung feststellen lassen will, um sie zu einem bestimmten Verhalten zu bewegen, sei es, daß er von der Behörde eine bestimmte Leistung begehrt oder daß sie über seinen Antrag ermessensfehlerfrei entscheiden soll. Folglich dient die Anhörung vor Ablehnung eines Antrags letztlich der Verwirklichung der Rechte des Beteiligten[80], auf die die Verwaltung nach § 17 Abs. 1 Nr. 1 SGB I hinzuwirken hat. Die Anhörung des Beteiligten wäre in dieser Feststellungssituation dann nicht erforderlich, wenn bereits anderweitig die Verwirklichung der Rechte des Beteiligten sichergestellt ist. In diesem Fall könnte durch die enge Auslegung der Fall der Ablehnung eines Antrags aus dem Anwendungsbereich des § 24 SGB X herausgenommen werden.

Es könnte bereits durch den Untersuchungsgrundsatz die Verwirklichung der Rechte des Beteiligten sichergestellt sein. Es besteht jedoch

[78] Siehe oben 1. Kapitel unter C II 2.

[79] Vgl. Freitag, in: DVBl. 1976, S. 11 f.

[80] Vgl. auch Kopp, § 28 Rdnr. 2.

die Gefahr, daß die Behörde, ohne gegen Verfahrensvorschriften zu verstoßen, den Eindruck gewinnt, daß der Sachverhalt vollständig ermittelt ist, etwa wenn der Antragsteller aus Unkenntnis wesentliche Tatsachen nicht in seinen Antrag aufgenommen hat und sich kein Anhaltspunkt für das Vorliegen dieser Tatsachen ergibt. Zwar hat der Antragsteller nach §§ 14, 15 SGB I Anspruch auf Beratung und Auskunft[81], aber auch dieser Anspruch muß erst geltend gemacht werden. Durch den Untersuchungsgrundsatz und den Anspruch auf Beratung und Auskunft ist daher die Verwirklichung der Rechte des Beteiligten noch nicht sichergestellt.

Die Verwaltung ist darüber hinaus nach § 16 Abs. 3 SGB I[82] verpflichtet, darauf hinzuwirken, daß unverzüglich klare und sachdienliche Anträge gestellt und unvollständige Angaben ergänzt werden. Aber auch für das Hinwirken auf die Stellung sachdienlicher Anträge müssen sich für die Behörde zunächst einmal Anhaltspunkte ergeben. Diese können sich zwar schon aus dem Antrag ergeben; möglicherweise treten sie aber auch erst bei einer Anhörung zutage.

Die Anhörung Beteiligter könnte durch den Antrag und ggf. seine Begründung bereits als vorweggenommen angesehen werden[83]. Auch hiergegen ist einzuwenden, daß der Antrag möglicherweise aus Unkenntnis unvollständig ist. Werden aber dem Beteiligten, damit er Gelegenheit erhält, sich zu den entscheidungserheblichen Tatsachen zu äußern, diese Tatsachen mitgeteilt, so kann von dem Beteiligten das Vorliegen von Tatsachen vorgetragen werden, die er zunächst nicht für entscheidungserheblich gehalten hat. Außerdem erfährt er so, daß die Behörde von Tatsachen ausgeht, die sie nicht seinem Antrag entnommen, sondern anderweitig ermittelt hat, wobei wiederum von dem Beteiligten Ergänzungen vorgenommen werden können[84]. Hinzuweisen ist schließlich noch darauf, daß ein Beteiligter, der schriftlich einen Antrag gestellt hat, dann, wenn er die Gelegenheit zur mündlichen Äußerung erhält, den Sachverhalt möglicherweise sehr viel besser darstellen kann.

Die Sicherstellung der Rechtswahrung für den Beteiligten könnte im Einzelfall dann nicht erforderlich sein, wenn es ausgeschlossen erscheint, daß der Beteiligte durch die Ablehnung seines Antrags in seinen Rechten

---

[81] Schwächer (soll): § 25 S. 2 VwVfG, § 89 S. 2 AO.

[82] Schwächer (soll): § 25 S. 1 VwVfG, § 89 S. 1 AO.

[83] Schellhorn, in: Burdenski/v. Maydell/Schellhorn, § 34 Rdnr. 22; Finger, S. 123; siehe auch BT-Drucks. 7/868, S. 28; so für die Steuererklärung Söhn, in: Hübschmann/Hepp/Spitaler, § 91 Rdnr. 19.

[84] Abs. 2 Nr. 3 läßt dementsprechend ausdrücklich nur dann ein Absehen von einer Anhörung zu, wenn von den im Antrag genannten Tatsachen nicht oder nicht zu Ungunsten abgewichen wird. — Vgl. BT-Drucks. 7/910, S. 51 f.

beeinträchtigt wird[85]. Da die nach Art. 20 Abs. 3 GG zu gesetzmäßigem Handeln verpflichtete Verwaltung vor der Ablehnung eines Antrags aber immer zu dem Ergebnis gekommen sein muß, daß die Ablehnung nicht rechtswidrig ist und daher nicht in Rechte eingreift, ist das Abstellen auf die konkrete Möglichkeit einer Rechtsbeeinträchtigung ausgeschlossen. Es ist daher davon auszugehen, daß bei der Ablehnung eines Antrags abstrakt immer die Möglichkeit der Rechtsbeeinträchtigung besteht; diese also nur ausgeschlossen ist, wenn dem Antrag stattgegeben wird[86]. Um dem Normzweck der Rechtswahrung zu genügen, ist damit vor jeder Ablehnung eines Antrags anzuhören. Dazu muß der Rechtseingriff i. S. d. § 24 Abs. 1 SGB X weit ausgelegt werden.

Der die objektiv-teleologische Interpretation tragende Gedanke, daß mit der formellen Beschwer der Ablehnung möglicherweise eine materielle Beschwer verbunden ist, gilt gleichermaßen, wenn die formelle Beschwer nicht in der Ablehnung eines Antrags besteht, sondern in einer sonstigen Feststellung des Nichtbestehens eines Rechts, wie etwa bei der Feststellung der Nichtigkeit eines begünstigenden Verwaltungsakts von Amts wegen. Nach objektiv-teleologischer Interpretation ist daher der Eingriff in Rechte i. S. d. § 24 SGB X weit im Sinne einer materiellen Beschwer zu verstehen.

V. Zusammenfassung und Ergebnis

Zusammenfassend läßt sich feststellen, daß nach grammatikalischer Interpretation der mögliche Wortsinn des Eingriffs in Rechte i. S. d. § 24 Abs. 1 SGB X sowohl eine enge Auslegung im Sinne einer materiellen Beschwer als auch eine weite Auslegung im Sinne einer formellen Beschwer umfaßt. Die Frage, welcher Auslegung im Rahmen des möglichen Wortsinns der Vorzug zu geben ist, läßt sich durch systematische Interpretation nicht beantworten.

Aufgrund historisch-teleologischer Interpretation ist der Rechtseingriff i. S. d. § 24 Abs. 1 SGB X eng zu verstehen, d. h., es zählen dazu alle objektiven Rechtsbeeinträchtigungen. Nach objektiv-teleologischer Interpretation hingegen ist ein Eingriff in Rechte hier auch dann anzunehmen, wenn nur eine formelle Beschwer durch die rechtmäßige Ver-

---

[85] In diesem Fall würde der Beteiligte seine Interessen auch nicht im Wege des Rechtsschutzes verfolgen können, da ihm die nach § 40 Abs. 2 VwGO, § 54 Abs. 2 SGG und § 40 Abs. 2 FGO erforderliche Klagebefugnis fehlt. — Um eine Rechtsverletzung im gerichtlichen Verfahren *geltend machen* zu können (vgl. § 54 Abs. 2 SGG, § 42 Abs. 2 VwGO und § 40 Abs. 2 FGO) reicht jedoch nach h. M. die Möglichkeit einer Rechtsverletzung aus (vgl. Erichsen, S. 26 f. m. w. N.).

[86] Vgl. Kopp, § 28 Rdnr. 11; Heinzmann, S. 51 f.

sagung eines Rechts erfolgt. Damit stellt sich die Frage, welcher Auslegung, der historisch-teleologischen oder der objektiv-teleologischen, der Vorzug zu geben ist.

Nach der subjektiven Auslegungstheorie besteht zwischen den einzelnen Auslegungskriterien folgende Rangfolge: Soweit der Wortlaut einer Norm mehrere Auslegungen zuläßt, wird zunächst untersucht, ob die systematische Interpretation im Rahmen des möglichen Wortsinns eine bestimmte Auslegung gebietet. Ist dies nicht der Fall, wird auf den subjektiven Willen des historischen Gesetzgebers abgestellt (daher subjektive Theorie). Wenn die historisch-teleologische Interpretation die Frage nach der Auslegung nicht beantwortet, erfolgt die Auslegung nach objektiv-teleologischen Kriterien[87]. Eine objektiv-teleologische Interpretation wird z. T. auch dann für notwendig gehalten, wenn eine veränderte Normsituation, insbesondere durch verfassungskonforme Interpretation, berücksichtigt werden muß, um dem Umstand sich mit der Zeit wandelnder Verhältnisse Rechnung zu tragen[88]. Vereinzelt wird auch die systematische Interpretation nicht in das Rangverhältnis aufgenommen[89].

Die subjektive Auslegungstheorie würde bei der hier zu beantwortenden Frage nach der Auslegung des Rechtseingriffs i. S. d. § 24 SGB X zu dem Ergebnis gelangen, daß der Begriff des Eingriffs in Rechte nach der historisch-teleologischen Interpretation der Norm eng auszulegen ist. Die abweichende objektiv-teleologische Auslegung würde dieses Ergebnis nicht zu beeinflussen vermögen, da der im Gesetzgebungsverfahren eindeutig zum Ausdruck gekommene Wille vorgeht. Dies gilt auch dann, wenn, wie teilweise angenommen wird, eine veränderte Normsituation zu berücksichtigen wäre, weil sich in der relativ kurzen Zeit seit Erlaß der Norm die Situation nicht entscheidend geändert hat. Auch eine verfassungskonforme Interpretation im Hinblick auf Art. 19 Abs. 4 GG oder rechtsstaatliche Grundsätze kommt nicht in Betracht, da, wie festgestellt, die Anhörung im Verwaltungsverfahren unter Rechtsschutzgesichtspunkten nicht geboten ist und das Rechtsstaatsprinzip die Anhörung zur Beachtung der Rechtssubjektivität nur vor dem Eingriff in zuerkannte Rechte fordert[90]. Schließlich würde sich das Ergebnis auch nicht ändern, wenn, wie vereinzelt angenommen wird, die systematische Interpretation nicht in das Rangverhältnis aufgenommen würde, da diese hier nicht bereits zu der einen oder anderen Auslegung nötigt. Nach der subjektiven Auslegungstheorie, auch mit ihren

---

87 Vgl. Larenz, S. 328 ff.; Engisch, S. 249 f. (bei Anm. 106 b).

88 Larenz, S. 330 ff.

89 Koch/Rüßmann, S. 181 f.

90 Siehe oben 1. Kapitel unter C II 2.

Abweichungen, wäre demnach der Rechtseingriff i. S. d. § 24 Abs. 1 SGB X eng auszulegen.

Zu dem Ergebnis, daß der Eingriff in Rechte nach objektiv-teleologischen Kriterien weit auszulegen wäre, kommt die objektive Auslegungstheorie. Auch sie wählt als Ausgangspunkt für die Aufstellung einer Rangfolge die grammatikalische Interpretation und fragt ggf. danach, welcher Auslegung aufgrund systematischer Interpretation im Rahmen des möglichen Wortsinns der Vorzug zu geben ist. Danach rangiert als maßgebliches Auslegungskriterium der objektivierte Wille des Gesetzgebers vor den subjektiven Vorstellungen der am Gesetzgebungsverfahren beteiligten Organe[91]. Demnach ist für die Auslegung die objektiv-teleologische Interpretation maßgeblich, während die historisch-teleologische Interpretation allenfalls bestätigenden Charakter hat[92].

Die Frage der Auslegung des Rechtseingriffs i. S. d. § 24 Abs. 1 SGB X beantwortet sich danach, welcher Auslegungstheorie zu folgen ist. Die Argumente für die objektive Auslegungstheorie sind, daß es keinen einheitlichen Willen des modernen Gesetzgebers gebe, daß nur der Wortlaut einer Norm Gesetzeskraft habe und auch nur dieser für Außenstehende erkennbar sei und daß bei der Bindung an den gesetzgeberischen Willen eine Anpassung an geänderte Verhältnisse nicht möglich sei[93].

Gegen das erste Argument spricht, daß durch die Begründungen zu Gesetzentwürfen und den Äußerungen im Gesetzgebungsverfahren sehr wohl die tragenden Zielvorstellungen deutlich werden, die bei dem Beschluß des Gesetzes von der Mehrheit des Gesetzgebungsorgans akzeptiert werden[94]. Der Betonung des Wortlauts der Norm gegenüber den dahinterstehenden Vorstellungen durch das zweite Argument ist entgegenzuhalten, daß die Vorstellung von einem „objektivierten Willen“ des Gesetzgebers fehlgeht; der Wortlaut vielmehr nur der Ausdruck des subjektiven Willens des Gesetzgebers ist. Bei der Auslegung des Gesetzeswortlauts ist auch dieser Wille maßgeblich, da die in Art. 20 Abs. 3 GG postulierte Bindung an Recht und Gesetz im demokratischen Gewaltenteilungsstaat nicht nur die Bindung an den Ausdruck, sondern auch den dahinterstehenden Willen des demokratisch legitimierten Gesetzgebers bedeutet[95]. Dieses Argument gegen die objektive Theorie spricht auch gegen die von ihr — wie z. T. auch bei der subjektiven Theorie — für wünschenswert gehaltene Abweichung vom gesetzgeberischen Willen zur Anpassung an geänderte Verhältnisse. Schließlich ist

[91] Vgl. die Darstellung bei Engisch, S. 85 ff., 89 ff. m. w. N.
[92] Vgl. BVerfGE 1, 299 (312); 11, 126 (129 ff.).
[93] Vgl. die Zusammenstellung bei Koch/Rüßmann, S. 180.
[94] Siehe auch bei Koch/Rüßmann, S. 180.
[95] Zippelius, S. 63 f.; Koch/Rüßmann, S. 182.

zu berücksichtigen, daß der Gesetzgeber jederzeit die Möglichkeit hat, eine Norm durch Gesetzesänderung an die Verhältnisse anzupassen, soweit eine der gegenwärtigen Normsituation entsprechende Auslegung bei Beachtung des gesetzgeberischen Willens nicht mehr möglich erscheint. Dies gilt um so mehr, je „jünger" das jeweilige Gesetz ist.

Die Argumente gegen die objektive Auslegungstheorie sprechen zugleich für die Anwendung der subjektiven Theorie, durch die im Zweifel der Wille des Gesetzgebers Vorrang vor dem objektiv ermittelten Gesetzeszweck verdient. Im Anschluß an die subjektive Auslegungstheorie ist daher der Eingriff in Rechte i. S. d. § 24 Abs. 1 SGB X durch historisch-teleologische Interpretation eng im Sinne einer materiellen Beschwer auszulegen. Ein Rechtseingriff liegt danach vor, wenn ein festgestelltes Recht entzogen wird sowie, wenn ein Antrag, der auf eine Leistung, auf die ein Anspruch besteht, oder auf Grundrechtseffektuierung gerichtet ist, abgelehnt wird. Diese Rechtseingriffe werden jedoch nicht alle zu einer Anhörung Beteiligter nach § 24 Abs. 1 SGB X führen: Da die Norm an die nach Art. 20 Abs. 3 GG zu gesetzmäßigem Handeln verpflichtete Verwaltung gerichtet ist, kann das Vorliegen eines Eingriffs in Rechte nur im Fall des Entzugs eines Rechts oder der Ablehnung eines auf Grundrechtseffektuierung gerichteten Antrags zu einer Anhörung führen. Die Verwaltung kann in anderen Fällen der Ablehnung eines Antrags nicht von einem Rechtseingriff ausgehen, weil sie dazu von der Rechtswidrigkeit der Ablehnung ausgehen müßte. In den Fällen des Eingriffs durch Ablehnung eines nicht auf Grundrechtsverwirklichung gerichteten Antrags wird daher im Nachhinein nur ein Verfahrensfehler festzustellen sein.

C. Beteiligter

Nach § 24 Abs. 1 SGB X kann nur ein Beteiligter ein Recht auf Anhörung haben. Es ist erforderlich, daß derjenige, in dessen Rechte durch den beabsichtigten Verwaltungsakt eingegriffen werden soll, Beteiligter ist. Für das Verwaltungsverfahren des 10. Buches des Sozialgesetzbuches bezeichnet § 12 SGB X[96] die Beteiligten[97], soweit eine Beteiligtenstellung nicht aufgrund spezieller Vorschriften besteht[98].

[96] Entsprechend § 13 VwVfG und § 78 AO. Dabei finden jedoch Abs. 1 Nr. 4 und Abs. 2 und 3 der §§ 12 SGB X, 13 VwVfG in § 78 AO keine Entsprechung. — § 12 Abs. 1 Nr. 4, Abs. 2 SGB X entsprechende Vorschriften finden sich in §§ 359, 360 AO nur für das außergerichtliche Rechtsbehelfsverfahren.

[97] Eine Systematisierung der an Rechtsbeziehungen im Sozialrecht Beteiligter ist von Wertenbruch, in: v. Münch, S. 500 f. vorgenommen worden.

[98] Vgl. bei Pickel, § 12 Anm. 2. Siehe z. B. § 252 Abs. 2 RVO, wonach die AOK beteiligt ist. — Zu § 13 VwVfG siehe Clausen, in: Knack, § 13 Rdnr. 3 und 5; für das Zerlegungsverfahren ist in § 186 AO, für das außergerichtliche Rechtsbehelfsverfahren in § 359 AO geregelt, wer Beteiligter ist.

Voraussetzung für eine Beteiligtenstellung ist zunächst stets die Fähigkeit, im Verfahren Beteiligter zu sein. Die Beteiligtenfähigkeit ist in § 10 SGB X[99] geregelt. Danach besitzen diese Fähigkeit neben natürlichen und juristischen Personen auch Vereinigungen, soweit ihnen ein Recht zustehen kann, und Behörden[100].

Von der Beteiligtenfähigkeit zu trennen ist die Frage nach der Handlungsfähigkeit, d. h. der Fähigkeit, Verfahrenshandlungen vorzunehmen und damit dem Rechtsträger zustehende Verfahrensrechte auszuüben. Diese ist in § 11 SGB X[101] geregelt. Handlungsfähigkeit besitzen danach geschäftsfähige oder als geschäftsfähig anerkannte natürliche Personen, beschränkt geschäftsfähige, die durch öffentlich-rechtliche Vorschriften als handlungsfähig anerkannt sind[102], sowie die Vertreter oder besonders Beauftragten juristischer Personen oder beteiligungsfähiger Vereinigungen und die Leiter von Behörden, deren Vertreter oder Beauftragte. Beteiligtenfähigkeit und Handlungsfähigkeit fallen nicht immer zusammen; so besitzt z. B. auch eine geschäftsunfähige natürliche Person Beteiligtenfähigkeit, bedarf aber mangels Handlungsfähigkeit zur Vornahme von Verfahrenshandlungen eines Vertreters. Für die Beteiligtenstellung kommt es insofern nur auf das Vorliegen der Beteiligtenfähigkeit an. Wer Beteiligter des Verwaltungsverfahrens ist, soll im folgenden, soweit es für das Recht auf Anhörung relevant ist, erörtert werden.

Nach § 12 Abs. 1 SGB X sind Beteiligte der Antragsteller und der Antragsgegner (Nr. 1), der Adressat eines Verwaltungsakts (Nr. 2), die Parteien eines öffentlich-rechtlichen Vertrages (Nr. 3) und die nach § 11 Abs. 2 SGB X von der Behörde zum Verfahren Hinzugezogenen. Der Fall des § 12 Abs. 1 Nr. 3 SGB X, der die Beteiligtenstellung der Parteien eines öffentlich-rechtlichen Vertrages regelt, kann hier unberücksichtigt bleiben, da § 24 SGB X nur bei Erlaß eines Verwaltungsakts gilt. Auch Abs. 3 des § 12 SGB X hat für die Anhörung Beteiligter keine Bedeutung. Dort wird klargestellt, daß derjenige, der, ohne Beteiligter

---

[99] Entsprechend § 11 VwVfG. Für die AO wurde von einer Regelung der Beteiligtenfähigkeit mit der Begründung abgesehen, daß es einer solchen nicht bedürfe (vgl. BT-Drucks. 6/1987, S. 131).

[100] Beteiligtenfähig ist auch im Finanzverwaltungsverfahren jeder, der steuerrechtsfähig ist, also Inhaber steuerrechtlicher Rechte und Pflichten sein kann (siehe bei Söhn, in: Hübschmann/Hepp/Spitaler, § 79 Rdnr. 2). Da dies einerseits natürliche und juristische Personen sowie Vereinigungen, denen ein Recht zustehen kann, und andererseits, wie sich aus § 78 Abs. 1 Nr. 4 AO ergibt, Behörden sind, deckt sich die Beteiligtenfähigkeit im SGB X, im VwVfG und der AO.

[101] Übereinstimmend § 12 VwVfG und § 79 AO.

[102] Als Beispiel einer öffentlich-rechtlichen Vorschrift, durch die ein beschränkt Geschäftsfähiger als handlungsfähig anerkannt wird, sei hier auf § 36 SGB I hingewiesen, wonach ein Fünfzehnjähriger Sozialleistungen beantragen und entgegennehmen kann. Für das entsprechende Verwaltungsverfahren ist er somit beteiligten- und handlungsfähig.

zu sein, anzuhören ist, dadurch nicht Beteiligter wird. Abs. 3 des § 12 SGB X betrifft den Fall der Anhörung Nicht-Beteiligter, z. B. des Vertrauensarztes nach § 369 b Abs. 1 RVO.

I. Antragsteller und Antragsgegner

Nach § 12 Abs. 1 Nr. 1 SGB X[103] sind Antragsteller und Antragsgegner Beteiligte. Dabei ist jedoch die von einem Antragsteller angegangene Behörde als Trägerin des Verfahrens nicht Antragsgegner[104]. Antragsgegner im Verwaltungsverfahren ist derjenige, gegen den von einem Dritten ein Verwaltungsakt beantragt worden ist. Soweit Antragsteller und Antragsgegner potentielle Adressaten eines Verwaltungsakts sind, weil sie als Antragsteller einen Verwaltungsakt gegen sich beantragt haben oder gegen sie als Antragsgegner von einem Dritten als Antragsteller ein Verwaltungsakt beantragt worden ist, begründet § 12 Abs. 1 Nr. 1 SGB X zusätzlich zu § 12 Abs. 1 Nr. 2 SGB X eine Beteiligtenstellung. Im Leistungssystem des Sozialgesetzbuches, nach dem Leistungen regelmäßig auf Antrag gewährt werden, stellt § 12 Abs. 1 Nr. 1 SGB X einen zahlenmäßig wichtigen Fall der Begründung einer Beteiligtenstellung dar. Für § 24 SGB X ist diese Beteiligtenstellung jedoch nur bedeutsam, wenn der beantragte Verwaltungsakt zugleich in Rechte des Beteiligten eingreift.

Von der Ablehnung eines Antrags durch Verwaltungsakt ist der Fall zu unterscheiden, daß die angegangene Behörde es ablehnt, ein Verwaltungsverfahren zu eröffnen. Diese Möglichkeit besteht nach § 18 SGB X[105] dann, wenn die Behörde nicht verpflichtet ist, tätig zu werden, sondern nach pflichtgemäßem Ermessen entscheidet, ob sie ein Verwaltungsverfahren durchführt[106]. Lehnt die Behörde es ab, ein Verwaltungsverfahren zu eröffnen, so erlangt der Antragsteller keine Beteiligtenstellung, da ein Verwaltungsverfahren, an dem er beteiligt sein kann, nicht durchgeführt wird[107]. Weiterhin hat der Antragsteller zwar

---

[103] Entsprechend § 13 Abs. 1 Nr. 1 VwVfG, § 78 Nr. 1 AO.

[104] v. Wulffen, in: Schroeder-Printzen/Engelmann u. a., § 12 Anm. 2; Pickel, § 12 Anm. 2 b m. w. N.

[105] Entsprechend § 22 VwVfG, § 86 AO.

[106] Hingegen kann die Behörde nach §§ 20 Abs. 3 SGB X, 24 Abs. 3 VwVfG die Entgegennahme von Anträgen, die in ihren Zuständigkeitsbereich fallen, nicht deshalb verweigern, weil sie den Antrag für unzulässig oder unbegründet hält.

[107] Vgl. für das VwVfG Leonhardt, in: Stelkens/Bonk/Leonhardt, § 22 Rdnr. 14; Borgs, in: Meyer/Borgs, § 13 Rdnr. 4; a. A. Clausen, in: Knack, § 13 Rdnr. 3.1; Kopp, § 13 Rdnr. 10, die verkennen, daß eine Beteiligtenstellung naturgemäß ein Verwaltungsverfahren voraussetzt und diese Voraussetzung gemäß § 18 SGB X bzw. § 22 VwVfG, § 86 AO nicht schon durch jede Antragstellung herbeigeführt wird.

aus Art. 17 GG bei schriftlichen Anträgen einen Anspruch auf Bescheidung[108]; diese erfolgt aber nicht durch einen Verwaltungsakt gegenüber dem Antragsteller[109]. Ein Recht auf Anhörung nach § 24 SGB X scheidet demnach bei der Ablehnung der Eröffnung eines Verwaltungsverfahrens aus.

II. Beteiligter als Adressat eines Verwaltungsakts

Nach § 12 Abs. 1 Nr. 2 SGB X[110] sind diejenigen Beteiligte, „an die die Behörde den Verwaltungsakt richten will oder gerichtet hat". Damit wird derjenige Beteiligter, der Adressat eines Verwaltungsakts ist oder werden soll[111]. Daß der Erlaß eines Verwaltungsakts beabsichtigt ist, begründet einerseits für den zukünftigen Adressaten eine Beteiligtenstellung und ist andererseits zugleich eine Voraussetzung für ein Recht auf Anhörung. Wenn diese Voraussetzung des § 24 SGB X vorliegt, ist der zukünftige Adressat auch immer Beteiligter nach § 12 Abs. 1 Nr. 2 SGB X. Die 2. Alternative dieser Vorschrift, nach der auch derjenige Beteiligter ist, an den die Behörde einen Verwaltungsakt gerichtet hat, läßt die Beteiligtenstellung über den Erlaß des Verwaltungsakts hinaus bestehen. Da nach § 24 Abs. 1 SGB X anzuhören ist, bevor ein Verwaltungsakt erlassen wird, spielt diese Alternative nur dann eine Rolle, wenn ausnahmsweise eine nachträgliche Anhörung durchzuführen ist[112].

Umstritten ist, wann die Beteiligtenstellung des potentiellen Adressaten beginnt. Aufgrund materieller Betrachtungsweise reicht dazu nach überwiegender Ansicht aus, daß die Behörde ein Verwaltungsverfahren betreibt und erwägt, einen Verwaltungsakt zu erlassen[113]. Nach a. A.[114] wird unter Zugrundelegung formeller Kriterien erst durch eine ent-

---

[108] Dazu Gierth, S. 761 ff.

[109] Siehe BVerwG, in: NJW 1977, S. 118, sowie Terbille, S. 149 f. m. w. N. — z. T. wird in der Bescheidung der Erlaß eines Verwaltungsakts gesehen, vgl. Eitel, S. 232; Dürig, in: Maunz/Dürig/Herzog/Scholz, Art. 17 Rdnr. 80. Die zur Begründung angeführten Rechtsschutzgesichtspunkte vermögen jedoch nicht zu überzeugen, da statt der Verpflichtungsklage, die einen Verwaltungsakt voraussetzt, eine allgemeine Leistungsklage in Betracht kommt; siehe bei Terbille, S. 151 f. Wird die Bescheidung als Verwaltungsakt angesehen, so ist auch das Verfahren, in dem er erlassen wird, ein Verwaltungsverfahren, in dem der Antragsteller Beteiligter ist.

[110] Entsprechend § 13 Abs. 1 Nr. 2 VwVfG, § 78 Nr. 2 AO.

[111] Siehe bei Leonhardt, in: Stelkens/Bonk/Leonhardt, § 13 Rdnr. 10; Borgs, in: Meyer/Borgs, § 13 Rdnr. 6.

[112] Siehe unten 4. Kapitel unter A I.

[113] Schnapp, in: BochKomm, § 34 Rdnr. 6; ders., in: DAngVers 1979, S. 9; ders., in: BlStSozArbR 1980, S. 88; ders., SGb 1980, S. 180; Pickel, § 12 Anm. 2 c; Leonhardt, in: Stelkens/Bonk/Leonhardt, § 13 Rdnr. 11 f.; Clausen, in: Knack, § 13 Rdnr. 3.2; Borgs, in: Meyer/Borgs, § 13 Rdnr. 6; Ule/Laubinger, § 15 II; Söhn, in: Hübschmann/Hepp/Spitaler, § 78 Rdnr. 9.

[114] Kopp, § 13 Rdnr. 13; ders., in: BVerwG-FS, S. 394.

sprechende offizielle Mitteilung an den Betroffenen die Beteiligtenstellung begründet. Dem kann nicht zugestimmt werden. Würde die Behörde ermitteln, ohne den Beteiligten zu vernehmen oder sonst mit ihm in Kontakt zu treten, so kann von einer offiziellen Mitteilung auch durch konkludentes Verhalten, wie z. B. einer Ladung zur Vernehmung, nicht die Rede sein. Folge wäre, daß die Beteiligtenstellung erst mit der Mitteilung des im Verwaltungsverfahren erlassenen Verwaltungsakts beginnt. Selbst wenn die weiteren Voraussetzungen eines Rechts auf Anhörung vorliegen, würde das Recht doch daran scheitern, daß der Adressat vor dem Erlaß des Verwaltungsakts noch nicht Beteiligter ist. Das ist aber mit dem Zweck der Anhörung, dem von einem Rechtseingriff Bedrohten eine Einwirkungsmöglichkeit auf das Verfahren zu geben, nicht vereinbar. Es würde einer Umgehung des Rechts auf Anhörung durch das Unterlassen einer offiziellen Mitteilung Tor und Tür geöffnet[115].

III. Beteiligter aufgrund von Hinzuziehung

Nach § 12 Abs. 1 Nr. 4 SGB X[116] sind auch diejenigen Beteiligte, die von der Behörde nach § 12 Abs. 2 SGB X zum Verfahren hinzugezogen worden sind. Tritt die Beteiligtenstellung in allen anderen Fällen des § 12 Abs. 1 SGB X automatisch ein, so setzt der Fall der Nr. 4 die Hinzuziehung, also ein Tätigwerden der Behörde voraus. § 12 Abs. 2 SGB X enthält zwei Fälle, die sog. einfache und die notwendige Hinzuziehung.

Bei der einfachen Hinzuziehung kann die Behörde nach § 12 Abs. 2 S. 1 SGB X diejenigen, deren rechtliche Interessen durch den Ausgang des Verfahrens berührt werden können, von Amts wegen oder auf Antrag als Beteiligte hinzuziehen. Rechtliche Interessen sind Interessen im Hinblick auf eine Rechtsstellung[117]. Sie sind zu unterscheiden von den berechtigten Interessen[118], die das Interesse nicht nur in rechtlicher, sondern z. B. auch in wirtschaftlicher Hinsicht umfassen[119], und den rechtlich geschützten Interessen, die den Rechten zuzurechnen sind[120]. Rechtliche Interessen können schon dann berührt werden, wenn ein Verwaltungsverfahren faktische Auswirkungen auf ein Recht hat, ohne daß

---

[115] Ebenso Schnapp, in: BochKomm, § 34 Rdnr. 6; ders., in: DAngVers 1979, S. 9; ders., in: BlStSozArbR 1980, S. 88; ders., in: SGb 1980, S. 180.

[116] Entsprechend § 13 Abs. 1 Nr. 4 SGB X — entsprechende Vorschriften finden sich in der AO nur in §§ 359, 360 für das außergerichtliche Rechtsbehelfsverfahren.

[117] Borgs, in: Meyer/Borgs, § 13 Rdnr. 9.

[118] Siehe § 75 Abs. 1 SGG; Meyer-Ladewig, § 75 Rdnr. 8.

[119] v. Wulffen, in: Schroeder-Printzen/Engelmann u. a., § 12 Anm. 7; Kopp, § 9 Rdnr. 12 ff. m. w. N.

[120] Siehe oben 1. Kapitel unter C und 2. Kapitel unter B I.

das Recht durch den Ausgang des Verfahrens bereits verändert wird. Z. B. werden die rechtlichen Interessen des Sozialhilfeträgers dann berührt, wenn der Träger der gesetzlichen Krankenversicherung die weitere Übernahme der Kosten der Krankenhauspflege ablehnen will, da ein Pflegefall vorliegt und nunmehr der Träger der Sozialhilfe als Kostenträger in Betracht kommt. § 12 Abs. 2 S. 1 SGB X stellt es in das Ermessen der Behörde, ob sie den Dritten, dessen rechtliche Interessen berührt werden können, als Beteiligten hinzuziehen will.

Bei der notwendigen Hinzuziehung nach § 12 Abs. 2 S. 2 SGB X ist die Behörde verpflichtet, den Dritten hinzuziehen. Die notwendige Hinzuziehung setzt voraus, daß nicht nur rechtliche Interessen berührt werden können, sondern das Verfahren rechtsgestaltende Wirkung hat[121] und ein Antrag auf Hinzuziehung gestellt wird. Rechtsgestaltend sind außer dem öffentlich-rechtlichen Vertrag, der im Rahmen der Erörterung des Rechts auf Anhörung außer Betracht bleiben kann, alle Verwaltungsakte, da sie eine rechtliche Regelung beinhalten[122]. Für die notwendige Hinzuziehung nach § 12 Abs. 2 S. 2 SGB X muß die Regelung nicht nur für den Adressaten des Verwaltungsakts, sondern auch unmittelbar für einen Dritten erfolgen[123]; es handelt sich also um Verwaltungsakte mit sog. Drittwirkung. Derartige Verwaltungsakte finden sich vornehmlich im Bau-, Wasser-, Gewerbe- und Verkehrsrecht, wenn durch einen Verwaltungsakt unmittelbar auch in ein Recht des Nachbarn oder Konkurrenten eingegriffen wird[124]. Durch eine notwendige Hinzuziehung kann demnach eine Beteiligtenstellung auch für denjenigen begründet werden, der nicht Adressat des Verwaltungsakts ist, in dessen Rechte aber eingegriffen wird. Dieser Dritte ist deshalb auch vor dem Erlaß des Verwaltungsakts anzuhören.

---

[121] Entgegen dem Wortlaut reicht ebenso wie nach § 12 Abs. 2 S. 1 SGB X aus, daß eine entsprechende Möglichkeit besteht, d. h. das Verfahren also rechtsgestaltende Wirkung haben kann. Dies wird mit dem noch ungewissen Ausgang des Verfahrens begründet und damit, daß andernfalls die Hinzuziehung ihren Zweck nicht erfüllen kann. Vgl. v. Wulffen, in: Schroeder-Printzen/Engelmann u. a., § 12 Anm. 11; Pickel, § 12 Anm. 3 b; Kopp, § 13 Rdnr. 32; ders., in: BVerwG-FS, S. 394 f.; ders., in: Boorberg-FS, S. 166 f.; Ule/Laubinger, § 15 III 5 a bb; Borgs, in: Meyer/Borgs, § 13 Rdnr. 10; Clausen, in: Knack, § 13 Rdnr. 4.2; Leonhardt, in: Stelkens/Bonk/Leonhardt, § 13 Rdnr. 21.

[122] Zur Voraussetzung der rechtlichen Regelung siehe bei Erichsen/Martens, in: Erichsen/Martens, § 11 II 4.

[123] Pickel, § 12 Anm. 3 b; Borgs, in: Meyer/Borgs, § 13 Rdnr. 10; Clausen, in: Knack, § 13 Rdnr. 4.2.

[124] Beispiele bei Clausen, in: Knack, § 13 Rdnr. 4.5 f.; Eyermann/Fröhler, § 65 Rdnr. 31; Redeker/v. Oertzen, § 80 Rdnr. 7; § 42 Rdnr. 16, 132 ff.; Kopp, VwGO, § 65 Rdnr. 17 ff.

Fraglich erscheint, ob auch im Bereich des Sozialrechts der Kreis der Beteiligten, die anzuhören sind, durch notwendige Hinzuziehung erweitert werden kann. Als Beispiel kommt ein Bewilligungsbescheid über Hinterbliebenenrente in Betracht, wenn aufgrund dieses Bescheides die Renten anderer Berechtigter nach §§ 598[125] oder 1270 RVO wegen Überschreitung des Höchstbetrages gekürzt werden oder die positive Entscheidung über einen Geschiedenenrentenantrag, aufgrund dessen eine Hinterbliebenenrente zwischen der früheren Ehefrau und der Witwe eines Versicherten gem. § 1268 Abs. 4 RVO oder § 45 Abs. 4 AVG aufgeteilt wird. Das setzt voraus, daß entweder bereits in der Entscheidung über die hinzutretende Rente zugleich eine Regelung der anderen Rente gesehen wird und nicht erst in dem entsprechenden Änderungsbescheid oder daß der Begriff der rechtsgestaltenden Wirkung extensiv dahin ausgelegt wird, daß nicht nur eine unmittelbare rechtliche Regelung, sondern auch eine zwangsläufige Regelung der Rechte Dritter diese Voraussetzung erfüllt[126]. Gegen die erste Auffassung spricht die selbständige Feststellung einzelner Renten[127]; gegen die zweite ist einzuwenden, daß dadurch die Grenze zwischen Verwaltungsverfahren, die die Rechte Dritter berühren und solchen, die rechtsgestaltend sind, aufgehoben wird. Beispiel könnte weiterhin die Entscheidung der Krankenkasse als Einzugsstelle[128] sein, wenn dadurch nicht nur eine Entscheidung gegenüber dem Adressaten[129] ergeht, sondern auch die Rechte des Sozialversicherungsträgers, dem die einzuziehenden Beiträge zufließen, gestaltet werden[130]. Aufgrund eines Delegationsverhältnisses könnte der Verwaltungsakt der Krankenkasse jedoch auch dem anderen Sozialversicherungsträger zuzurechnen sein[131].

Es zeigt sich, daß anders als sonst im Verwaltungsrecht im Sozialrecht, dem der Verwaltungsakt mit Drittwirkung grundsätzlich fremd ist, der Beteiligtenstellung aufgrund notwendiger Hinzuziehung keine oder zumindest keine große Bedeutung zukommt. Demnach wird auch die Anhörung eines nach § 12 Abs. 1 Nr. 4 SGB X[132] Beteiligten hier eine Ausnahme sein. Um dem Dritten, für den die Verwaltungsentscheidung rechtsgestaltende Wirkung hat, die Stellung eines Antrags zu ermög-

---

125 Pickel, § 12 Anm. 3 b.

126 Vgl. auch Kopp, § 13 Rdnr. 31; ders., in: BVerwG-FS, S. 394 f.; ders., in: Boorberg-FS, S. 166 f., der eine analoge Anwendung annimmt.

127 Vgl. BSGE 17, 56 (60).

128 § 1399 Abs. 3 RVO, § 121 Abs. 3 AVG, siehe auch § 182 Abs. 1 AFG.

129 Wenn die Entscheidung nur gegenüber dem Arbeitgeber ergeht, hat sie stets auch für den Arbeitnehmer rechtsgestaltende Wirkung — siehe BSG, in: SGb 1984, S. 112, 113.

130 Vgl. BSGE 15, 118; 25, 34 (35).

131 Krause, in: NJW 1979, S. 1016.

132 Ebenso § 13 Abs. 2 S. 2 VwVfG, vgl. dazu Kopp, § 13 Rdnr. 33.

lichen, hat die Behörde diesen, soweit er ihr bekannt ist, nach § 12 Abs. 2 S. 2 SGB X[133] von der Einleitung des Verfahrens zu benachrichtigen[134]. Wird im Fall einer notwendigen Hinzuziehung ein Antrag nicht gestellt, steht es nach § 12 Abs. 2 S. 1 SGB X im Ermessen der Behörde, ob sie den Dritten von Amts wegen hinzuziehen will[135].

Es ist festzustellen, daß die Hinzuziehung als Beteiligter damit für das Recht auf Anhörung nur dann Bedeutung hat, wenn eine notwendige Hinzuziehung nach § 12 Abs. 2 S. 2 SGB X erfolgt, weil in Rechte des Dritten durch den für ihn rechtsgestaltenden Verwaltungsakt eingegriffen wird oder wenn dieser Dritte keinen Antrag auf Hinzuziehung stellt, eine Hinzuziehung aber von Amts wegen nach § 12 Abs. 2 S. 1 SGB X erfolgt. Werden nur rechtliche Interessen berührt oder wird durch die Rechtsgestaltung nicht in Rechte des Dritten eingegriffen, so ist aufgrund einer Hinzuziehung eine Beteiligtenstellung gegeben; die Voraussetzung des Eingriffs in Rechte liegt aber nicht vor, so daß für diesen Beteiligten ein Recht auf Anhörung nach § 24 Abs. 1 SGB X nicht besteht[136].

---

[133] Ebenso § 13 Abs. 2 S. 2 VwVfG, vgl. dazu Kopp, § 13 Rdnr. 33.

[134] Vgl. BSG, in: SGb 1984, S. 112, 113.

[135] Kopp, § 13 Rdnr. 33; ders., in: BVerwG-FS, S. 394 f.; ders., in: Boorberg-FS, S. 167 f. nimmt eine Ermessensreduktion an und kommt so bei rechtsgestaltenden Verwaltungsakten zu einer Hinzuziehungspflicht; vgl. auch Pickel, § 12 Anm. 3 b; Ule/Laubinger, § 15 III 5 b; Leonhardt, in: Stelkens/Bonk/Leonhardt, § 13 Rdnr. 20; Clausen, in: Knack, § 13 Rdnr. 4.2.

[136] A. A. für das VwVfG: Kopp, § 28 Rdnr. 9, dessen Ansicht jedoch dem Wortlaut der Anhörungsvorschrift widerspricht und daher abzulehnen ist.

Drittes Kapitel

Inhalt des Rechts auf Anhörung

Unter den zuvor erörterten Voraussetzungen begründet § 24 Abs. 1 SGB X die Pflicht, den Beteiligten anzuhören, d. h., ihm Gelegenheit zu geben, sich zu den für die Entscheidung erheblichen Tatsachen zu äußern. Verpflichtet wird die juristische Person des öffentlichen Rechts, deren Behörde das betreffende Verwaltungsverfahren durchführt. Dieser Pflicht korrespondiert dann ein Recht des Beteiligten auf Anhörung.

Nach § 24 Abs. 1 SGB X ist zu den entscheidungserheblichen Tatsachen anzuhören. Darüber, wie anzuhören, d. h. wie die Gelegenheit zur Äußerung zu geben ist, trifft die Vorschrift keine Regelung. Nach einer näheren Bestimmung des Anhörungsgegenstandes wird daher im folgenden die Durchführung der Anhörung zu erörtern sein.

A. Anhörungsgegenstand

I. Entscheidungserhebliche Tatsachen

§ 24 Abs. 1 SGB X nennt als Anhörungsgegenstand die entscheidungserheblichen Tatsachen. Anzuhören ist demnach zu den ermittelten Tatsachen, die für die rechtliche Bewertung durch die Entscheidung der Behörde, also für den beabsichtigten Verwaltungsakt von Bedeutung sind. Die Frage nach dem Anhörungsgegenstand kann damit, soweit nicht allein das Vorliegen einer Tatsache überhaupt fraglich ist, nicht durch isolierte Betrachtung der ermittelten Tatsachen beantwortet werden. Vielmehr ist sie verknüpft mit der Rechtsfrage, ob die ermittelten Tatsachen für die Rechtsanwendung erheblich sind. Diese Rechtsfrage selbst könnte aber nach der Formulierung des § 24 Abs. 1 SGB X nicht zum Anhörungsgegenstand gehören. Im Hinblick auf die Verflechtung von Tatsachen und Rechtsfragen stellt sich die Frage, ob und ggf. wie Tatsachen- und Rechtsfragen voneinander abzugrenzen sind. Nach der Darstellung der entscheidungserheblichen Tatsachen wird daher diese Problematik erörtert.

Tatsache als formaler Rechtsbegriff bezeichnet den Tatbestand oder Sachverhalt, der einer Entscheidung eines Gerichts oder einer Verwaltungsbehörde als wahr zugrunde gelegt wird[1]. Merkmal der Tatsache ist, daß sie von Dritten überprüfbar ist[2]. Daher zählen auch die Ergebnisse von Gutachten und Bewertungen zu den Tatsachen[3], nicht hingegen persönliche Werturteile oder Meinungen. Tatsachen können zum einen Ereignisse der Gegenwart oder der Vergangenheit in der Außenwelt sein, sog. äußere Tatsachen[4]. Zu ihnen zählt beispielsweise die Begründung eines (sozialversicherungspflichtigen) Beschäftigungsverhältnisses. Zum anderen zählen zu den Tatsachen auch Geschehnisse, die sich im Innern eines Menschen abspielen, sog. innere Tatsachen[5]. Letzteren kommt gerade im Bereich des Sozialrechts Bedeutung zu, z. B. dem Vorliegen einer Neurose[6]. Innere Tatsachen sind auch das Vorliegen von Motivationen und Absichten. Ebenso wie im Prozeßrecht läßt sich weiter unterscheiden zwischen unmittelbaren Tatsachen, aus denen sich unmittelbar ein Tatbestandsmerkmal ergibt und mittelbaren Tatsachen, sog. Hilfstatsachen oder Indizien, aus deren Vorliegen auf eine unmittelbare Tatsache geschlossen werden kann. Weiterhin spricht man von einer allgemeinen Tatsache, wenn sich diese aus einem Erfahrungssatz ergibt. Tatsachen, die allgemein- oder amtskundig sind oder für die eine gesetzliche Vermutung besteht, werden als offenkundige Tatsachen bezeichnet. Als feststehend werden diejenigen Tatsachen bezeichnet, die von Gerichten oder anderen Behörden bereits verbindlich festgestellt worden sind[7].

Entscheidungserheblich sind Tatsachen, deren Berücksichtigung oder Nicht-Berücksichtigung eine andere rechtliche Bewertung des Sachverhalts zu bewirken geeignet sein können[8]. Tatsachen sind in erster Linie

---

[1] Freitag, in: BochKomm, § 60 Rdnr. 25; Rohwer-Kahlmann/Ströer, § 34 Rdnr. 2; siehe auch Renkl, S. 79.

[2] Siehe Bley, in: SGB-SozVers-GesKomm, § 34 Anm. 6 a; Söhn, in: Hübschmann/Hepp/Spitaler, § 88 Rdnr. 11.

[3] Vgl. BSGE 44, 207 (208); BSG, in: SozRecht 1200, § 34 Nr. 9, S. 43; Pickel, § 24 Anm. 2 a; Schellhorn, in: Burdenski/v. Maydell/Schellhorn, § 34 Rdnr. 20; Peters, § 34 Anm. 3; zu § 28 VwVfG: Kopp, § 28 Rdnr. 14; Ule/Laubinger, § 24 I 3; Wolff/Bachof, VwR III, § 156 IV d 2 (Rdnr. 40); zu § 91 AO: Söhn, in: Hübschmann/Hepp/Spitaler, § 91 Rdnr. 13; Tipke, in: Tipke/Kruse, § 91 Rdnr. 2.

[4] Bley, in: SGB-SozVers-GesKomm, § 34 Anm. 6 a; siehe auch Söhn, in: Hübschmann/Hepp/Spitaler, § 88 Rdnr. 11.

[5] Bley, in: SGB-SozVers-GesKomm, § 34 Anm. 6 a; Schnapp, in: BochKomm, § 34 Rdnr. 9; vgl. auch Söhn, in: Hübschmann/Hepp/Spitaler, § 88 Rdnr. 11.

[6] Vgl. BSGE 21, 189.

[7] Siehe zu dieser Differenzierung: Söhn, in: Hübschmann/Hepp/Spitaler, § 88 Rdnr. 14 ff. m. w. N.

[8] Ähnlich Söhn, in: Hübschmann/Hepp/Spitaler, § 88 Rdnr. 12 (im Anschluß an Rosenberg/Schwab, § 116 I); Kopp, § 28 Rdnr. 17; Schnapp, in: BochKomm, § 34 Rdnr. 10; ders., in: BlStSozArbR 1980, S. 89.

unter die Merkmale des Tatbestandes einer Norm zu subsumieren. Auf der Rechtsfolgeseite sind sie von Bedeutung, wenn der Behörde Ermessen eingeräumt ist und die Entscheidung bei Berücksichtigung der Tatsachen anders ausfallen könnte als ohne ihre Berücksichtigung. So sind etwa bei der Entscheidung über die Rücknahme eines rechtswidrigen begünstigenden Verwaltungsakts nach § 45 Abs. 1 SGB X im Rahmen der Ermessensausübung Tatsachen von Bedeutung, die eine Rücknahme als unzumutbare Härte für den Betroffenen und damit als unverhältnismäßig erscheinen lassen. Wenn eine Entscheidung auf mehrere Tatsachen gestützt werden kann, die jede für sich die Entscheidung zu begründen vermag, ist die Entscheidungserheblichkeit für jede Tatsache isoliert zu betrachten, da anderenfalls die Erheblichkeit jeder dieser Tatsachen unter Berufung auf das Vorliegen weiterer Tatsachen als unerheblich angesehen werden könnte.

§ 24 Abs. 1 SGB X enthält keine Beschränkung auf die Tatsachen, welche die Behörde der beabsichtigten Entscheidung zugrunde legen will[9]. Anhörungsgegenstand sind demnach alle Tatsachen, die objektiv das „Ob“ oder auch das „ Wie“ des beabsichtigten Rechtseingriffs beeinflussen können, die also objektiv entscheidungserheblich sind, wobei auf die zum Entscheidungszeitpunkt dem Normanwender zugänglichen Tatsachen abzustellen ist.

Eine Einschränkung könnte der Anhörungsgegenstand jedoch dadurch erfahren, daß die Vorschrift an die zur rechtlichen Beurteilung des ermittelten Sachverhalts berufene Behörde adressiert ist. Als entscheidungserheblich könnten daher nur solche Tatsachen anzusehen sein, die nach der rechtlichen Einschätzung der Behörde für ihre beabsichtigte Entscheidung erheblich sind. Dem Zweck der Vorschrift, dem Beteiligten die Verteidigung seiner Rechte im Verwaltungsverfahren zu ermöglichen, könnte bereits dadurch genügt sein, daß der Beteiligte zu den von der Behörde für ihre beabsichtigte Entscheidung für erheblich gehaltenen Tatsachen Gelegenheit zur Äußerung erhält[10]. Dies ist aber nur der Fall, wenn der Anhörungsgegenstand auf die entscheidungserheblichen Tatsachen zu beschränken ist und nicht auch die Rechtsfrage der Anwendung einer Norm auf die Tatsachen umfaßt. Sonst würde der Beteiligte nicht mehr zu den Tatsachen gehört werden, die nach Meinung der Behörde nicht unter die entscheidende Norm subsumiert werden sollen oder können, obwohl bei anderer Ansicht diese Tatsachen für die Entscheidung von Bedeutung sein können. Dies gilt insbesondere, wenn diese Tatsachen die Voraussetzungen eines Aus-

---

[9] Vgl. auch Schnapp, in: BochKomm, § 34 Rdnr. 10 und Kopp, § 28 Rdnr. 17, sowie Tipke, in: Tipke/Kruse, § 91 Rdnr. 2.

[10] Vgl. BVerwGE 66, 184 (190 f.).

nahmetatbestandes erfüllen könnten, nach der Rechtsauffassung der Behörde aber nicht erfüllen.

Die Frage, ob der Anhörungsgegenstand alle objektiv entscheidungserheblichen Tatsachen unabhängig von der Rechtsauffassung der Behörde umfaßt oder nur die von der entscheidenden Behörde subjektiv für erheblich gehaltenen Tatsachen, ist demnach nicht unabhängig von der eingangs aufgeworfenen Frage, ob der Anhörungsgegenstand auch die Rechtsfrage der Anwendbarkeit einer Norm auf sie umfaßt, zu lösen. Sie wird daher im Rahmen der anschließenden Erörterung dieser Problematik ihre Antwort finden.

II. Rechtsfragen

Unter Berufung auf den Wortlaut des § 24 Abs. 1 SGB X wird der Anhörungsgegenstand z. T. auf die entscheidungserheblichen Tatsachen beschränkt[11]. Die Gelegenheit zur Äußerung erstreckt sich nach dieser Ansicht nicht auf die Rechtsfrage, ob eine bestimmte Norm auf die Tatsachen Anwendung findet. Demgegenüber wird die Meinung vertreten, daß auch zur Rechtsfrage der Anwendbarkeit anzuhören ist, d. h. insofern dem Beteiligten auch Gelegenheit zu Rechtsausführungen zu geben ist[12]. Teilweise wird diese Anhörung als Rechtsgespräch bezeichnet[13]. Unter einem Rechtsgespräch wird andererseits nicht nur die Anhörung zu Rechtsfragen, sondern darüber hinaus die (wechselseitige) Erörterung der Rechtsfragen mit dem Beteiligten verstanden[14]. Die insofern uneinheitliche Terminologie wird hier so verwandt, daß als Anhörung zu Rechtsfragen nur die Äußerungsmöglichkeit, als Rechtsgespräch die Erörterung der Rechtsfrage bezeichnet wird.

---

[11] Hauck, in: Hauck/Haines, § 24 Rdnr. 7; Pickel, § 24 Anm. 2 a; Peters, § 34 Anm. 3; Bley, in: SGB-SozVers-GesKomm, § 34 Anm. 5 c; Gleitze, S. 29; Bonnermann, in: Der Kompaß 1978, S. 120; zu § 28 VwVfG: Leonhardt, in: Stelkens/Bonk/Leonhardt, § 28 Rdnr. 13; Clausen, in: Knack, § 28 Rdnr. 3.3; Borgs, in: Meyer/Borgs, § 28 Rdnr. 16; Ule/Laubinger, § 24 I 4; zu § 91 AO: Tipke, in: Tipke/Kruse, § 91 Rdnr. 2 — vgl. demgegenüber § 66 Abs. 1 VwVfG für das förmliche Verwaltungsverfahren.

[12] Grüner, § 24 Anm. VI 1; Schellhorn, in: Burdenski/v. Maydell/Schellhorn, § 34 Rdnr. 19; Schnapp, in: BochKomm, § 34 Rdnr. 9; ders., in: DAngVers 1979, S. 10; ders., in: BlStSozArbR 1980, S. 89; zu § 28 VwVfG: Kopp, § 28 Rdnr. 15; Erichsen, S. 66; Schenke, S. 321; zu § 91 AO: Söhn, in: Hübschmann/Hepp/Spitaler, § 91 Rdnr. 1.

[13] Vgl. etwa bei Schnapp, in: BochKomm, § 34 Rdnr. 9.

[14] Vgl. Grüner, § 24 Anm. VI 1; Kopp, § 28 Rdnr. 20; Söhn, in: Hübschmann/Hepp/Spitaler, § 91 Rdnr. 16; ein solches Rechtsgespräch ist für das rechtliche Gehör vor Gericht etwa von Arndt (NJW 1959, S. 8) angenommen worden, wird aber von der Rechtsprechung und der überwiegenden Literatur abgelehnt (siehe BVerfGE 31, 364 [370] sowie bei Rüping, S. 157 m. w. N.).

Einer Anhörung zur Entscheidungserheblichkeit von Tatsachen könnte bereits der Wortlaut des § 24 Abs. 1 SGB X entgegenstehen, nach dem Gelegenheit zu einer Äußerung „zu den für die Entscheidung erheblichen Tatsachen" zu geben ist. Eine Äußerung „zu" diesen Tatsachen erfolgt aber nicht nur, wenn eine Äußerung zu den Tatsachen selbst abgegeben wird, sondern auch dann, wenn die Äußerung zu den Tatsachen in bezug auf eine Rechtsnorm, mithin zur Entscheidungserheblichkeit, erfolgt. Eine Anhörung Beteiligter zur Rechtsfrage der Anwendbarkeit einer Norm ist also nach dem Wortlaut des § 24 Abs. 1 SGB X nicht ausgeschlossen. Eine Anhörung zu reinen Rechtsfragen, losgelöst von Tatsachen, muß nach dem Wortlaut des § 24 Abs. 1 SGB X allerdings nicht erfolgen[15]. Um den Anhörungsgegenstand im Rahmen des Wortlauts der Vorschrift festzulegen, stellt sich damit die Frage der Abgrenzbarkeit und Abgrenzung von Tatsachen- und Rechtsfragen.

Auf der einen Seite handelt es sich um reine Tatsachenfragen, wenn es allein darum geht, ob eine bestimmte Tatsache vorliegt. Beispielsweise ist es eine reine Tatsachenfrage, wenn allein das Vorliegen einer Neurose umstritten ist. Andererseits handelt es sich um eine reine Rechtsfrage, wenn die Frage allein nach rechtlichen Gesichtspunkten, unabhängig von zugrundeliegenden Tatsachen zu beantworten ist, etwa wenn allein die Verfassungsmäßigkeit einer Vorschrift umstritten ist. Abgesehen von diesen Kernbereichen reiner Tatsachen- und Rechtsfragen stellt sich naturgemäß im Rechtsanwendungsverfahren als Verbindung aus beiden Bereichen die Frage, ob eine Tatsache unter eine Norm zu subsumieren ist. Die Frage lautet dabei nicht nur, ob eine bestimmte Tatsache überhaupt vorliegt, sondern auch, ob sie ein Merkmal i. S. d. Gesetzes erfüllt, d. h., ob sie entscheidungserheblich ist. Dabei sind Tatsachen und Rechtsfragen untrennbar verknüpft; die Frage nach dem Vorliegen der Tatsache kann nicht unabhängig von der Rechtsfrage, auf welche Tatsachen sich eine Norm bezieht, beantwortet werden[16]. Aus dem Anhörungsgegenstand sind mithin die reinen Rechtsfragen ausgrenzbar und auch auszugrenzen, da nach dem Wortlaut des § 24 Abs. 1 SGB X nur *zu* den entscheidungserheblichen Tatsachen, also nicht zu Rechtsfragen, losgelöst von Tatsachen, anzuhören ist. Fraglich bleibt, ob aus dem Anhörungsgegenstand auch die mit Rechtsfragen untrennbar verknüpften Tatsachenfragen auszugrenzen sind, der Anhörungsgegenstand also nur reine Tatsachenfragen umfaßt, oder, wie nach dem Wortlaut der Vorschrift auch zulässig, die Anhörung auch die Tatsachenfragen umfaßt, die in Verbindung mit der Rechtsfrage des Anwendungsbereiches einer Norm zu beantworten sind.

---

[15] Ebenso zu § 28 VwVfG: Kopp, § 28 Rdnr. 15.

[16] Vgl. entsprechend: Dürig, in: Maunz/Dürig/Herzog/Scholz, Art. 103 Rdnr. 33 ff. zum rechtlichen Gehör vor Gericht.

Die Antwort läßt sich aus dem mit § 24 Abs. 1 SGB X verfolgten Zweck finden: Der Zweck der Anhörung besteht in der Wahrung der Rechte des einzelnen Rechtssubjekts vor materiell unrichtigen Entscheidungen[17]. Für die Entscheidung kommt es nicht nur darauf an, ob ein Sachverhalt vorliegt, sondern auch darauf, ob dieser Sachverhalt unter den Tatbestand einer Norm subsumiert werden kann; die Tatsachen mithin entscheidungserheblich sind. Dies gilt im besonderen Maße, wenn eine Norm einen unbestimmten Rechtsbegriff enthält und ein Beurteilungsspielraum besteht. Es erscheint daher sinnvoll, die Äußerungsmöglichkeit nicht nur in tatsächlicher Hinsicht, sondern auch in rechtlicher Hinsicht zu gewähren. Es ist zwar davon auszugehen, daß die Verwaltung das Recht kennt. Dies rechtfertigt jedoch nicht, die Anhörung zu Rechtsfragen als überflüssig anzusehen. Die Verwaltung muß vor der Anhörung ja auch davon überzeugt sein, daß sie den Sachverhalt kennt. Aus den gleichen Gründen, aus denen trotz Sachverhaltsermittlung eine Anhörung erfolgt, erscheint auch eine Anhörung hinsichtlich der Entscheidungserheblichkeit einer Tatsache sinnvoll zu sein[18]. Gegenstand der Anhörung Beteiligter nach § 24 SGB X sind demnach die entscheidungserheblichen Tatsachen und deren Entscheidungserheblichkeit. Daß die Anhörung sich auf Tatsachen und ihre Entscheidungserheblichkeit erstreckt, entspricht auch der vor dem Inkrafttreten der §§ 24 SGB X, 28 VwVfG und 91 AO herrschenden Meinung[19] und gilt gleichermaßen für das insofern vergleichbare rechtliche Gehör vor Gericht[20].

Nunmehr ist auch die oben aufgeworfene Frage, ob der Anhörungsgegenstand alle objektiv entscheidungserheblichen Tatsachen unabhängig von der Rechtsauffassung der Behörde umfaßt oder nur zu den von der entscheidenden Behörde subjektiv für entscheidungserheblich gehaltenen Tatsachen anzuhören ist, dahin zu beantworten, daß Anhörungsgegenstand alle objektiv entscheidungserheblichen Tatsachen sind. Lediglich Tatsachen, bei denen prognostizierbar ist, daß von ihnen der geplante Eingriff in keiner Weise abhängen kann, sind als entscheidungsunerheblich nicht Anhörungsgegenstand.

Abschließend läßt sich demnach feststellen, daß der Anhörungsgegenstand des § 24 Abs. 1 SGB X alle objektiv entscheidungserheblichen Tatsachen und ihre Entscheidungserheblichkeit umfaßt. Die Frage nach einem darüber hinaus mit dem Beteiligten zu führenden Rechtsgespräch

---

17 Siehe oben 1. Kapitel unter C II 2.

18 Siehe oben 1. Kapitel unter C II 2.

19 Siehe bei Renkl, S. 80 ff.; Heinzmann, S. 72; Kopp, § 28 Rdnr. 15 m. w. N.

20 Siehe bei Kopp, in: AöR 1981, S. 622 ff. sowie Rüping, S. 154 ff.; Dürig, in: Maunz/Dürig/Herzog/Scholz, Art. 103 Rdnr. 33 ff.; Kenneweg, S. 71, 95 f. jeweils m. w. N.

ist danach zu beantworten, ob eine Äußerung des Beteiligten im Rahmen der Anhörung mit diesem zu erörtern ist. Insofern wird nach unten verwiesen[21].

B. Durchführung der Anhörung

I. Grundsätzliches

§ 24 Abs. 1 SGB X bestimmt als Rechtsfolge, daß dem Beteiligten zu den entscheidungserheblichen Tatsachen Gelegenheit zur Äußerung zu geben ist. Die Vorschrift enthält damit, wie bereits festgestellt, auf der Rechtsfolgeseite einen unbestimmten Rechtsbegriff, der einen komplexen Vorgang umschreibt[22]. Von der zur Anhörung verpflichteten Stelle muß beurteilt werden, wie die Anhörung im Einzelfall durchgeführt wird. Etwa wie dem Beteiligten, um ihm eine Äußerung zu ermöglichen, der Anhörungsgegenstand bekannt gemacht wird, welche Frist einzuräumen ist und in welcher Form die Äußerung erfolgen kann. Bei der Auswahl unter den bestehenden Handlungsalternativen ist einerseits zu beachten, daß dem Recht des Beteiligten auf Anhörung genügt werden muß, andererseits nach § 9 S. 2 SGB X[23] das Verwaltungsverfahren einfach und zweckmäßig durchzuführen ist. § 33 SGB I, wonach inhaltlich nicht im einzelnen bestimmte Rechte unter Berücksichtigung der persönlichen Verhältnisse und der Wünsche des Berechtigten auszugestalten sind, gilt nur für den Sozialleistungsbereich[24]. Determinanten für die Ausgestaltung des Verfahrensrechts auf Anhörung ergeben sich demgegenüber aus dem Übermaßverbot.

Das Übermaßverbot, dessen Geltung als Grundsatz für alles staatliche Handeln anerkannt ist[25], besagt, daß alle staatlichen Maßnahmen in einem vernünftigen Verhältnis zu dem verfolgten Zweck stehen[26] oder m. a. W. angemessen sein müssen[27]. Dementsprechend muß z. B. nach der Rechtsprechung des Bundessozialgerichts bei der Anhörung Beteiligter eine „angemessene Äußerungsfrist" eingeräumt werden[28].

Nach dem Übermaßverbot sind staatliche Maßnahmen anhand der Merkmale der Geeignetheit, Erforderlichkeit und Verhältnismäßigkeit zu überprüfen[29]. Eine Maßnahme ist dann geeignet, wenn sie dazu dient,

[21] Siehe unter B II 6 c.

[22] Siehe oben 1. Kapitel unter C I.

[23] Ebenso § 10 S. 2 VwVfG.

[24] Vgl. die Überschrift des Artikel I, 3. Abschnitt SGB I.

[25] Siehe bei Stern, § 20 IV 7 a m. w. N.

[26] BVerfGE 35, 382 (401).

[27] Z. T. findet sich auch die Bezeichnung als Grundsatz der Verhältnismäßigkeit — vgl. Erichsen, StaatsR, S. 13.

[28] BSG, in: SozR 1200, § 34 Nr. 12, S. 53 ff.

den gewünschten Erfolg zu fördern[30]. Erforderlich ist unter mehreren gleichermaßen geeigneten Maßnahmen nur diejenige, die mit der geringsten Belastung für den einzelnen verbunden ist. Verhältnismäßig ist eine Maßnahme nur dann, wenn sie dem verfolgten Zweck in einem vernünftigen Verhältnis gegenübersteht[31]. Insbesondere bei Eingriffen im Bereich der Gefahrenabwehr kann die Beeinträchtigung des Beteiligten angesichts des mit der Maßnahme verfolgten Zwecks dazu führen, daß der Eingriff wegen Unverhältnismäßigkeit unterbleiben muß. Da die Maßnahmen zur Anhörung Beteiligter jedoch dazu dienen, ein Recht des Beteiligten zu erfüllen, kann, soweit bei den zu treffenden Maßnahmen von mehreren Möglichkeiten nur eine geeignet und erforderlich ist, diese dann nicht wegen Unverhältnismäßigkeit unterbleiben. Anderenfalls würde so eine Ausnahme von der Anhörung geschaffen. Eine Ausnahme ist jedoch in § 24 Abs. 1 SGB X nicht vorgesehen; Ausnahmen können sich nur aus § 24 Abs. 2 SGB X ergeben.

Anhand der sich aus dem Übermaßverbot ergebenden Determinanten wird nunmehr erörtert, durch welche Maßnahmen die Verpflichtung, dem Beteiligten Gelegenheit zur Äußerung zu geben, erfüllt werden kann.

II. Maßnahmen zur Durchführung

1. *Mitteilungspflicht*

Gelegenheit zur Äußerung ist dem Beteiligten zunächst dadurch zu geben, daß er darüber informiert wird, daß er ein Recht auf Anhörung hat[32]. Selbst wenn dem Beteiligten bekannt sein sollte, daß er in einem ihn betreffenden Verwaltungsverfahren anzuhören ist, so bedarf er immer noch dieser Information, da sein Recht auf Anhörung erst mit Abschluß der Sachverhaltsermittlung und Meinungsbildung entsteht[33] und ihm dieser Zeitpunkt unbekannt ist.

§ 24 Abs. 1 SGB X spricht weiterhin davon, daß die Gelegenheit zur Äußerung zu den für die Entscheidung erheblichen Tatsachen *zu geben ist*. Wird damit einerseits die Äußerungsmöglichkeit des Beteiligten auf den dort genannten Anhörungsgegenstand beschränkt, so folgt andererseits daraus die Pflicht, dem Beteiligten den Gegenstand, zu dem er sich äußern kann, mitzuteilen[34]. Insbesondere ist dem Beteiligten von den

---

[29] Stern, § 20 IV 7; Erichsen, StaatsR, S. 14 jeweils m. w. N.

[30] BVerfGE 30, 292 (316).

[31] BVerfGE 19, 330 (337); 25, 1 (18); 37, 1 (21).

[32] Schimanski, S. 522.

[33] Vgl. oben 2. Kapitel unter A.

[34] H. M. vgl. BSG, in: SozR 1300, § 24 Nr. 2, S. 2; Grüner, § 24 Anm. VI 1 f.; Pickel, § 24 Anm. 2 a; Peters, § 34 Anm. 3; Schnapp, in: BochKomm, § 34

sich aus Vernehmungen, Gutachten und sonstigen Beweiserhebungen ergebenden Tatsachen Kenntnis zu verschaffen[35]. Dazu ist jedoch nicht erforderlich, dem Beteiligten die Beweisaufnahme umfassend mitzuteilen[36].

Weiterhin ist dem Beteiligten die Entscheidungserheblichkeit der Tatsachen mitzuteilen[37], d. h. die sich aus der Subsumtion unter eine Norm ergebende Rechtsfolge, die Inhalt des beabsichtigten Verwaltungsakts ist. Soweit die Tatsachen und ihre Entscheidungserheblichkeit dem Beteiligten bereits bekannt sind, bedarf er nur noch des Hinweises auf den Anhörungsgegenstand und die Information über das Entstehen seines Rechts auf Anhörung[38].

Da nicht vorgeschrieben ist, wie dem Beteiligten die Gelegenheit zur Äußerung zu geben ist, muß die zur Anhörung verpflichtete Stelle beurteilen, in welcher Form sie dem Beteiligten den Anhörungsgegenstand mitteilt. Die Mitteilung muß geeignet sein, den Beteiligten in die Lage zu versetzen, sich zum Anhörungsgegenstand zu äußern[39]. Regelmäßig kann dies durch schriftliche Mitteilung des Sachverhalts, von dem bei der beabsichtigten Entscheidung ausgegangen wird, und seiner Entscheidungserheblichkeit unter Hinweis auf die Gelegenheit zur Äußerung geschehen. Auch eine mündliche oder fernmündliche Mitteilung kann geeignet sein, wenn der Anhörungsgegenstand einfach oder dem Beteiligten bereits im wesentlichen bekannt ist[40]. Andererseits kann auch die schriftliche Mitteilung der Tatsachen und der auf sie anzuwendenden Norm allein nicht ausreichend sein. So wird bei einem rechtsunkundigen Bürger der Inhalt der anzuwendenden Vorschriften mitzuteilen sein. Dabei kann die Pflicht zur Mitteilung durch eine

---

Rdnr. 11; Prochnow, S. 373; Krasney, S. 544; Thieme, in: Wannagat, § 34 Rdnr. 10; Kopp, § 28 Rdnr. 21 m. w. N.; Ule/Laubinger, § 24 I 3; Borgs, in: Meyer/Borgs, § 28 Rdnr. 16; Clausen, in: Knack, § 28 Rdnr. 3.3; Schenke, S. 322; Mandelartz, S. 112 f.; Schultze-Rhonhof, S. 86; Renkl, S. 99 ff.; Söhn, in: Hübschmann/Hepp/Spitaler, § 91 Rdnr. 17; OVG Münster, in: NJW 1978, S. 1764, 1765.

[35] BSG, in: SozR 1200, § 34 Nr. 9, S. 43.

[36] Vgl. BSG, in: SozR 1200 § 34 Nr. 12, S. 54 und Ule/Laubinger, § 24 I 3.

[37] Grüner, § 24 Anm. VI 1 f.; BSG, in: DRV 1981, S. 258; Thieme, in: Wannagat, § 34 Rdnr. 10; Prochnow, S. 373 — vgl. auch Kopp, § 28 Rdnr. 22; Ule/Laubinger, § 24 I 3; Schenke, S. 322; Mandelartz, S. 113; OVG Münster, in: NJW 1978, S. 1764, 1765; VDR-Komm, § 24 Rdnr. 10; Renkl, S. 102.

[38] Hiermit unvereinbar ist die Ansicht, ein solcher Hinweis sei entbehrlich, wenn der Sachverhalt aus der Sphäre des Beteiligten stammt — vgl. aber Tipke, in: Tipke/Kruse, § 91 Rdnr. 2; Söhn, in: Hübschmann/Hepp/Spitaler, § 91 Rdnr. 17. — Darüber hinaus könnte der Beteiligte auch noch der Aufklärung über die Entscheidungserheblichkeit bedürfen.

[39] Vgl. BSG, in: SozR 1300, § 24 Nr. 2, S. 4.

[40] Vgl. BSG, in: DRV 1982, S. 419 sowie zu § 91 AO: Söhn, in: Hübschmann/Hepp/Spitaler, § 91 Rdnr. 17; Kühn/Kutter, § 91 Anm. 2.

Pflicht zu Auskunft und Beratung nach §§ 14, 15 SGB I[41] oder aufgrund einer Betreuungspflicht[42] ergänzt werden.

Für die Art der Erfüllung der Mitteilungspflicht ist auch § 25 Abs. 2 SGB X analog[43] heranzuziehen. Danach kann die Mitteilung von Tatsachen, die die gesundheitlichen Verhältnisse betreffen, von einem Arzt vorzunehmen sein, wenn Nachteile für den Beteiligten durch die Mitteilung zu befürchten sind. Dagegen kann aber nicht nach § 25 Abs. 3 SGB X[44] analog von einer Mitteilung abgesehen werden, wenn Geheimhaltungsinteressen entgegenstehen. Ein Unterlassen der Mitteilung bedeutet zugleich ein Absehen von Anhörung; dies ist aber nur nach § 24 Abs. 2 SGB X möglich. Geheimhaltungsinteressen können die Behörde nach § 24 Abs. 2 Nr. 1, 2. Alt. SGB X zu einem Absehen von einer Anhörung und damit auch von der Mitteilung geheimhaltungsbedürftiger Tatsachen berechtigen[45].

Auch die Gewährung von Akteneinsicht kann zur Mitteilung geeignet sein[46]. Dazu müssen sich jedoch die entscheidungserheblichen Tatsachen eindeutig aus der Akte ergeben. Anderenfalls könnte der Beteiligte von einem anderen Sachverhalt ausgehen als die zur Anhörung verpflichtete Stelle. Weiterhin muß sich die Entscheidungserheblichkeit aus der Akte ergeben oder dem Beteiligten bei der Akteneinsicht mitgeteilt werden, soweit der Beteiligte nicht rechtskundig ist. Die Gewährung von Akteneinsicht würde den Beteiligten jedoch im Vergleich zu einer Mitteilung des Anhörungsgegenstandes belasten und wäre daher nicht erforderlich, wenn sich der Sachverhalt aus einer umfangreichen Akte nur mühsam erschließen würde. Hier wäre der Sachverhalt, von dem bei der beabsichtigten Entscheidung ausgegangen wird, der also ohnehin schon zusammengefaßt worden ist, dem Beteiligten anders mitzuteilen. Das gleiche gilt, wenn der Beteiligte zur Wahrnehmung der Akteneinsicht weite oder beschwerliche Wege zurücklegen müßte. Hier käme aber auch die Übersendung von Fotokopien in Betracht[47].

Aufgrund der Mitteilungspflicht, welche neben anderweitiger Mitteilung des Anhörungsgegenstandes auch durch Akteneinsicht erfüllt werden kann, entsteht kein Recht des Beteiligten auf Akteneinsicht im Rahmen der Anhörung. Das Recht auf Anhörung wird aber insofern durch das Recht auf Akteneinsicht nach § 25 SGB X[48] ergänzt[49].

---

[41] Siehe auch § 25 VwVfG, § 89 AO.

[42] Siehe dazu Grüner, SGB I, Einleitung IV 4 b bb; Schnapp, in: BochKomm, § 14 Rdnr. 2, jeweils m. w. N.

[43] Zur Analogie vgl. Larenz, S. 354 ff., 365 ff.

[44] Entsprechend § 29 Abs. 2 VwVfG; siehe dazu Schenke, S. 322.

[45] Siehe unten 4. Kapitel unter B I 2.

[46] Peters, § 34 Anm. 3; siehe auch Kopp, § 28 Rdnr. 22.

[47] Peters, § 34 Anm. 3.

Aus der Mitteilungspflicht folgt auch kein Recht des Beteiligten, bei der Beweisaufnahme anwesend zu sein[50] und gegebenenfalls Fragen zu stellen. Dies folgt schon daraus, daß die Sachverhaltsermittlung bereits abgeschlossen ist, bevor das Recht auf Anhörung für den Beteiligten entsteht[51].

Sind Ausländer anzuhören, so könnte nur eine Mitteilung in ihrer Heimatsprache geeignet sein[52]. Hier findet die Mitteilungspflicht jedoch eine Grenze an der Bestimmung, daß die Amtssprache deutsch ist[53]. Es trifft demnach den Beteiligten eine Last, sich über den Inhalt der Mitteilung zu informieren[54].

Aus der Pflicht zur Mitteilung der entscheidungserheblichen Tatsachen folgt, daß die Behörde ihrer Entscheidung keine Tatsachen zugrunde legen darf, die dem Beteiligten nicht bekannt waren und zu denen er daher keine Gelegenheit zur Äußerung hatte[55]. Wenn sich während oder nach der Anhörung neue entscheidungserhebliche Tatsachen ergeben, so können diese unberücksichtigt gelassen werden, wenn die Entscheidung bereits auf kumulativ vorliegende, bekannte Tatsachen gestützt werden kann. Ist die Behörde aufgrund des Prinzips der Gesetzmäßigkeit der Verwaltung (Art. 20 Abs. 3 GG) verpflichtet, die neuen Tatsachen zu verwenden, so ist der Beteiligte zu diesen zuvor anzuhören[56].

2. *Äußerungsform*

§ 24 Abs. 1 SGB X trifft keine Bestimmung über die Form, in der sich der Beteiligte zum Anhörungsgegenstand äußern kann. Auch aus

---

[48] Ebenso § 29 VwVfG — für die AO ist hingegen von der selbständigen Begründung eines Rechts auf Akteneinsicht abgesehen worden — vgl. bei Söhn, in: Hübschmann/Hepp/Spitaler, § 91 Rdnr. 24 f. m. w. N.; Kühn/Kutter, § 91 Anm. 2.

[49] Nach § 25 Abs. 1 S. 2 SGB X (ebenso § 29 Abs. 1 S. 2 VwVfG) gilt das Recht auf Akteneinsicht jedoch nicht für Entwürfe zu Entscheidungen sowie die Arbeiten zu ihrer unmittelbaren Vorbereitung.

[50] Vgl. Ule/Laubinger, § 24 I 3; a. A. Kopp, § 28 Rdnr. 24.

[51] Für das förmliche Verwaltungsverfahren ist hingegen in § 66 Abs. 2 VwVfG ein Recht auf Teilnahme an der Beweisaufnahme normiert.

[52] So Grüner, § 24 Anm. VI 3; siehe auch bei Leonhardt, in: Stelkens/Bonk/Leonhardt, § 23 Rdnr. 10.

[53] § 19 SGB X, ebenso § 23 VwVfG, § 87 AO; zu der sich daraus ergebenden Problematik vgl. Frank, S. 168 ff. m. w. N.; sowie Häberle, in: Boorberg-FS, S. 61 f.; Götz, S. 1427.

[54] Zur Informationslast siehe auch Peters, § 34 Anm. 3; Casselmann, in: Koch/Hartmann, § 34 Rdnr. 8, sowie Söhn, in: Hübschmann/Hepp/Spitaler, § 91 Rdnr. 17.

[55] Schimanski, S. 524, insofern entsprechend zum rechtlichen Gehör vor Gericht: BVerfGE 7, 239 (240).

[56] Siehe auch bei Schnapp, in: BochKomm, § 34 Rdnr. 11; Pickel, § 24 Anm. 2 a.

der Überschrift „Anhörung Beteiligter" kann angesichts des Wortlauts des § 24 Abs. 1 SGB X nicht entnommen werden, daß eine mündliche Äußerung erfolgen können muß[57]. Die zur Anhörung verpflichtete Stelle kann daher beurteilen, ob sie dem Beteiligten die Wahl der Form für seine Äußerung überlassen will, oder ob sie dem Recht auf Anhörung des Beteiligten durch die Gelegenheit zu einer Äußerung in einer bestimmten Form genügen will. Es kommt die Gewährung der Möglichkeit zu einer schriftlichen und mündlichen, auch fernmündlichen Äußerung in Betracht. Der Beteiligte muß jedoch zu einer Äußerung in der ggf. bestimmten Form Gelegenheit haben, d. h., sie muß geeignet sein. Schriftliche und mündliche Äußerung erscheinen grundsätzlich gleichermaßen geeignet, wenngleich die schriftliche Äußerung von vornherein den Vorteil der besseren Beweisbarkeit[58] hat. Diesem Mangel der mündlichen Anhörung ist zwar durch Niederschrift leicht abzuhelfen[59], doch wird die zur Anhörung verpflichtete Stelle im Hinblick auf § 9 S. 2 SGB X in der Regel die Schriftform wählen. Entsprechend führt das Bundesverwaltungsgericht aus[60]: „fehlt — wie hier — eine besondere rechtliche Regelung dieses rechtlichen Gehörs, so genügt es, wenn der Betroffene die Gelegenheit hatte, sich schriftlich an die entscheidenden Stellen zu wenden. Ein Anspruch, persönlich in mündlicher Verhandlung gehört zu werden, besteht grundsätzlich nicht". Die Schriftform kann aber nicht in jedem Fall geeignet sein. Sie ist etwa ungeeignet, wenn der Beteiligte Analphabet ist und selbst eine Niederschrift z. B. durch einen Familienangehörigen nicht erlangen kann.

Die Form der Anhörung muß weiterhin erforderlich sein, d. h. den Beteiligten am geringsten belasten. Regelmäßig wird die Gelegenheit zu einer schriftlichen Äußerung den Beteiligten nicht weniger belasten als eine mündliche, die nur während der Dienststunden abgegeben werden kann. Es kann jedoch sogar eine fernmündliche Anhörung erforderlich sein, wenn z. B. bei der Anhörung eines behinderten Beteiligten eine schriftliche Äußerung ungeeignet ist und das Aufsuchen der Behörde für ihn mit beschwerlichen oder weiten Wegen verbunden wäre[61]. Es kann sogar erforderlich sein, diesen Beteiligten zur Anhörung aufzusuchen[62].

---

[57] Vgl. Ule/Laubinger, § 24 I 6.

[58] Casselmann, in: Koch/Hartmann, § 34 Rdnr. 8; Bley, in: SGB-SozVersGesKomm, § 34 Anm. 7 b.

[59] So Pickel, § 24 Anm. 2 c; Wolber, in: SozVers 1976, S. 89; Marburger, S. 174 — nach HessVGH, in: ESVGH 30, 207 (209) muß bei mündlicher Anhörung zumindest ein Aktenvermerk angefertigt werden. Ähnlich Finger, S. 123.

[60] BVerwGE 20, 160 (166).

[61] Siehe auch bei Schnapp, in: BochKomm, § 34 Rdnr. 13; Rohwer-Kahlmann/Ströer, § 34 Rdnr. 2; Kopp, § 28 Rdnr. 29; Söhn, in: Hübschmann/Hepp/Spitaler, § 91 Rdnr. 22.

3. *Anhörungsfrist*

Um dem Beteiligten die Gelegenheit zu geben, sich zum Anhörungsgegenstand zu äußern, ist erforderlich, daß sich der Beteiligte mit dem Anhörungsgegenstand vertraut machen und zur Vorbereitung seiner Äußerung das Vorliegen der Tatsachen und ihrer Entscheidungserheblichkeit prüfen kann[63]. Dem Beteiligten ist daher eine Frist einzuräumen, innerhalb der er sich äußern kann. Um sich zu einer Äußerung in die Lage zu versetzen, muß es dem Beteiligten in der Frist z. B. auch möglich sein, das Ergebnis eines ärztlichen Gutachtens durch einen Arzt überprüfen zu lassen. Da nicht nur Tatsachen zum Anhörungsgegenstand zählen, sondern auch ihre Entscheidungserheblichkeit, muß dem Beteiligten, damit er sich auch zu den Rechtsfragen äußern kann, ferner das Einholen von Rechtsauskünften möglich sein[64].

Die Länge der Frist oder wie sie zu bemessen ist, ist in § 24 SGB X nicht ausdrücklich geregelt. Entscheidendes Kriterium ist die Geeignetheit der Frist, um den Beteiligten in die Lage zu einer Äußerung zu versetzen. Das Bundessozialgericht[65] spricht insofern von einer „angemessenen Frist“[66].

Die Frist, in der sich der Beteiligte in die Lage versetzen kann, eine Äußerung zum Anhörungsgegenstand abzugeben, ist anhand objektiver Kriterien im Einzelfall zu bestimmen. So wird die Frist bei komplizierten Sachverhalten länger zu bemessen sein als bei einfachen. Sie wird bei einem Rechtskundigen kürzer bemessen werden können als bei einem Rechtsunkundigen. Zu berücksichtigen ist auch, wenn ggf. erst Übersetzungen eingeholt werden müssen. Zu berücksichtigen sind ferner Feiertage und, soweit bekannt, Ortsabwesenheit des Beteiligten[67]. Für

---

[62] Zur Möglichkeit der Bestellung eines Vertreters nach § 15 Abs. 1 Nr. 4 SGB X in einem solchen Fall siehe im folgenden unter 4 c.

[63] Grüner, § 24 Anm. VI 4; Schnapp, in: BochKomm, § 34 Rdnr. 11; Thieme, in: Wannagat, § 34 Rdnr. 11; Krasney, S. 544 f.; BSG, in: SozR 1200 § 34 Nr. 12, S. 53; zu § 28 VwVfG: Kopp, § 28 Rdnr. 6; Leonhardt, in: Stelkens/Bonk/Leonhardt, § 28 Rdnr. 6; Clausen, in: Knack, § 28 Rdnr. 3.4; sowie OVG Lüneburg, in: DVBl. 1973, S. 505, 506.

[64] Grüner, § 24 Anm. VI 4; Thieme, in: Wannagat, § 34 Rdnr. 11; Krasney, S. 544 f.; BSG, in: SozR 1200 § 34 Nr. 12, S. 54.

[65] BSG, in: SozR 1200, § 34 Nr. 9, S. 45 und Nr. 12, S. 53 ff.

[66] Vgl. auch Grüner, § 24 Anm. VI 5; v. Wulffen, in: Schroeder-Printzen/Engelmann u. a., § 24 Anm. 5; Schnapp, in: BochKomm, § 34 Rdnr. 11; Schellhorn, in: Burdenski/v. Maydell/Schellhorn, § 34 Rdnr. 24; Thieme, in: Wannagat, § 34 Rdnr. 11; VDR-Komm, § 24 Rdnr. 10; Schimanski, S. 523; Kopp, § 28 Rdnr. 27; Clausen, in: Knack, § 28 Rdnr. 3.4; Söhn, in: Hübschmann/Hepp/Spitaler, § 91 Rdnr. 23; Tipke, in: Tipke/Kruse, § 91 Rdnr. 2; OVG Münster, in: NJW 1978, S. 1764, 1765; OVG Lüneburg, in: DVBl. 1973, S. 505, 506 — ebenso für das rechtliche Gehör vor Gericht nach Art. 103 Abs. 1 GG etwa Dürig, in: Maunz/Dürig/Herzog/Scholz, Art. 103 Rdnr. 67.

[67] Schimanski, S. 523.

die gerichtliche Anhörung hat das Bundesverfassungsgericht[68] z. B. eine Frist von 3 Tagen für die Rücksprache mit einem Anwalt als zu kurz bezeichnet. Es kommt für die Beurteilung der Geeignetheit jedoch nicht darauf an, was ein Beteiligter im Einzelfall subjektiv für erforderlich hält, ob er etwa eine Vielzahl von Ärzten und Sachverständigen bemühen will oder zur gleichen Rechtsfrage mehrere Auskünfte einholen will[69].

Kann nach den aufgezeigten Überlegungen eine Frist als geeignet bezeichnet werden, so ist diese auch erforderlich und verhältnismäßig, da von dem Beteiligten im eigenen Interesse erwartet werden kann, daß er diese Frist auch nutzt. In der nach objektiven Kriterien ermittelten Frist kann der Beteiligte von der ihm gegebenen Gelegenheit zur Äußerung dann auch durch mehrmalige Äußerung Gebrauch machen.

Anhaltspunkte für die Länge der Frist können den für das Gerichtsverfahren bestimmten Einlassungs- und Ladungsfristen nicht entnommen werden, da der Gegenstand des gerichtlichen Verfahrens regelmäßig bereits längere Zeit bekannt und die Sachlage daher eine andere ist[70]. Auch die Widerspruchsfrist von einem Monat kann nicht zur Orientierung herangezogen werden[71]. Dem Adressaten eines Verwaltungsakts wird zwar auch durch diese Frist die Möglichkeit zu Ermittlungen eingeräumt, obwohl der Widerspruch nicht begründet werden und daher keine Äußerung zur Entscheidung enthalten muß. Die Sachlage ist aber bei Anhörung und Widerspruch eine andere, da der Erlaß des Verwaltungsakts dazwischen liegt und bei der Bestimmung der Frist auch das Bedürfnis der Behörde an einer zügigen Durchführung des Verwaltungsverfahrens anerkannt werden muß. Vor Erlaß des Verwaltungsakts kann daher die Frist auf das geeignete Maß beschränkt werden.

Welche Frist im allgemeinen, d. h. bei einfachen Sachverhalten und Rechtsfragen geeignet ist, wird in Literatur und Rechtsprechung unterschiedlich beurteilt. Teilweise wird eine Frist von einer Woche als ausreichend angesehen[72], überwiegend wird diese Frist jedoch für zu kurz

---

[68] BVerfGE 24, 23 (26).

[69] Der insofern von Bonnermann, in: Der Kompaß 1979, S. 235 geäußerte Einwand, die Gegebenheiten lägen ausschließlich in der Hand des Beteiligten, der durch Wahl eines Facharztes oder einer Klinik Einfluß auf die Länge der Frist nehmen könne, trifft daher nicht zu.

[70] Ebenso Grüner, § 24 Anm. VI 4; vgl. aber auch Bonnermann, in: Der Kompaß 1978, S. 120 f.; ders., in: Der Kompaß 1979, S. 235 f.; dazu Krasney, S. 544 Fn. 8.

[71] Siehe aber Schimanski, S. 523.

[72] So etwa Hauck, in: Hauck/Haines, § 24 Rdnr. 8; Bonnermann, in: Der Kompaß 1978, S. 118; Wolber, in: SozVers 1978, S. 228 sowie SG Dortmund vom 10. Januar 1978 — S 25 BU 290/77 — und vom 7. Dezember 1978 —

gehalten[73]. Zum Teil wird daher von einer Zwei-Wochen-Frist ausgegangen[74]. Auch das Bundessozialgericht hat, nachdem es die Frage zunächst ausdrücklich offengelassen hatte[75], in einer neueren Entscheidung[76] die Ansicht geäußert, daß bei einem mit dem Sozialrecht nicht vertrauten Beteiligten, der sich anläßlich einer beabsichtigten Rentenentziehung zu den Feststellungen eines ärztlichen Gutachtens äußern können soll, eine Frist von zwei Wochen angemessen erscheint. Dabei hat es jedoch betont, daß es auf die Umstände des Einzelfalls ankomme; die Frist von einer Woche sei in einem solchen Fall jedoch unangemessen. Als Anhaltspunkt für einfache Sachverhalte und Rechtsfragen kann daher eine Frist von zwei Wochen gelten; eine Prüfung im Einzelfall ist jedoch stets erforderlich, damit nicht aufgrund fehlerhafter Beurteilung dem Recht auf Anhörung durch eine zu kurze Frist nicht entsprochen wird.

Bei der Überprüfung der Geeignetheit der Frist ist die *tatsächlich* gewährte Frist zugrunde zu legen. Das ist bedeutsam für den Fall, daß eine zunächst gewährte Frist zu kurz war und nach § 26 Abs. 7 SGB X[77] auf das angemessene Maß verlängert worden ist[78]. Eine derartige Verlängerung ist auch nach Ablauf der Frist möglich. Eine Fristverlängerung kommt etwa in Betracht, wenn ein der deutschen Sprache unkundiger Ausländer sich in der eingeräumten Frist nicht äußern konnte, weil es ihm nicht möglich war, rechtzeitig Übersetzungen zu beschaffen[79]. Daß die *Möglichkeit* der Verlängerung einer zu kurz bemessenen Frist besteht, reicht für die Annahme der Angemessenheit der Frist nicht aus; auch dann nicht, wenn der Beteiligte es unterlassen hat, einen Antrag auf Fristverlängerung zu stellen[80]. Dieses Verhalten kann dem Beteiligten nicht zur Last gelegt werden, da diesem die Gelegenheit zur Äußerung zu *geben* ist und dazu von der zur Anhörung verpflichteten Stelle eine angemessene Frist zu bestimmen ist. Es kann bei der

---

S 24 BU 239/78 —, sowie SG Münster vom 27. September 1978 — S 7 BU 67/77 —.

[73] Krasney, S. 544; Grüner, § 24 Anm. VI 4; Pickel, § 24 Anm. 2 b; Peters, § 34 Anm. 3; Schimanski, S. 523; Grünig, in: SozVers 1978, S. 198.

[74] Finger, S. 123; Schimanski, S. 523.

[75] BSGE 46, 57 (59 f.).

[76] BSG, in: SozR 1200 § 34 Nr. 12, S. 54.

[77] Ebenso § 31 Abs. 7 VwVfG, § 109 Abs. 1 AO.

[78] Hauck, in: Hauck/Haines, § 24 Rdnr. 3.

[79] Siehe auch BVerfGE 40, 95 (98 ff.), dort die Erwägungen zur Wiedereinsetzung in den vorigen Stand — diese kann im Verwaltungsverfahren jedoch nicht verlangt werden, da dazu eine gesetzliche Frist vorliegen müßte; vgl. § 27 Abs. 1 SGB X, § 32 Abs. 1 VwVfG, § 110 Abs. 1 AO.

[80] Ebenso BSG, in: SozR 1200 § 34 Nr. 12, S. 54 f.; Grüner, § 24 Anm. VI 4; zu einer Hinweispflicht des Beteiligten auf die Kürze der Frist verbunden mit einem Verlängerungsantrag tendiert Krasney, S. 544 f.

Überprüfung der Beurteilung der Angemessenheit der Frist lediglich berücksichtigt werden, wenn den Beteiligten ein Verschulden bei der Ermittlung der angemessenen Frist treffen würde, etwa weil er sich fälschlich als sach- oder rechtskundig bezeichnet hat.

Letztlich stellt sich die Frage, ob die Behörde dem Beteiligten die Frist mitteilen muß oder ob es ausreicht, wenn die Behörde nach Mitteilung des Bestehens eines Rechts auf Anhörung und des Anhörungsgegenstandes nur die Frist, welche als angemessen anzusehen ist, abwartet. Letzteres wird teilweise in der Literatur für zulässig gehalten[81]. Da der Beteiligte jedoch, um von seiner Gelegenheit zur Äußerung in vollem Umfang Gebrauch machen zu können, nicht nur wissen muß, daß und wozu er sich äußern kann, sondern auch bis wann, ist ihm auch die Äußerungsfrist mitzuteilen. Dies empfiehlt sich darüber hinaus auch, weil der Beteiligte so in die Lage versetzt wird, einen Fristverlängerungsantrag vor der Entscheidung zu stellen, und damit eine zu kurz gewählte Frist korrigiert werden kann.

4. *Vertretung bei der Anhörung*

a) Persönliche Anhörung

Von der bereits erörterten Frage, ob zur Erfüllung des Rechts auf Anhörung dem Beteiligten Gelegenheit gegeben werden muß, sich mündlich zu äußern, ist die Frage der Vertretbarkeit der Anhörung zu trennen, d. h., ob der Beteiligte stets persönlich anzuhören ist. Die Bezeichnungen mündliche Anhörung und persönliche Anhörung werden z. T. synonym gebraucht[82]. Hier wird aber als persönliche Anhörung nur die verstanden, bei der dem Beteiligten Gelegenheit gegeben wird, sich selbst in eigener Person zu äußern[83].

Grundsätzlich ist dem Beteiligten als Inhaber des Rechts auf Anhörung selbst die Gelegenheit zur persönlichen Äußerung zu geben. Als persönliche Äußerung des Beteiligten sind auch diejenigen anzusehen, zu deren Übermittlung sich der Beteiligte Dritter als Boten bedient. Auch die Übersetzung einer Äußerung in die Amtssprache ändert nichts an dem persönlichen Charakter der Äußerung[84].

---

[81] Thieme, in: Wannagat, § 34 Rdnr. 11. — Das Bundesverfassungsgericht hat für das rechtliche Gehör vor Gericht nach Art. 103 Abs. 1 GG das Setzen einer Frist oder das Verstreichenlassen einer angemessenen Zeit für zulässig gehalten — BVerfGE 4, 190 (192); 6, 12 (15); 7, 239 (240); 8, 89 (91).

[82] Vgl. etwa: v. Wulffen, in: Schroeder-Printzen/Engelmann u. a., § 24 Anm. 5; Leonhardt, in: Stelkens/Bonk/Leonhardt, § 28 Rdnr. 20; Söhn, in: Hübschmann/Hepp/Spitaler, § 91 Rdnr. 22 — vgl. auch Borgs, in: Meyer/Borgs, § 28 Rdnr. 14 einerseits und 7 andererseits.

[83] Wie hier auch Schnapp, in: BochKomm, § 34 Rdnr. 12.

Von dem Grundsatz der persönlichen Anhörung ist dann eine Ausnahme zu machen, wenn der Beteiligte von seinem Äußerungsrecht selbst keinen Gebrauch machen könnte. In diesem Fall kann dem Recht auf Anhörung nur durch die Anhörung eines Vertreters entsprochen werden.

b) Vertretung bei Handlungsunfähigkeit

Da eine Äußerung im Verwaltungsverfahren eine Verfahrenshandlung ist[85], kann dem Recht auf Anhörung nur dadurch genügt werden, daß einem Handlungsfähigen Gelegenheit zur Äußerung gegeben wird[86]. Für einen handlungsunfähigen Beteiligten ist daher sein Vertreter anzuhören[87]. Wer für das jeweilige Verwaltungsverfahren handlungsfähig ist, ergibt sich aus § 11 SGB X[88].

Aus § 11 Abs. 1 Nr. 2 SGB X folgt, daß an Stelle geschäftsunfähiger oder beschränkt geschäftsfähiger natürlicher Personen, soweit letztere für das Verfahren nicht handlungsfähig sind, der gesetzliche Vertreter anzuhören ist. So sind z. B. an Stelle eines zweijährigen Kindes seine Eltern anzuhören. Ist ein gesetzlicher Vertreter nicht vorhanden, etwa bei einem volljährigen Geisteskranken, der nach § 104 Nr. 2 BGB geschäftsunfähig ist, so ist nach § 15 Abs. 1 Nr. 4 SGB X[89] auf Ersuchen der Behörde ein geeigneter Vertreter vom Vormundschaftsgericht zu bestellen.

Für die Beurteilung der Handlungsfähigkeit ist auch Abs. 2 des § 11 SGB X zu beachten, durch den die §§ 53, 55 ZPO für entsprechend anwendbar erklärt werden. Aus § 53 ZPO ergibt sich danach für die Anhörung, daß an Stelle einer Person, die durch einen Pfleger vertreten

---

[84] Nach § 19 Abs. 2 SGB X (ebenso § 23 Abs. 2 VwVfG und § 98 Abs. 2 AO) soll, soweit erforderlich, die Übersetzung einer Äußerung in einer Fremdsprache in die Amtssprache verlangt werden. Die Vorschrift trifft diese Bestimmung zwar ausdrücklich nur für mündliche und schriftliche Anträge sowie sonstige Schreiben, aber es kann kein Zweifel daran bestehen, daß auch bei einer mündlichen Äußerung regelmäßig eine Pflicht zur Anforderung einer Übersetzung besteht — für die Anhörung folgt dies bereits aus der Verpflichtung, Gelegenheit zur Äußerung in deutscher Sprache zu geben — vgl. auch Kopp, § 23 Rdnr. 2 —. Anders als nach § 23 Abs. 2 S. 3 VwVfG und § 87 Abs. 2 S. 3 AO können dem Ausländer die Kosten für die Übersetzung nach § 19 Abs. 2 S. 3 SGB X nicht auferlegt werden, sondern es kann nur Ersatz der Aufwendungen in angemessenem Umfang verlangt werden.

[85] Vgl. Borgs, in: Meyer/Borgs, § 12 Rdnr. 1; Söhn, in: Hübschmann/Hepp/Spitaler, § 79 Rdnr. 4 f.

[86] Ob Handlungsfähigkeit besteht, ist von der Behörde festzustellen, vgl. Zeidler, in: BVerfGE 42, 79 (87).

[87] Schnapp, in: BochKomm, § 34 Rdnr. 12; für die gerichtliche Anhörung BayVerfGH, in: BayVBl. 1975, S. 138, 140; siehe auch bei Tipke, in: Tipke/Kruse, § 91 Rdnr. 2.

[88] Ebenso § 12 VwVfG, § 79 AO.

[89] Ebenso § 16 Abs. 1 Nr. 4 VwVfG, § 81 Abs. 1 Nr. 4 AO.

wird[90], der Pfleger anzuhören ist. Aus der entsprechenden Anwendung des § 55 ZPO folgt für die Anhörung im Verwaltungsverfahren, daß ein nach deutschem Recht handlungsfähiger Ausländer persönlich anzuhören ist, auch wenn er nach dem Recht seines Landes nicht handlungsfähig ist. Weiterhin ergibt sich in diesem Zusammenhang aus Art. 7 EGBGB, daß ein Ausländer, der nach dem Recht seines Heimatlandes geschäftsfähig ist, auch dann als geschäftsfähig und damit handlungsfähig persönlich anzuhören ist, wenn er nach deutschem Recht nicht geschäftsfähig wäre[91].

Läßt sich demnach feststellen, daß das Recht einer natürlichen Person auf Anhörung dadurch erfüllt wird, daß, wenn sie geschäftsfähig ist, ihr, anderenfalls ihrem Vertreter Gelegenheit zur persönlichen Äußerung gegeben wird, so ist von diesem Ergebnis im Anschluß an die Rechtsprechung[92] für Entmündigte und Geisteskranke dann eine Ausnahme zu machen, wenn es Ziel des Verwaltungsverfahrens ist, Maßnahmen gerade wegen des Geisteszustandes oder Grundes der Entmündigung zu treffen und eine Äußerung des Beteiligten noch möglich erscheint[93]. Diese Ausnahme rechtfertigt sich daraus, daß diese Maßnahmen tief in die persönliche Rechtssphäre eingreifen[94] und daher der Fürsorge Dritter entzogen sind. Hier werden die Regelungen über die Handlungsfähigkeit wegen der Höchstpersönlichkeit der Maßnahme durchbrochen[95].

Für juristische Personen und beteiligte Vereinigungen folgt aus § 11 Abs. 1 Nr. 2 SGB X, daß ihre gesetzlichen Vertreter oder besonders Beauftragte anzuhören sind[96]. Ist eine Behörde als Beteiligter anzuhören, so ergibt sich aus § 11 Abs. 1 Nr. 3 SGB X, daß deren Leiter, dessen Vertreter oder Beauftragten Gelegenheit zur Äußerung zu geben ist.

---

[90] Siehe dazu Kopp, § 12 Rdnr. 17; Pickel, § 11 Anm. 6 a; Söhn, in: Hübschmann/Hepp/Spitaler, § 79 Rdnr. 16.

[91] Vgl. Ule/Laubinger, § 16 II 2; Kopp, § 12 Rdnr. 7.

[92] Vgl. BVerfG, in: NJW 1982, S. 691 ff. sowie OVG Münster, in: OVGE 6, 132 (133); BVerfGE 10, 302 (306); 19, 93 (100 f.); BGHZE 35, 1 (8 ff.); Württ.-Bad. VGH, in: ESVGH 1, 53 (62) zu der entsprechenden Gewährung rechtlichen Gehörs vor Gericht.

[93] Ebenso Kopp, § 12 Rdnr. 3; ders., VerfR und VwVfR, S. 22; Schultze-Rhonhof, S. 83 jeweils m. w. N. — Ist eine Äußerung nicht möglich, so ist nach § 15 Abs. 1 Nr. 4 (entsprechend § 16 Abs. 1 Nr. 4 VwVfG, § 81 Abs. 1 Nr. 4 AO) ein Vertreter von Amts wegen zu bestellen.

[94] Vgl. BVerfGE 19, 93 (101).

[95] Demzufolge ist etwa auch in einem Verwaltungsverfahren zur sofortigen Unterbringung in einem Krankenhaus oder einer Anstalt nach § 17 PsychKG NW der Beteiligte, auch wenn er i. S. d. Verfahrensrechts handlungsunfähig ist, selbst anzuhören, es sei denn, dieser ist zu einer Äußerung faktisch nicht fähig.

[96] Dasselbe gilt nach § 79 Abs. 1 Nr. 2 AO für Vermögensmassen.

c) Vertretung bei Verhinderung

Eine weitere Ausnahme von der Pflicht, dem Beteiligten selbst Gelegenheit zur persönlichen Äußerung zu geben, ist dann gegeben, wenn es dem Beteiligten, unabhängig davon, ob er handlungsfähig ist, nicht möglich ist, von der Gelegenheit zur Äußerung Gebrauch zu machen. § 15 SGB X[97] sieht in den in Abs. 1 Nr. 1—4 genannten Fällen der Verhinderung des Beteiligten vor, daß für einen Beteiligten, der keinen Vertreter hat, auf Antrag der Behörde vom Vormundschaftsgericht ein Vertreter zu bestellen ist[98]. Das kann nach Nr. 1 für einen Beteiligten erfolgen, dessen Person unbekannt ist und nach Nr. 2 für einen abwesenden Beteiligten, dessen Aufenthalt unbekannt oder der an der Besorgung seiner Angelegenheiten verhindert ist. Nr. 3 sieht vor, daß ein Vertreter auch bestellt werden kann, wenn ein Beteiligter, der sich im Ausland aufhält, der Aufforderung, einen Vertreter zu bestellen, nicht nachgekommen ist. In Nr. 4 ist der Fall geregelt, daß ein Beteiligter infolge körperlicher oder geistiger Gebrechen nicht in der Lage ist, selbst im Verwaltungsverfahren tätig zu werden.

d) Vertretung aufgrund von Bevollmächtigung

Eine Ausnahme von der Pflicht zur persönlichen Anhörung liegt weiterhin dann vor, wenn ein Beteiligter einen Vertreter bestellt hat. Die Verfahrensgesetze bezeichnen diese gewillkürten Vertreter als Bevollmächtigte[99]. Auch die Bevollmächtigten können an Stelle der Beteiligten anzuhören sein. Nach § 13 Abs. 3 S. 1 SGB X muß sich die Behörde, wenn für das Verwaltungsverfahren ein Bevollmächtigter bestellt ist[100], an diesen wenden[101]. Es besteht daher dann nur eine Pflicht, dem Bevollmächtigten Gelegenheit zur Äußerung zu geben[102]. Nach Satz 2 kann die Behörde sich nur an den Beteiligten selbst wenden, soweit er zur Mitwirkung verpflichtet ist. Das Recht auf Anhörung gibt dem Beteiligten ein Recht auf Gelegenheit zur Äußerung; eine

---

[97] Vgl. auch § 16 VwVfG, § 81 AO.

[98] Als weiterer Fall der Verhinderung kann der Fall der §§ 16 Abs. 1 Nr. 5 VwVfG, 81 Abs. 1 Nr. 5 AO angesehen werden, bei dem sich das Verfahren auf eine herrenlose Sache bezieht, d. h. auf eine Sache, die gegenwärtig keinen Eigentümer hat (siehe dazu Kopp, § 16 Rdnr. 13 m. w. N.), der Beteiligter wäre. — Nach § 17 Abs. 4 und § 18 Abs. 1 VwVfG kann auch unter den dort genannten Voraussetzungen für Massenverfahren ein gemeinsamer Vertreter bestellt werden, dem dann Gelegenheit zur Äußerung zu geben ist.

[99] Siehe § 13 SGB X, ebenso § 14 VwVfG, § 80 AO.

[100] Nach § 13 Abs. 6 SGB X, § 12 Abs. 6 VwVfG, § 80 Abs. 6 AO besteht jedoch die Möglichkeit, einen ungeeigneten Bevollmächtigten zurückzuweisen.

[101] Anders als § 13 Abs. 3 S. 1 SGB X ordnen § 14 Abs. 3 S. 1 VwVfG und § 80 Abs. 3 S. 1 AO durch die Fassung als Soll-Vorschrift nur für den Regelfall an, daß sich die Behörde an den Bevollmächtigen wenden muß.

[102] Im Ergebnis ebenso: Pickel, § 24 Anm. 3 a.

Pflicht des Beteiligten, sich zu äußern und sei es auch nur darüber, daß er von der Gelegenheit keinen Gebrauch machen will, ist damit nicht verbunden[103]. Dem Recht auf Anhörung ist demnach aufgrund des Satzes 1 dadurch zu entsprechen, daß die Behörde dem Bevollmächtigten Gelegenheit zur Äußerung gibt, diesem also die notwendigen Mitteilungen macht.

Der Pflicht, dem Beteiligten bzw. seinem Vertreter Gelegenheit zur persönlichen Äußerung zu geben, entspricht das Recht des Bevollmächtigten oder seines Vertreters, sich in eigener Person zu äußern. Darüber hinaus entspricht der Pflicht der Behörde, dem Bevollmächtigten Gelegenheit zur Äußerung zu geben, nicht nur das Recht des Bevollmächtigten, sich an Stelle des Beteiligten zu äußern, sondern auch ein Recht des Beteiligten, soweit er handlungsfähig ist, von der dem Bevollmächtigten gegebenen Gelegenheit zur Äußerung selbst Gebrauch zu machen, da insofern durch die Bestellung des Bevollmächtigten die Rechte des Beteiligten nicht geschmälert sind[104].

e) Zurechnung der Äußerung eines Beistandes

Nach § 13 Abs. 4 S. 1 SGB X[105] kann der Beteiligte zu Verhandlungen und Besprechungen mit einem Beistand erscheinen[106]. Das von einem Beistand Vorgetragene[107] gilt nach S. 2, soweit der Beteiligte nicht unverzüglich widerspricht, als Vortrag des Beteiligten. Für das Recht auf Anhörung bedeutet dies, daß der Beteiligte sich nicht nur persönlich und durch einen Vertreter, sondern auch durch zuzurechnende Erklärung eines Beistandes äußern kann. Das ist etwa dann der Fall, wenn der mit dem Beteiligten erschienene rechtskundige Beistand im Rahmen einer Anhörung Rechtsausführungen in bezug auf die entscheidungserheblichen Tatsachen macht.

---

[103] H. M., vgl. Schnapp, in: BochKomm, § 34 Rdnr. 11; Peters, § 34 Anm. 3; Pickel, § 24 Anm. 2 a; Borgs, in: Meyer/Borgs, § 28 Rdnr. 13; Clausen, in: Knack, § 28 Rdnr. 3.4; Ule/Laubinger, § 24 I 5; Tipke, in: Tipke/Kruse, § 91 Rdnr. 2 sowie Begründung zu § 21 MEVwVfG, S. 125 und Renkl, S. 76 f. — entsprechend auch BSGE 7, 209 (211); BVerwGE 19, 231 (232, 237) zum rechtlichen Gehör vor Gericht.

[104] Vgl. Borgs, in: Meyer/Borgs, § 28 Rdnr. 7.

[105] Entsprechend § 14 Abs. 4 VwVfG, § 80 Abs. 4 AO.

[106] Zu der aufgrund von § 2 Abs. 3 Nr. 2 VwVfG im Hinblick auf § 28 VwVfG auftretenden Frage, ob ein Beamtenbewerber mit einem Beistand erscheinen darf, vgl. BVerwGE 62, 169 und Schoch, S. 546 ff.

[107] Zu der Frage, ob nicht nur ein mündlicher sondern im Hinblick auf Abs. 6 auch ein schriftlicher Vortrag zulässig ist, vgl. v. Wulffen, in: Schroeder-Printzen/Engelmann u. a., § 13 Anm. 11; sowie Kopp, § 14 Rdnr. 25 jeweils m. w. N.

5. *Unmittelbare Anhörung*

Zur Gewährung der Gelegenheit zur Äußerung ist die juristische Person als Rechtsträger verpflichtet, deren Behörde[108] den beabsichtigten Verwaltungsakt erlassen will. Da die Anhörung Beteiligter nur dann sinnvoll ist, wenn durch sie die Entscheidung der Behörde beeinflußt werden kann, ist die Anhörung von der entscheidenden Behörde selbst durchzuführen[109]. Es reicht daher beispielsweise nicht aus, wenn dem Beteiligten bei einer ärztlichen Untersuchung in einem Verwaltungsverfahren Gelegenheit gegeben war, seine Beschwerden vorzutragen[110]. Dabei wurde dem Beteiligten nicht mehr ermöglicht, als sich in einem Verfahren zur Ermittlung entscheidungserheblicher Tatsachen gegenüber einer nicht zur Entscheidung berufenen Stelle zu äußern. Die entscheidende Behörde hat auch den Abschluß der von ihr nach dem Untersuchungsgrundsatz (§ 20 SGB X)[111] durchzuführenden Sachverhaltsermittlung und damit den Zeitpunkt des Entstehens des Rechts auf Anhörung zu bestimmen. Nur die entscheidende Behörde selbst ist in der Lage, die von ihr ermittelten entscheidungserheblichen Tatsachen dem Beteiligten mitzuteilen.

Aus der Pflicht zur Erfüllung des Rechts auf Anhörung durch die entscheidende Behörde folgt, daß die Anhörung durch den jeweils entscheidenden Sachbearbeiter der Behörde durchzuführen ist[112]. Da entsprechend eine Äußerung des Beteiligten den entscheidenden Sachbearbeiter unverfälscht erreichen muß, ist dies bei mündlicher oder fernmündlicher Äußerung gegenüber einem anderen Sachbearbeiter durch Niederschrift sicherzustellen. Es erscheint demnach möglich und sinnvoll, bei einer Behörde eine Stelle einzurichten, die Auskunfts- und Beratungsstelle ist und bei der sich der Beteiligte etwa auf schriftliche Mitteilung hin zur Niederschrift äußern kann.

---

108 Vgl. § 1 Abs. 2 SGB X (entsprechend § 1 Abs. 4 VwVfG, s. auch § 7 AO) sowie dazu Engelmann, in: Schroeder-Printzen/Engelmann u. a., § 1 Anm. 3 und Grüner, § 24 Anm. II.

109 Mißverständlich insofern Renkl, S. 88, der nicht zwischen Organ (Behörde) und Organwalter unterscheidet.

110 BSGE 44, 207 (208); BSG, in: SozR 1200, § 34 Nr. 9, S. 43; Krasney, S. 544 m. w. N.

111 Entsprechend § 24 VwVfG, § 88 AO.

112 Ein anderer Weg, die Anhörung von einer nicht zur Entscheidung befugten Person durchführen zu lassen, ist im amerikanischen Verwaltungsrecht beschritten worden. Dort gibt es z. T. den sog. „hearing officer“, der einen Entscheidungsvorschlag macht. Diese Regelung ergab sich daraus, daß die Organwalter ihre Mitarbeiter nicht mit den Entscheidungen beauftragen konnten und daher alle Anhörungen selbst durchzuführen gehabt hätten, was angesichts der Menge unmöglich war; vgl. dazu Riegert, S. 74 ff.; Schlephorst, S. 108 ff.

6. Berücksichtigung einer Äußerung des Beteiligten

Nach dem Wortlaut des § 24 Abs. 1 SGB X ist dem Recht auf Anhörung im Einzelfall dann entsprochen worden, wenn der Beteiligte die Gelegenheit hatte, sich in der angemessenen Frist zum Anhörungsgegenstand zu äußern[113]. Die Berücksichtigung der Äußerung des Beteiligten, die dieser in Wahrnehmung der Gelegenheit gemacht hat, ist nicht ausdrücklich vorgesehen. Eine Berücksichtigungspflicht wird bei der Anhörung z. T. als Definitionsmerkmal genannt[114]. Obwohl der Gesetzgeber diese Definition nicht übernommen hat, schließt die Anhörung die Pflicht zur Berücksichtigung einer Äußerung des Beteiligten mit ein[115]. Das folgt daraus, daß die Anhörung nur dann zur Wahrung der Rechte des Beteiligten dient, wenn sie von Einfluß auf die Verwaltungsentscheidung sein kann.

a) Kenntnisnahme der Äußerung

Zunächst ist die Äußerung des Beteiligten von demjenigen Sachbearbeiter, der über den Erlaß des beabsichtigten Verwaltungsakts zu entscheiden hat, zur Kenntnis zu nehmen. Dazu hat er die Äußerung des Beteiligten entgegenzunehmen und sich Wissen von ihrem Inhalt zu verschaffen. Es besteht zwar nur ein Recht auf Äußerung zu entscheidungserheblichen Tatsachen und ihrer Entscheidungserheblichkeit; zur Prüfung, ob insofern eine unzulässige Äußerung vorliegt, ist die Äußerung jedoch zunächst zur Kenntnis zu nehmen[116]. Ein anschauliches Beispiel für die Verletzung der entsprechenden Pflicht zur Kenntnisnahme bei der Gewährung rechtlichen Gehörs vor Gericht bietet das vom Bundesverfassungsgericht[117] aufgehobene Urteil des Landgerichts München I, in dem genau die entscheidungserhebliche Tatsache als nicht vorgetragen bezeichnet wird, die ausdrücklich vorgetragen war[118].

---

[113] Eine Pflicht des Beteiligten, sich zu äußern, besteht nicht — siehe oben 3. Kapitel unter B II 4 d. — War der Beteiligte jedoch schuldlos verhindert, sich zu äußern, so ist ihm durch nachträgliche Fristverlängerung weiterhin Gelegenheit zur Äußerung zu geben — siehe oben 3. Kapitel unter B II 3; vgl. auch Kopp, § 28 Rdnr. 27.

[114] Vgl. Kopp, § 28 Rdnr. 5 m. w. N.

[115] H. M., vgl. etwa Pickel, § 24 Anm. 2 a; Schellhorn, in: Burdenski/v. Maydell/Schellhorn, § 34 Rdnr. 14; Kopp, § 28 Rdnr. 5; Borgs, in: Meyer/Borgs, § 28 Rdnr. 17; Leonhardt, in: Stelkens/Bonk/Leonhardt, § 28 Rdnr. 15; Bley, in: SGB-SozVers-GesKomm, § 34 Anm. 6 b; Heinzmann, S. 91; Renkl, S. 84 — für das rechtliche Gehör vor Gericht: BVerwGE 42, 364 (368 f.).

[116] § 20 Abs. 3 SGB X und § 24 Abs. 3 VwVfG bestimmen darüber hinaus ausdrücklich, daß eine Äußerung nicht zurückgewiesen werden darf, wenn die Behörde sie für unzulässig hält; vgl. auch Kopp, § 24 Rdnr. 34.

[117] BVerfGE 42, 364.

[118] Siehe auch BVerfGE 11, 218 (220); 27, 248 (251 f.); 28, 378 (384 f.) und bei Kopp, in: AöR 1981, S. 626.

b) Verwertung der Äußerung

Aus dem Zweck der Anhörung folgt weiterhin, daß die Behörde die Äußerung des Beteiligten in die Überlegungen, ob der Verwaltungsakt nunmehr wie beabsichtigt erlassen werden kann, miteinbeziehen muß. Diese Verwertungspflicht besteht nur für Äußerungen zu entscheidungserheblichen Tatsachen und ihrer Entscheidungserheblichkeit; andere Äußerungen sind nach Kenntnisnahme nicht mehr zu berücksichtigen[119].

Aus der Verwertungspflicht folgt, daß die Behörde eine Entscheidung erst treffen kann, nachdem sie die Äußerung des Beteiligten gewürdigt hat. Will die Behörde den beabsichtigten Verwaltungsakt zu einem bestimmten Zeitpunkt erlassen, so muß sie die Gelegenheit zur Äußerung so rechtzeitig gewähren, daß sie ihre Verwertungspflicht noch erfüllen kann[120]. Ggf. kommt ein Teilerlaß, soweit angehört worden ist, in Betracht. Dabei ist zu berücksichtigen, daß dem Beteiligten eine angemessene Frist zur Äußerung gegeben werden muß, die möglicherweise noch zu verlängern ist[121] und daß aufgrund der Äußerung weitere Sachverhaltsermittlungen notwendig werden können.

c) Stellungnahme der Behörde

Fraglich erscheint, ob die Behörde die Äußerung des Beteiligten nicht nur in ihre Überlegungen miteinbeziehen, sondern auch zu diesen Stellung nehmen muß.

Es kommt zunächst eine Pflicht der Behörde in Betracht, die Äußerung des Beteiligten mit diesem zu erörtern, d. h., wenn sie seine Ansicht nicht teilt, ihm gegenüber ihre Gründe dafür darzulegen. Der Zweck der Anhörung erfordert für den Beteiligten jedoch nur die Möglichkeit der Einflußnahme; diese hat er aber schon dann, wenn die Behörde seine Äußerung zur Kenntnis nimmt und verwertet. Eine Erörterung ist dazu nicht erforderlich[122]. Die oben[123] aufgeworfene Frage, ob ein Rechtsgespräch im Rahmen der Anhörung Beteiligter stattfinden muß, ist daher zu verneinen[124].

---

119 Kopp, § 28 Rdnr. 18; Schellhorn, in: Burdenski/v. Maydell/Schellhorn, § 34 Rdnr. 17, siehe auch BSG, in: SozR 1200, § 34 Nr. 9, S. 45 und Schlesw.-Holst. LSG, in: SGb 1980, S. 62.

120 Schnapp, in: BochKomm, § 34 Rdnr. 14 m. w. N.; vgl. auch BSGE 46, 57 (59); Clausen, in: Knack, § 28 Rdnr. 3.4.

121 Siehe oben 3. Kapitel unter B II 3.

122 Kopp, § 28 Rdnr. 20; Söhn, in: Hübschmann/Hepp/Spitaler, § 91 Rdnr. 16.

123 3. Kapitel unter A II.

124 Grüner, § 24 Anm. VI 1; Kopp, § 28 Rdnr. 20; Söhn, in: Hübschmann/Hepp/Spitaler, § 91 Rdnr. 16.

Ebensowenig wie der Zweck der Anhörung die Erörterung einer Äußerung erfordert, ist ein Eingehen auf eine Äußerung in einer Begründung des Verwaltungsakts erforderlich[125]; es empfiehlt sich aber, damit der Beteiligte erkennen kann, daß die Behörde seine Äußerung berücksichtigt hat. Aus dem Rechtsstaatsprinzip ergibt sich aber für die Behörde die Pflicht, die rechtlichen und tatsächlichen Gründe für die Verwaltungsmaßnahme darzulegen, um die Richtigkeit der Verwaltungsentscheidung nachprüfbar zu machen[126] und den Beteiligten in die Lage zu versetzen, einen rechtswidrigen Eingriff in seine Rechte rückgängig zu machen. Damit ergänzt die Begründungspflicht das Recht auf Anhörung, indem sie dem Beteiligten eine Einwirkungsmöglichkeit über die Entscheidung hinaus eröffnet, die der Beteiligte dann im Wege des Rechtsschutzes wahrnehmen kann. Der rechtsstaatlichen Forderung nach einer Begründungspflicht hat der Gesetzgeber in § 35 SGB X[127] entsprochen. Im Rahmen dieser Begründung ist auf eine Äußerung des Beteiligten einzugehen, soweit sie bei den Erwägungen der Behörde zu berücksichtigen war[128]. Demnach gibt zwar das Recht auf Anhörung nur ein Recht auf Kenntnisnahme und Berücksichtigung der Äußerung; darüber hinaus kann aber im Einzelfall aufgrund der Pflicht zur Begründung des Verwaltungsakts auch eine Pflicht zur Stellungnahme bestehen.

---

[125] Zu weitgehend daher Kopp, § 28 Rdnr. 5 und OVG Münster, in: NJW 1978, S. 1764, 1765 zu § 28 VwVfG bzw. § 28 VwVfG NW, wenn auch ein derartiges Eingehen aus verwaltungspsychologischen Gründen wünschenswert ist.

[126] Vgl. Kopp, § 39 Rdnr. 8; Stelkens, in: Stelkens/Bonk/Leonhardt, § 39 Rdnr. 3 f. m. w. N.

[127] Ebenso § 39 VwVfG, ähnlich § 121 AO.

[128] Kopp, § 28 Rdnr. 5; ders., § 39 Rdnr. 8 m. w. N.

Viertes Kapitel

Ausnahmen von der Anhörung Beteiligter

A. Grundsätzliches

I. Überblick über die Ausnahmetatbestände

Von einer aufgrund von § 24 Abs. 1 SGB X durchzuführenden Anhörung Beteiligter kann unter den Voraussetzungen des Abs. 2 der Vorschrift abgesehen werden. In Abs. 2 sind unter Nr. 1—6 Ausnahmetatbestände aufgeführt. Danach kann von der Anhörung abgesehen werden, wenn eine sofortige Entscheidung wegen Gefahr im Verzug oder im öffentlichen Interesse notwendig erscheint (Nr. 1), wenn durch die Anhörung die Einhaltung einer für die Entscheidung maßgeblichen Frist in Frage gestellt würde (Nr. 2), vor einer Entscheidung aufgrund eigener Angaben des Beteiligten (Nr. 3), bei dem Erlaß von Allgemeinverfügungen oder in Massenverfahren (Nr. 4), wenn einkommensabhängige Leistungen angepaßt werden sollen (Nr. 5) und vor Maßnahmen in der Verwaltungsvollstreckung (Nr. 6). Mit den Ausnahmetatbeständen hat der Gesetzgeber der Verwaltung ermöglicht, ihre in § 9 S. 2 SGB X[1] normierte Pflicht zu einfacher und zweckmäßiger Durchführung des Verwaltungsverfahrens zu erfüllen, indem er das Recht auf Anhörung einer Einschränkung zugänglich gemacht hat[2]. Dabei hat der Gesetzgeber dem Recht auf Anhörung gegenüber dem öffentlichen Interesse an effektivem Gesetzesvollzug[3] grundsätzlich den Vorrang eingeräumt.

Durch die Tatbestände der Nr. 1, 1. Alt. und 2 des § 24 Abs. 2 SGB X wird dem Umstand Rechnung getragen, daß ein durch die Anhörung eintretender Zeitverlust den Erfolg des Verwaltungsverfahrens vereiteln könnte. Auch die Nr. 6 dient dem Interesse an einer zweckmäßigen Durchführung des Verwaltungsverfahrens, da durch eine Anhörung der Beteiligte von der beabsichtigten Vollstreckung erfahren würde und Zeit hätte, sich ihr zu entziehen[4].

---

[1] Ebenso § 10 S. 2 VwVfG.

[2] Vgl. Schwarze, S. 585.

[3] Vgl. dazu Kopp, § 10 Rdnr. 9 f.

[4] H. M.: Hauck, in: Hauck/Haines, § 24 Rdnr. 18; Pickel, § 24 Anm. 4 f.; Schnapp, in: BochKomm, § 34 Rdnr. 21; Schellhorn, in: Burdenski/v. May-

Unter Nr. 3 und 5 sind die Interessen an einer einfachen und damit schnellen und ökonomischen Durchführung des Verwaltungsverfahrens dadurch verfolgt, daß eine Anhörung mangels anzuerkennender Interessen des Beteiligten unterbleiben kann, wenn dem Verwaltungsakt nur Tatsachen zugrundegelegt werden, die der Beteiligte selbst mitgeteilt hat oder die im Einzelfall unstreitig sind.

Die Nr. 4 der Ausnahmetatbestände trägt dem Umstand Rechnung, daß der Adressatenkreis einer Allgemeinverfügung unbestimmt sein kann[5] und daß bei Massenverfahren die Gefahr besteht, daß die Verwaltung durch eine große Zahl von Anhörungen zeitweilig „blockiert" werden könnte[6].

Bei Vorliegen der Ausnahmetatbestände *kann* die Behörde von einer Anhörung absehen, d. h., ihr ist hinsichtlich des Absehens von einer Anhörung Ermessen eingeräumt.

Gegen die Vereinbarkeit der Einschränkungsmöglichkeiten mit der Verfassung sind vereinzelt Bedenken geäußert worden[7]. Teilweise ist allein der Ausnahmetatbestand des § 24 Abs. 2 Nr. 4 SGB X unter verfassungsrechtlichen Gesichtspunkten als bedenklich angesehen worden[8]. Es wird dabei darauf hingewiesen, daß es zweifelhaft erscheint, ob das aus dem Rechtsstaatsprinzip folgende Anhörungsrecht aus Gründen der Verwaltungseffizienz eingeschränkt werden könne[9]. Außerdem wird z. T. ein Verstoß gegen das Willkürverbot des Art. 3 GG gerügt, da es zufällig sein könne, ob, wie in § 24 Abs. 2 Nr. 4, 2. Alt. SGB X vorausgesetzt, eine größere Anzahl gleichartiger Verwaltungsakte anfällt[10].

---

dell/Schellhorn, § 34 Rdnr. 39; Bley, in: SGB-SozVers-GesKomm, § 34 Anm. 16; Jahn, § 24 Rdnr. 3; für die entsprechende Nr. 5 des § 28 Abs. 2 VwVfG: Kopp, § 28 Rdnr. 51; Leonhardt, in: Stelkens/Bonk/Leonhardt, § 28 Rdnr. 32; Borgs, in: Meyer/Borgs, § 28 Rdnr. 27; Ule/Laubinger, § 24 II 1 5; vgl. auch BT-Drucks. 7/910, S. 52; zum entsprechenden § 91 Abs. 2 Nr. 5 AO: Söhn, in: Hübschmann/Hepp/Spitaler, § 91 Rdnr. 39; Tipke, in: Tipke/Kruse, § 91 Rdnr. 4; Kühn/Kutter, § 91 Anm. 3; Helsper, in: Koch, § 91 Rdnr. 10 — Casselmann, in: Koch/Hartmann, § 34 Rdnr. 19 hält eine Anhörung wegen des vorausgegangenen Verwaltungsverfahrens, in dem nach Anhörung der zu vollstreckende Verwaltungsakt ergangen ist, für entbehrlich; ähnlich auch VDR-Komm, § 24 Rdnr. 11.

[5] Vgl. Leonhardt, in: Stelkens/Bonk/Leonhardt, § 28 Rdnr. 28.

[6] Vgl. BT-Drucks. 6/1982, S. 133 sowie zu den Ausnahmen von der Anhörung Beteiligter auch Helsper, in: Koch, § 91 Rdnr. 9 ff. und Kühn/Kutter, § 91 Anm. 3.

[7] Vgl. Tipke, in: Tipke/Kruse, § 91 Rdnr. 1; für die Tatbestände der Nr. 2 und 4 auch Schnapp, in: BlStSozArbR 1980, S. 89; Kopp, § 28 Rdnr. 46 und 48.

[8] Thieme, in: Wannagat, § 34 Rdnr. 19; Häberle, in: Boorberg-FS, S. 71.

[9] Siehe Schnapp, in: BlStSozArbR 1980, S. 89; Tipke, in: Tipke/Kruse, § 91 Rdnr. 1; Häberle, in: Boorberg-FS, S. 71.

[10] Thieme, in: Wannagat, § 34 Rdnr. 19.

Es erscheint zunächst fraglich, ob die Anhörung Beteiligter im Verwaltungsverfahren durch das Rechtsstaatsprinzip ausnahmslos in jedem Einzelfall geboten ist. Der tragende Grund für das Anhörungsgebot ist, daß die Rechtssubjektivität des Beteiligten im rechtsstaatlichen Verwaltungsverfahren zu wahren ist. Das Rechtsstaatsprinzip fordert daher die Anhörung des Beteiligten als Institut[11]. Hiermit erscheint es grundsätzlich nicht unvereinbar, Ausnahmen von der Anhörung im Einzelfall zuzulassen.

Damit ergibt sich die weitere Frage, ob die mit den Einschränkungsmöglichkeiten des Abs. 2 des § 24 SGB X verfolgten Interessen berücksichtigt werden konnten. Wie oben festgestellt, sind bei den Ausnahmetatbeständen die Interessen an einem effektiven Gesetzesvollzug verfolgt worden. Bloße Verwaltungseffizienz kann jedoch eine Ausnahme noch nicht rechtfertigen. Das folgt daraus, daß die Verfassung effizienzneutral ist[12] und Effizienz daher für sich keinen Selbstwert darstellen kann. Im übrigen würde sie dann jeder Anhörung überhaupt entgegenstehen[13]. Bei den Ausnahmen können daher nur solche Interessen an der Verwaltungseffizienz Berücksichtigung finden, die über das allgemeine Interesse hinausgehen und dadurch das Interesse des Beteiligten an seiner Anhörung, dem der Gesetzgeber in § 24 Abs. 1 SGB X grundsätzlich den Vorrang gegeben hat, relativieren können[14].

Bei den in § 24 Abs. 2 SGB X ausgeführten Tatbeständen sind die öffentlichen Interessen an Verwaltungseffizienz berücksichtigt, soweit der Erfolg der Verwaltungstätigkeit durch eine Anhörung überhaupt in Frage gestellt werden kann (Nr. 1, 1. Alt., 2, 6) oder die Interessen des Beteiligten im Einzelfall als geringer anzusehen sind (Nr. 1, 2. Alt., 3, 5). In diesen Fällen weicht die Interessenlage von der dem Grundsatz des § 24 Abs. 1 SGB X zugrundeliegenden ab, indem die öffentlichen Interessen an Verwaltungseffizienz den Interessen des Beteiligten an seiner Anhörung überwiegen können. Es erscheint daher unbedenklich, wenn der Gesetzgeber in diesen besonderen Fällen ermöglicht, die Interessen an Verwaltungseffizienz mit den Interessen des Beteiligten abzuwägen, wobei dies von der Verwaltung bei der Ausübung ihres Ermessens im Einzelfall vorgenommen werden muß[15].

---

[11] Siehe oben 1. Kapitel unter C II 2.

[12] Leisner, S. 25; siehe auch Steinberg, S. 620 ff.; Schenke, S. 316 ff. und Degenhardt, S. 873 ff.

[13] Schnapp, in: SGb 1980, S. 180.

[14] Zur Effizienz als Relationsbegriff siehe Häberle, S. 296 ff. und Wahl, S. 159 ff.

[15] Vgl. Schnapp, in: SGb 1980, S. 180; Ossenbühl, S. 470; siehe auch Leisner, S. 15.

In § 24 Abs. 2 Nr. 4 SGB X wird das Interesse verfolgt, eine Verzögerung des Verwaltungsverfahrens aufgrund von Ermittlung ggf. unbestimmter Adressaten und zahlreicher Anhörungen zu verhindern. Auch hier liegt wie in den oben genannten Fällen eine Abweichung von der dem § 24 Abs. 1 SGB X zugrundeliegenden Interessenverteilung vor. Das öffentliche Interesse an effektivem Gesetzesvollzug besteht nicht nur daran, daß wie bei Nr. 1, 1. Alt., 2, 6 überhaupt erfolgreich oder wie bei Nr. 3, 5 möglichst einfach gehandelt wird. Effektivität hat auch eine zeitliche Dimension[16]. Die Aufgaben müssen von der Verwaltung auch in einem zeitlich vertretbaren Rahmen erfüllt werden. Dazu sind von ihr die sachlichen und personellen Mittel bereitzustellen, wozu bei der Bemessung auch die im Verwaltungsverfahren durchzuführenden Anhörungen zu berücksichtigen sind. Wenn aber aufgrund besonderer Umstände diese Kapazität ausnahmsweise erschöpft ist, kommt, da eine Kompensation durch Kapazitätssteigerung ebenfalls zeitaufwendig ist, es in Betracht, das öffentliche Interesse an zeitlich effektivem Gesetzesvollzug den Interessen des Beteiligten an seiner Anhörung durch die Möglichkeit eines Absehens von Anhörung im Einzelfall zur Abwägung gegenüberzustellen. Die dabei berücksichtigte Überlastungsgefahr stellt auch einen sachlichen Grund für eine Ungleichbehandlung von Beteiligten als Adressaten eines einzelnen Verwaltungsakts und in Massenverfahren dar, so daß die Regelung des § 24 Abs. 2 Nr. 4 SGB X auch nicht willkürlich i. S. d. Art. 3 GG erscheint.

Die Bedenken gegen die Verfassungsmäßigkeit der Einschränkungsmöglichkeiten des Abs. 2 oder speziell gegen die Einschränkungsmöglichkeiten des § 24 Abs. 2 Nr. 4 SGB X greifen nicht durch. Die Regelung des Abs. 2 steht mit der Verfassung im Einklang[17].

Nach Inkrafttreten der Regelung des § 24 SGB X war zunächst umstritten, ob die Aufzählung der Ausnahmetatbestände in § 24 Abs. 2 SGB X abschließend ist[18] oder durch Analogie ergänzt werden kann[19]. Das Bundessozialgericht[20] hat dann diesen Streit beendet, indem es entschieden hat, daß die Ausnahmetatbestände in Abs. 2 des § 24 SGB X enumerativ aufgeführt und einer Analogie nicht fähig sind[21]. Es konnte

---

16 Wahl, S. 163.

17 Vgl. Schenke, S. 321; siehe auch Isensee, S. 150 ff.

18 Schellhorn, in: Burdenski/v. Maydell/Schellhorn, § 34 Rdnr. 27; Dembowski/Schroeder-Printzen, § 34 Rdnr. 3.

19 Haines, S. 8; SG Dortmund vom 11. 2. 1977 — S 23 (25) BU 213/76 —.

20 BSGE 44, 207.

21 Heute h. M.: Schnapp, in: BochKomm, § 34 Rdnr. 15; Hauck, in: Hauck/Haines, § 24 Rdnr. 10; Grüner, § 24 Anm. IX 1; Pickel, § 24 Anm. 4; v. Wulffen, in: Schroeder-Printzen/Engelmann u. a., § 24 Anm. 7; Peters, § 34 Anm. 6; VDR-Komm, § 24 Rdnr. 11; Jahn, § 24 Rdnr. 3; Marburger, S. 174; Grünig, S. 35.

sich dabei auf den im Gesetzgebungsverfahren zum Ausdruck gekommenen Willen zu einer starken Ausgestaltung des Rechts auf Anhörung berufen, nach dem wegen des besonderen Abhängigkeitsverhältnisses im Sozialrecht nur eine enge Einschränkung erfolgen sollte[22].

Wenn im Einzelfall einer der in § 24 Abs. 2 SGB X vorgesehenen Ausnahmetatbestände vorliegt, *kann* von einer Anhörung abgesehen werden, d. h., es steht im Ermessen der zur Anhörung verpflichteten Stelle, ob sie eine Anhörung durchführt oder unterläßt. Es kommt aber auch in Betracht, daß anstelle der in § 24 Abs. 1 SGB X vor dem Erlaß eines Verwaltungsakts vorgesehenen Anhörung Beteiligter eine Anhörung mit einer verkürzten Anhörungsfrist durchgeführt wird[23]. Diese Anhörung ist für den Beteiligten günstiger als ein völliges Absehen von einer Anhörung. Das gleiche gilt für eine Anhörung des Beteiligten erst nach dem Erlaß eines Verwaltungsakts[24]. Da die Möglichkeit der Aufhebung des eingreifenden Verwaltungsakts besteht, stellt die nachträgliche Anhörung das mildere Mittel gegenüber dem Unterlassen einer Anhörung dar und ist als solche bei der Ausübung des Ermessens in die Erwägungen einzubeziehen. Eine nachträgliche Anhörung des Beteiligten kommt etwa dann in Betracht, wenn die vorherige Anhörung aus Gründen der Effektivität unterbleiben darf, wie etwa bei Gefahr im Verzug oder in der Verwaltungsvollstreckung.

Da bei Vorliegen eines der in § 24 Abs. 2 SGB X genannten Ausnahmetatbestände die Durchführung einer Anhörung im Ermessen der Behörde steht, ist die Anhörung nicht mehr zwingend vorgeschrieben. Das bedeutet nach herrschender Dogmatik[25], daß sich das Recht des Beteiligten in einem solchen Fall auf einen Anspruch auf fehlerfreie Ermessensausübung reduziert[26]. Kriterien für die fehlerfreie Ausübung des durch § 24 Abs. 2 SGB X eingeräumten Ermessens könnten sich aufgrund von § 39 Abs. 1 S. 1 SGB I ergeben. Nach dieser Vorschrift haben die Leistungsträger ein ihnen eingeräumtes Ermessen „entsprechend dem Zweck der Ermächtigung auszuüben und die gesetzlichen Grenzen des Ermessens einzuhalten“[27].

---

[22] BT-Drucks. 7/3786, S. 5. — Aus diesem Grund ist von einer Generalklausel, wie sie jetzt § 28 Abs. 2 VwVfG und § 91 Abs. 2 AO enthalten (siehe dazu im folgenden unter II), abgesehen worden.

[23] Vgl. Kopp, § 28 Rdnr. 35 und BVerwGE 68, 267 (272).

[24] Vgl. Schnapp, in: BochKomm, § 34 Rdnr. 17; Kopp, § 28 Rdnr. 37 und Clausen, in: Knack, § 28 Rdnr. 4.1, die hinsichtlich des Verwaltungsakts insofern von einer einstweiligen Regelung sprechen.

[25] Siehe oben 1. Kapitel unter C IV.

[26] Im Ergebnis ebenso: Bley, in: SGB-SozVers-GesKomm, § 34 Anm. 10; Peters, § 34 Anm. 6; Wolber, in: SozVers 1976, S. 88.

[27] Bei Anwendung des § 39 SGB I ergibt sich ein Anspruch auf fehlerfreie Ermessensausübung hier auch schon aus § 39 Abs. 1 S. 2 SGB I.

II. Anwendung des § 39 SGB I

Gegen eine Anwendung des § 39 SGB I auf das in § 24 Abs. 2 SGB X eingeräumte Ermessen könnte der sich nach seinem Standort ergebende Anwendungsbereich sprechen. § 39 SGB I steht unter der Überschrift „Grundsätze des Leistungsrechts" im 2. Teil des 3. Abschnitts des Art. I SGB I. Demnach könnte nur eine Ermessensausübung bei einer materiellen Entscheidung über Sozialleistungen in den Anwendungsbereich dieser Vorschrift fallen, nicht hingegen eine wie in § 24 Abs. 2 SGB X vorgesehene verfahrensrechtliche Ermessensausübung. Der Wortlaut des § 39 Abs. 1 S. 1 SGB I spricht jedoch von der Ausübung des Ermessens „*bei* der Entscheidung über Sozialleistungen". Daher ist die Anwendung der Vorschrift auf eine verfahrensrechtliche Ermessensausübung dann nicht ausgeschlossen, wenn diese in einem Verwaltungsverfahren zur Entscheidung über Sozialleistungen erfolgt[28].

Auf der Grundlage dieses Verständnisses ist § 39 SGB I bei einer verfahrensrechtlichen Ermessensausübung in anderen Verwaltungsverfahren, insbesondere außerhalb des Sozialleistungsbereichs, wie etwa in Verwaltungsverfahren, die von einer Kassenärztlichen Vereinigung durchgeführt werden, jedoch nicht anwendbar. Zwar kann sich nach der Rechtsprechung des Bundessozialgerichts der Anwendungsbereich einer Norm des 3. Abschnitts des Art. I SGB I, der die Überschrift „Gemeinsame Grundsätze für alle Sozialleistungsbereiche" trägt, auch über den Sozialleistungsbereich hinaus erstrecken[29]. Voraussetzung ist danach jedoch, daß ein Zusammenhang mit einem Sozialleistungsbereich besteht und die Vorschrift nicht ausdrücklich oder sinngemäß auf Leistungsträger beschränkt ist. Da § 39 SGB I aber vom Wortlaut auf Leistungsträger beschränkt ist, findet die Vorschrift daher nur im Sozialleistungsbereich Anwendung und auch dort nur im Verwaltungsverfahren zur Entscheidung über Sozialleistungen. Nur in einem solchen Verfahren ist das in § 24 Abs. 2 SGB X eingeräumte Ermessen anhand des § 39 SGB I auszuüben.

Da für andere Verfahren, in denen Ermessen auszuüben ist, eine dem § 39 SGB I entsprechende Regelung fehlt, besteht insofern eine Gesetzeslücke[30]. § 39 SGB I könnte in anderen Verfahren analog anwendbar sein, wenn diese Gesetzeslücke planwidrig ist[31]. Das ist dann der

---

[28] Wertenbruch, in: BochKomm, § 39 Rdnr. 16.

[29] BSG, in: SozR 1200 § 34 Nr. 8, S. 35.

[30] Zu diesem Begriff Larenz, S. 354 ff. Daß insofern keine „Rechtslücke" besteht, als sich Regeln für die Ermessensausübung auch aus dem Rechtsstaatsprinzip ergeben können, steht dem Vorliegen einer Gesetzeslücke nicht entgegen; vgl. Larenz, S. 360 f.

[31] Zur planwidrigen Gesetzeslücke als Voraussetzung einer Analogie, Larenz, S. 354 ff., S. 365 ff.

Fall, wenn die getroffene Regelung auch in anderen Verfahren gelten soll. Durch das 10. Buch des Sozialgesetzbuches sollte als „dritte Säule das Sozialrechts“ das Verwaltungsverfahren in einer den Besonderheiten des Sozialrechts angemessenen Weise geschaffen werden[32]. Dabei sollten die verwaltungsverfahrensrechtlichen Regelungen der Abgabenordnung und des Verwaltungsverfahrensgesetzes soweit wie möglich übernommen werden[33]. In § 40 VwVfG und in § 5 AO finden sich Regelungen über die Ermessensausübung, die mit § 39 SGB I weitgehend übereinstimmen. Eine entsprechende Vorschrift ist in das 10., das Verwaltungsverfahren betreffende Buch des Sozialgesetzbuches nicht übernommen worden. Da sich kein Hinweis findet, daß eine entsprechende Regelung im Sozialrecht nicht wie im Anwendungsbereich des Verwaltungsverfahrensgesetzes und der Abgabenordnung allgemein gelten solle, liegt es nahe anzunehmen, daß in § 39 SGB I eine Regelung gesetzt wurde, welche die Ermessensausübung allgemein für den Bereich des Sozialgesetzbuches regelt. Aus der Grundtendenz, ein einheitliches Verwaltungsverfahren zu schaffen, folgt daher, daß, soweit § 39 SGB I keine Anwendung findet, eine planwidrige Gesetzeslücke besteht. Diese ist durch Analogie zu schließen. Der § 39 SGB I gilt deshalb direkt oder analog für die Ausübung des in § 24 Abs. 2 SGB X eingeräumten Ermessens.

Nach § 39 Abs. 1 S. 1 SGB I ist das Ermessen zweckentsprechend innerhalb seiner gesetzlichen Grenzen auszuüben. D. h., es gilt das Verbot des Ermessensmißbrauchs und das Verbot der Ermessensunterschreitung bzw. -überschreitung[34]. Das Verbot der Ermessensunterschreitung besagt, daß die Verwaltung ein ihr eingeräumtes Ermessen auch ausüben muß. Ein Verstoß gegen dieses Verbot liegt daher vor, wenn die Behörde davon ausgeht, daß sie gebunden ist, sich z. B. bei Vorliegen eines Ausnahmetatbestandes nach § 24 Abs. 2 SGB X zu einem Absehen von einer Anhörung für verpflichtet hält. Die Verwaltung darf die gesetzlichen Grenzen des Ermessens aber auch nicht überschreiten, d. h., sie darf keine gesetzlich nicht zugelassene Maßnahme treffen[35]. Eine nachträgliche Anhörung, die in § 24 SGB X nicht ausdrücklich vorgesehen ist, wird vom Verbot der Ermessensüberschreitung jedoch nicht erfaßt, da sie sich als ein Minus gegenüber der Anhörung darstellt und damit innerhalb der gesetzlich zugelassenen Maßnahmen der Anhörung und eines Absehens von Anhörung liegt.

Die Verwaltung hat das Ermessen weiterhin dem Zweck der Ermächtigung entsprechend zu betätigen, d. h., sie darf es nicht mißbrauchen,

---

32 BT-Drucks. 8/2034, S. 29; dazu Wertenbruch, in: v. Münch, S. 395 f.
33 BT-Drucks. 8/2034, S. 29.
34 Dazu Erichsen/Martens, in: Erichsen/Martens, § 12 II 2 c aa und bb.
35 Vgl. auch § 31 SGB I.

indem sie sich von unsachlichen und nicht zweckgerechten Erwägungen leiten läßt. Z. B. darf sich der jeweilige Sachbearbeiter nicht von persönlichen Motiven beeinflussen lassen. Er darf auch das Vorliegen eines Ausnahmetatbestandes nicht nur zum Anlaß nehmen, den Beteiligten durch ein Absehen von Anhörung auf den Rechtsschutz zu verweisen in der Hoffnung, daß der Beteiligte gegen eine einmal getroffene Maßnahme nicht mehr vorgehen wird.

Bei der Ausübung des Ermessens ist auch das sich aus dem Rechtsstaatsprinzip ergebende Übermaßverbot[36] zu beachten. Danach muß das Absehen von einer Anhörung nach § 24 Abs. 2 SGB X geeignet, erforderlich und verhältnismäßig sein[37]. Da eine Maßnahme nur dann geeignet ist, wenn sie dazu dient, den gewünschten Erfolg zu fördern, kann etwa ein Absehen von einer Anhörung bei einer Maßnahme in der Verwaltungsvollstreckung (§ 24 Abs. 2 Nr. 6 SGB X) dann ungeeignet sein, wenn der Beteiligte nicht die Möglichkeit hat, sich der Vollstreckung zu entziehen. In diesem Fall kann die Effektivität des Verwaltungshandelns durch die Ausnahme nicht gefördert werden[38]. Ein Absehen von einer Anhörung ist nur dann erforderlich, wenn nicht eine gleichermaßen geeignete Maßnahme den Beteiligten geringer belasten würde. So kann etwa, wenn ein Absehen von Anhörung und eine nachträgliche Anhörung gleichermaßen geeignet sind, z. B. bei Gefahr im Verzug (§ 24 Abs. 2 Nr. 1 SGB X) oder in der Verwaltungsvollstreckung, nur ein Absehen von einer vorherigen Anhörung erforderlich sein[39]. Schließlich muß ein Unterlassen der Anhörung auch verhältnismäßig sein, d. h., der damit verfolgte Zweck darf nicht außer Verhältnis zu der mit einem Absehen von Anhörung verbundenen Belastung für den Betroffenen stehen. So kann es etwa unverhältnismäßig sein, wenn in einem Massenverfahren (§ 24 Abs. 2 Nr. 4 SGB X), das zu schwerwiegenden Eingriffen in die Rechte des Beteiligten führt, diesem vor der Entscheidung keine Gelegenheit zur Äußerung gegeben wird.

In diesem Zusammenhang ist auch zu erwähnen, daß das Ermessen im Einzelfall auf nur eine rechtmäßige Entscheidung reduziert sein kann[40], etwa wenn in einem Massenverfahren die Durchführung der

[36] Siehe dazu oben, 3. Kapitel unter B I.

[37] Vgl. Kopp, § 28 Rdnr. 32.

[38] Im Ergebnis ebenso zum entsprechenden § 28 Abs. 2 Nr. 5 VwVfG: Clausen, in: Knack, § 28 Rdnr. 4.5; Borgs, in: Meyer/Borgs, § 28 Rdnr. 27; Kopp, § 28 Rdnr. 55; Ule/Laubinger, § 24 II 1 5; zum entsprechenden § 91 Abs. 2 Nr. 5 AO: Tipke, in: Tipke/Kruse, § 91 Rdnr. 4.

[39] Zur Anhörung mit verkürzter Anhörungsfrist siehe in diesem Kapitel unter A I.

[40] Wolff/Bachof, VwR I, § 31 II e 2; Erichsen/Martens, in: Erichsen/Martens, § 12 II 2 c cc jeweils m. w. N.

Anhörung die Verwaltung derart belasten würde, daß sie andere Aufgaben zeitweilig nicht mehr wahrnehmen könnte.

Schließlich ist noch darauf hinzuweisen, daß die Verwaltung sich durch gleichmäßige Ermessensausübung binden kann, so daß sie aufgrund des Gleichheitssatzes (Art. 3 GG) nicht ohne sachlichen Grund von ihrer bisherigen Praxis abweichen kann[41]. Wenn die Verwaltung beispielsweise vor einer Entscheidung aufgrund eigener Angaben des Beteiligten (§ 24 Abs. 2 Nr. 3 SGB X) oder vor der Anpassung einkommensabhängiger Leistungen (§ 24 Abs. 2 Nr. 5 SGB X) ihr Ermessen stets dahin ausgeübt hat, daß eine Anhörung durchzuführen ist, so kann sie in einem gleichgelagerten Fall ohne hinreichenden Grund nicht davon abweichen[42].

III. Die abweichende Regelung der Ausnahmen bei der Anhörung Beteiligter nach § 28 VwVfG und § 91 AO

Im Gegensatz zu § 24 Abs. 2 SGB X ist die Aufzählung der Ausnahmetatbestände in § 28 Abs. 2 VwVfG und § 91 Abs. 2 AO nicht abschließend. Während in § 24 Abs. 2 SGB X eine Generalklausel bewußt nicht aufgenommen wurde[43], enthalten die Abs. 2 der §§ 28 VwVfG und 91 AO die Generalklausel, daß von einer Anhörung abgesehen werden kann, „wenn sie nach den Umständen des Einzelfalls nicht geboten ist". Unter Nr. 1—5 werden dann Tatbestände aufgeführt, bei denen „insbesondere" eine Anhörung nicht geboten ist. Daraus folgt einerseits, daß die Aufzählung der Ausnahmetatbestände nicht abschließend ist, andererseits, daß nur bei Vorliegen von Fällen, die den genannten Ausnahmen vergleichbar sind, von einer Anhörung abgesehen werden kann[44].

Die Ausnahmetatbestände der Nr. 1—3 stimmen in § 24 Abs. 2 SGB X, § 28 Abs. 2 VwVfG und § 91 Abs. 2 AO überein. In der Regelung der Nr. 4 der Abs. 2 von § 28 VwVfG und § 91 AO ist über die auch § 24 Abs. 2 Nr. 4 SGB X enthaltenen Tatbestände des Erlasses einer Allgemeinverfügung und von gleichartigen Verwaltungsakten in größerer

---

[41] Erichsen/Martens, in: Erichsen/Martens, § 12 II 2 c bb.

[42] Nach Mandelartz, S. 113 ff. und OVG Münster, in: NVwZ 1982, S. 326 hat die Behörde ggf. in der Begründung des Verwaltungsakts mitzuteilen, warum sie von einer Anhörung abgesehen hat, insbesondere auch die Gesichtspunkte, von denen sie bei der Ausübung des Ermessens ausgegangen ist. Für eine derartige Pflicht fehlt jedoch eine gesetzliche Grundlage, insbesondere ergibt sie sich nicht aus der Begründungspflicht nach § 35 SGB X (entsprechend § 39 VwVfG, § 121 AO).

[43] BT-Drucks. 7/3786, S. 5.

[44] Zu § 28 VwVfG: Kopp, § 28 Rdnr. 31; Clausen, in: Knack, § 28 Rdnr. 4; Borgs, in: Meyer/Borgs, § 28 Rdnr. 20; zu § 91 AO: Helsper, in: Koch, § 91 Rdnr. 6.

Anzahl hinaus auch der Fall erfaßt, das Verwaltungsakte mit Hilfe automatischer Einrichtungen erlassen werden sollen. Der Tatbestand der Anpassung einkommensabhängiger Leistungen (§ 24 Abs. 2 Nr. 5 SGB X) findet in § 28 Abs. 2 VwVfG und § 91 Abs. 2 AO keine Entsprechung. Die Nr. 6 des § 24 Abs. 2 SGB X stimmt mit Nr. 5 der §§ 28 Abs. 2 VwVfG und 91 Abs. 2 AO überein.

Im Unterschied zu § 24 SGB X enthalten § 28 VwVfG und § 91 AO einen Abs. 3. Er bestimmt, daß „eine Anhörung unterbleibt, wenn ihr ein zwingendes öffentliches Interesse entgegensteht". Hieraus ergibt sich jedoch gegenüber § 24 SGB X keine materiell andere Regelung des Rechts auf Anhörung, da es sich bei dieser zwingend vorgeschriebenen Ausnahme dogmatisch um einen gesetzlich geregelten Fall der Ermessensreduktion auf Null handelt und das gleiche Ergebnis auch ohne ausdrückliche Regelung zu erzielen ist[45].

Von einer Anhörung Beteiligter nach § 28 VwVfG kann in Verteidigungsangelegenheiten gemäß § 95 VwVfG bei Vorliegen des Verteidigungs- oder Spannungsfalls abgesehen werden. Weiterhin besteht aufgrund von § 2 Abs. 3 Nr. 2 VwVfG in Prüfungsverfahren kein Recht auf Anhörung nach § 28 VwVfG.

B. Ausnahmetatbestände

I. Notwendigkeit einer sofortigen Entscheidung

Nach § 24 Abs. 2 Nr. 1 SGB X kann von der Anhörung Beteiligter unter der Voraussetzung abgesehen werden, daß eine sofortige Entscheidung wegen Gefahr im Verzug oder im öffentlichen Interesse notwendig erscheint.

1. Gefahr im Verzug

Der Tatbestand der 1. Alternative der Ausnahmeregelung des § 24 Abs. 2 Nr. 1 SGB X setzt voraus, daß eine sofortige Entscheidung wegen Gefahr im Verzug notwendig erscheint. Die Wendung „Gefahr im Verzug", die sich in den verschiedensten gesetzlichen Zusammenhängen findet[46], bedeutet stets, daß ein Schaden wahrscheinlich eintritt, wenn nicht ohne Zeitverlust eine Maßnahme durchgeführt wird, oder mit anderen Worten der Erfolg einer Maßnahme gefährdet ist, wenn sie

---

[45] Vgl. in diesem Kapitel unter A I.

[46] Außer in § 1 Abs. 4 SGB X, § 3 Abs. 4 VwVfG, § 29 AO z. B. auch in Art. 13 Abs. 2 GG, §§ 91 Abs. 1, 105 Abs. 1 StPO, sowie im Polizei- und Ordnungsrecht etwa in § 18 Abs. 1 POG NW, § 6 Abs. 1 OBG NW und § 20 Abs. 1 PolG NW.

nicht ohne Verzug durchgeführt wird[47]. Um die mit einem Zeitverlust verbundene Gefahr für den Erfolg einer Maßnahme zu beseitigen, ist wegen Gefahr im Verzug stets eine Eilentscheidung notwendig[48].

In § 24 Abs. 2 Nr. 1, 1. Alt. SGB X ist vorausgesetzt, daß eine Eilentscheidung notwendig „erscheint". Das bedeutet einerseits, daß eine sofortige Entscheidung objektiv nicht notwendig sein muß. Andererseits kann es aber auch nicht allein auf die subjektive Vorstellung des jeweiligen Normanwenders im Einzelfall ankommen[49], da damit letztlich das Recht des Beteiligten auf Anhörung in das Belieben des Normanwenders gestellt würde. Daß eine Eilentscheidung notwendig „erscheint", ist daher dann anzunehmen, wenn die Eilentscheidung nach objektiver Betrachtung der dem Normanwender zum Entscheidungszeitpunkt zugänglichen Informationen notwendig ist[50]. Also reicht es zur Erfüllung des Tatbestandes der Nr. 1, 1. Alt. auch aus, wenn statt einer Gefahr im Verzug nur eine „Anscheinsgefahr"[51] vorliegt[52].

Im Sozialrecht dürfte der Ausnahmetatbestand des § 24 Abs. 2 Nr. 1, 1. Alt. SGB X wohl nur selten vorliegen[53]. Beispiele für das Vorliegen des Ausnahmetatbestandes ergeben sich etwa nach § 714 Abs. 1 S. 5 RVO, wenn die zuständigen technischen Aufsichtsbeamten bei Gefahr im Verzug sofort vollziehbare Anordnungen zur Beseitigung von Unfallgefahren treffen oder wenn das Jugendamt bei Gefahr im Verzug nach § 33 Abs. 1 S. 1 JWG entscheidet, das Pflegekind sofort aus der Pflegestelle zu entfernen und vorläufig anderweitig unterzubringen[54].

Besteht im Einzelfall einmal die Gefahr im Verzug darin, daß durch den mit der Anhörung verbundenen Zeitverlust die Einhaltung einer

---

[47] Vgl. z. B. BVerfGE 51, 97 (111); Schnapp, in: BochKomm, § 34 Rdnr. 16; Hauck, in: Hauck/Haines, § 24 Rdnr. 11; Thieme, in: Wannagat, § 34 Rdnr. 13; Grüner, § 24 Anm. IX 2; Bley, in: SGB-SozVers-GesKomm, § 34 Anm. 11 a bb; Söhn, in: Hübschmann/Hepp/Spitaler, § 91 Rdnr. 29; Kopp, § 3 Rdnr. 46; Meyer, in: Löwe/Rosenberg, § 98 Rdnr. 17; Vogel, in: Drews/Wacke/Vogel/Martens, § 4 5 c; Finkelnburg, in: Finkelnburg/Lässig, § 3 Rdnr. 57 — siehe auch BVerwGE 68, 267 (271 f.).

[48] Vgl. Pickel, § 24 Anm. 4 a; Kopp, § 28 Rdnr. 34; Leonhardt, in: Stelkens/Bonk/Leonhardt, § 28 Rdnr. 23; Clausen, in: Knack, § 28 Rdnr. 4.1; Söhn, in: Hübschmann/Hepp/Spitaler, § 91 Rdnr. 29.

[49] Dahingehend Bley, in: SGB-SozVers-GesKomm, § 34 Anm. 11 e.

[50] Vgl. Grüner, § 24 Anm. IX 2; v. Wulffen, in: Schroeder-Printzen/Engelmann u. a., § 24 Anm. 89; Schnapp, in: BochKomm, § 34 Rdnr. 16; Thieme, in: Wannagat, § 34 Rdnr. 13 — siehe auch BVerwGE 68, 267 (271).

[51] Siehe dazu Hoffmann-Riem, S. 327 ff.

[52] Grüner, § 24 Anm. IX 2; zu § 28 VwVfG: Kopp, § 28 Rdnr. 36; zu § 91 AO: Söhn, in: Hübschmann/Hepp/Spitaler, § 91 Rdnr. 29.

[53] Ebenso Hauck, in: Hauck/Haines, § 24 Rdnr. 11; vgl. auch VDR-Komm, § 24 Rdnr. 11; Casselmann, in: Koch/Hartmann, § 34 Rdnr. 11 und zu § 91 AO: Tipke, in: Tipke/Kruse, § 91 Rdnr. 4; Orlopp, in: Klein/Orlopp, § 91 Anm. 5 a.

[54] Siehe dazu auch bei Potrykus, § 33 Anm. 3.

maßgeblichen Frist in Frage gestellt wird, so ist die Anwendung des § 24 Abs. 2 Nr. 1, 1. Alt. SGB X durch die speziellere Regelung der Nr. 2 des § 24 Abs. 2 SGB X ausgeschlossen[55].

Bei Vorliegen des Ausnahmetatbestandes im Einzelfall *kann* die Behörde von einer Anhörung absehen. D. h., sie muß das ihr eingeräumte Ermessen betätigen und entscheiden, ob sie von der Anhörung absehen will. Dabei hat sie, wie eingangs[56] gezeigt, auch das Übermaßverbot zu beachten[57]. Wenn eine Eilentscheidung notwendig erscheint, stellt das Absehen von einer vorherigen Anhörung stets ein geeignetes und erforderliches Mittel zur Beseitigung der Gefahr dar. Das Absehen von der Anhörung muß auch verhältnismäßig sein. Das bedeutet, daß im Einzelfall die Interessen der Verwaltung, die an einer *Eil*entscheidung bestehen, gegen die Interessen des Beteiligten an einer Anhörung abzuwägen sind.

Bei der Abwägung könnte es zu Lasten der Verwaltung ins Gewicht fallen, wenn sie die Eilbedürftigkeit durch Zögern selbst herbeigeführt hat. Soweit Äußerungen zu der Frage vorliegen, wird eine Pflicht zur Berücksichtigung dieses Umstandes noch nicht angenommen; erst wenn die Behörde die eilbedürftige Lage in der Absicht, die Anhörung zu vermeiden, selbst herbeigeführt hat, soll dies die Anwendung der Ausnahmevorschrift ausschließen[58]. Dem kann jedoch nicht zugestimmt werden. Für eine Berücksichtigung kommt es vielmehr allein darauf an, ob die eilbedürftige Lage durch ein Verwaltungshandeln oder -unterlassen geschaffen wurde. Auf eine Absicht der Behörde kommt es dabei nicht an. Der durch Art. 20 Abs. 3 GG an das Gesetz gebundenen Verwaltung ist es nicht gestattet, von der gesetzgeberischen Entscheidung, daß unter den Voraussetzungen des § 24 Abs. 1 SGB X grundsätzlich anzuhören ist, abzuweichen, indem sie selbst die Voraussetzungen eines Ausnahmetatbestandes schafft. Dabei ist der Verwaltung jeder Grund für die Eilbedürftigkeit zuzurechnen, der in ihren Verantwortungsbereich fällt. Der Umstand ist zu Lasten der Behörde von ihr bei der Ausübung des Ermessens im Rahmen der Verhältnismäßigkeit zu berücksichtigen. Dabei fällt ein Herbeiführen der Eilbedürftigkeit um so mehr ins Gewicht, je mehr Bedingungen von der Behörde gesetzt wurden; je geringer, je mehr andere Faktoren mitbestimmend waren.

---

[55] Ebenso Behn, S. 262; zu § 28 VwVfG: Kopp, § 28 Rdnr. 36; zu § 91 AO: Söhn, in: Hübschmann/Hepp/Spitaler, § 91 Rdnr. 29 und 31.

[56] Siehe oben 4. Kapitel unter A II.

[57] Siehe auch Grüner, § 24 Anm. IX 2.

[58] Nach Grüner, § 24 Anm. IX 2 folgt dies aus den „Grundsätzen von Treu und Glauben"; siehe auch bei Kopp, § 28 Rdnr. 36 und Clausen, in: Knack, § 28 Rdnr. 4.1.

2. *Öffentliche Interessen*

Die 2. Alternative des § 24 Abs. 2 Nr. 1 SGB X setzt voraus, daß eine sofortige Entscheidung im öffentlichen Interesse notwendig erscheint. Der Begriff des öffentlichen Interesses, oder mit anderen Worten des Gemeinwohls, ist nicht definierbar. Öffentliche und private Interessen können klassifikatorisch nicht unterschieden werden[59]. Vielmehr ist das Gemeinwohl dazu bestimmt, der Personalität seiner Glieder Rechnung zu tragen und ihnen zu ermöglichen, sich zu entfalten[60]. Typisierend können zwar lediglich öffentliche Interessen von lediglich privaten Interessen dadurch unterschieden werden, ob ein Interesse ausschließlich individuelle oder überindividuelle Ziele verfolgt[61]. Häufig verfolgt ein Interesse jedoch beide Ziele gleichermaßen und kann daher weder eindeutig als öffentliches noch als privates bezeichnet werden. Auch das Interesse an der Anhörung Beteiligter verfolgt nicht nur das Ziel, dem einzelnen Rechtssubjekt die Wahrung seiner Rechte zu ermöglichen, sondern auch ein rechtsstaatliches Verwaltungsverfahren durchzuführen.

Um den Gesetzesbegriff einer Anwendung zugänglich zu machen, werden als öffentliche Interessen die gemeinsamen Interessen der Mehrheit der Staatsbürger aufgefaßt[62]. Demnach stellen nur rein individuelle Interessen keine öffentlichen Interessen dar. Öffentliche Interessen bestehen etwa an der Geheimhaltung von Tatsachen, deren Bekanntgabe die Allgemeinheit gefährden könnte. Die öffentlichen Interessen sind weitgehend durch Rechtsnormen geschützt, die zur Auslegung heranzuziehen sind. Als Beispiel sei hier § 1 SGB I genannt, der die Aufgabe des Sozialgesetzbuches umschreibt. Sind im Einzelfall die gemeinsamen Interessen aus den Bedürfnissen der Staatsbürger zu ermitteln, so kann auch nur auf die gemeinsamen Interessen bestimmter Staatsbürger als interessierter und repräsentierender Teil abzustellen sein[63], etwa auf die sozialversicherungspflichtige Bevölkerung.

Da § 24 Abs. 2 Nr. 1, 2. Alt. SGB X voraussetzt, daß eine „sofortige Entscheidung" im öffentlichen Interesse notwendig ist, kann nach h. M.[64] nur bei der Notwendigkeit einer „schnellen" Entscheidung aufgrund dieser Ausnahmeregelung von einer Anhörung abgesehen werden. Der Wortlaut der Vorschrift läßt jedoch auch zu, unter einer sofortigen Ent-

---

59 Wolff/Bachof, VwR I, § 22 II a 6; Erichsen, S. 18.

60 Wertenbruch, Grundgesetz und Menschenwürde, S. 207.

61 Wolff/Bachof, VwR I, § 22 II a 6.

62 Martens, S. 193 und Thieme, in: Wannagat, § 34 Rdnr. 14 m. w. N.

63 Vgl. Martens, S. 193, 197.

64 Schnapp, in: BochKomm, § 34 Rdnr. 16; Bley, in: SGB-SozVers-GesKomm, § 34 Anm. 11 a; Casselmann, in: Koch/Hartmann, § 34 Rdnr. 12; v. Wulffen, in: Schroeder-Printzen/Engelmann u. a., § 24 Anm. 8.

scheidung eine Entscheidung ohne vorherige Anhörung[65], d. h. sofort nach Abschluß der Tatbestandsermittlung und Entscheidungsbildung, zu verstehen.

Wird unter einer sofortigen Entscheidung i. S. d. § 24 Abs. 2 Nr. 1 SGB X nur eine schnelle Entscheidung verstanden, so kann diese im öffentlichen Interesse nur dann notwendig erscheinen, wenn durch sie der Eintritt eines Schadens für die öffentlichen Interessen wegen Zeitverlusts vermieden wird. Damit lägen aber immer zugleich auch die Voraussetzungen einer sofortigen Entscheidung wegen Gefahr im Verzug, also einer Eilentscheidung vor. Daher hätte die 2. Alternative neben der 1. Alternative des § 24 Abs. 2 Nr. 1 SGB X keine selbständige Bedeutung mehr. Der Tatbestand der 2. Alternative kann nur dann allein zur Anwendung kommen, wenn unter einer sofortigen Entscheidung eine Entscheidung ohne Anhörung verstanden wird. Er erfaßt dann den Fall, daß eine Entscheidung, bei der das Zeitmoment keine Rolle spielt, im öffentlichen Interesse ohne Anhörung notwendig erscheint. Beispiele können Entscheidungen sein, bei denen ein öffentliches Interesse an der Geheimhaltung von Tatsachen besteht oder der Erfolg vom Überraschungsmoment abhängt. Aus systematischen Überlegungen ist entgegen der h. M. davon auszugehen, daß eine sofortige Entscheidung i. S. d. § 24 Abs. 2 Nr. 1 SGB X nicht nur eine Eilentscheidung, sondern jede Entscheidung ohne Anhörung ist. Diese Auslegung steht auch im Einklang mit der im Gesetzgebungsverfahren zum Ausdruck gelangten Regelungsabsicht:

Beim Entwurf der Ausnahmeregelung des § 24 Abs. 2 Nr. 1 SGB X haben sich die Verfasser von § 80 Abs. 2 Nr. 4 VwGO leiten lassen[66]. Nach dieser Vorschrift kann die Behörde die sofortige Vollziehung eines Verwaltungsakts im öffentlichen Interesse sowie bei Gefahr im Verzug[67] anordnen. Dadurch tritt dann aufgrund eines Widerspruchs oder einer Anfechtungsklage keine aufschiebende Wirkung nach § 80 Abs. 1 VwGO ein. Die Regelung des § 24 Abs. 2 Nr. 1 SGB X wird von den Verfassern des Entwurfs damit begründet, daß, wenn die Behörde im öffentlichen Interesse oder bei Gefahr im Verzug nach § 80 Abs. 2 Nr. 4 VwGO sogar die aufschiebende Wirkung eines Rechtsbehelfs beseitigen könne, sie erst recht auch den Verwaltungsakt ohne Anhörung erlassen können muß[68]. Wenn nach der Begründung die Regelung des § 24 Abs. 2

[65] So zu § 28 VwVfG: Kopp, § 28 Rdnr. 40; Clausen, in: Knack, § 28 Rdnr. 4.1; zu § 91 AO: Söhn, in: Hübschmann/Hepp/Spitaler, § 91 Rdnr. 30.

[66] Schon Begründung zu § 21 Abs. 2 Nr. 1 MEVwVfG sowie BT-Drucks. 6/1178, S. 42 und BT-Drucks. 7/910, S. 51 — dazu Bley, in: SGB-SozVers-Ges-Komm, § 34 Anm. 11 a.

[67] Vgl. § 80 Abs. 3 VwGO.

[68] Begründung zu § 21 Abs. 2 Nr. 1 MEVwVfG, ähnlich BT-Drucks. 6/1178, S. 42 und BT-Drucks. 7/910, S. 51.

Nr. 1 SGB X der Regelung des § 80 Abs. 2 Nr. 4 VwGO entsprechen soll, so muß sie auch die Fälle erfassen, in denen eine Maßnahme nicht nur wegen Gefahr im Verzug, sondern schlechthin im öffentlichen Interesse ohne Anhörurng notwendig erscheint. Auch § 80 Abs. 2 Nr. 4 VwGO gestattet die Beseitigung der aufschiebenden Wirkung nicht nur dann, wenn eine Gefahrenlage keinen Aufschub duldet[69], sondern auch, wenn ein öffentliches Interesse an einem Vollzug ohne die Möglichkeit des Suspensiveffekts besteht. Das ist etwa der Fall, wenn die aufschiebende Wirkung offensichtlich mißbräuchlich in Anspruch genommen wird[70] oder wenn ein Exempel statuiert werden soll[71]. Bedeutet also die „sofortige Vollziehung" in § 80 Abs. 2 Nr. 4 VwGO nicht nur „Eilvollzug", sondern Vollzug ohne daß aufschiebende Wirkung eintreten kann, so ist entsprechend unter einer „sofortigen Entscheidung" in § 24 Abs. 2 Nr. 1 SGB X eine Entscheidung ohne Anhörung zu verstehen.

Gegen die weite Auslegung des Rechtsbegriffs der „sofortigen Entscheidung" in § 24 Abs. 2 Nr. 1 SGB X i. S. einer Entscheidung ohne Anhörung könnte der Zweck des § 24 Abs. 2 SGB X sprechen, die Ausnahmen von der Anhörung Beteiligter vor dem Erlaß eines Verwaltungsakts eng zu umgrenzen[72]. Wenn durch die dort genannten Ausnahmen die öffentlichen Interessen an einem Absehen von einer Anhörung berücksichtigt sind, so könnte es dem widersprechen, wenn darüber hinaus „im öffentlichen Interesse" ein Unterlassen der Anhörung ermöglicht wird[73].

Bei einer weiten Auslegung der „sofortigen Entscheidung" besteht zwar durch die 2. Alternative des § 24 Abs. 2 Nr. 1 SGB X eine Ausnahme in der Form einer Generalklausel[74]. Wenn bei der Anwendung dieser Generalklausel die gesetzgeberische Absicht, Ausnahmen nur in engen Grenzen zuzulassen, berücksichtigt wird, fordert das Normprogramm des § 24 SGB X jedoch nicht, daß § 24 Abs. 2 Nr. 1, 2. Alt. SGB X zur Bedeutungslosigkeit verdammt wird, indem unter einer sofortigen Entscheidung wie in der 1. Alternative nur eine Eilentscheidung verstanden wird.

---

69 Siehe bei Finkelnburg, Rdnr. 403 m. w. N.

70 OVG Berlin, in: NJW 1968, S. 1491.

71 Siehe bei Kopp, VwGO, § 80 Rdnr. 55 m. w. N.; siehe auch Finkelnburg, Rdnr. 408.

72 Vgl. BT-Drucks. 7/3786, S. 5.

73 So zu § 28 VwVfG: Borgs, in: Meyer/Borgs, § 28 Rdnr. 21 — gerade zu § 28 VwVfG, der in Abs. 2 im Gegensatz zu § 24 Abs. 2 SGB X eine Generalklausel enthält, vermag dieses Argument nicht zu überzeugen — aus dem gleichen Grund scheitert auch die von Kopp hilfsweise vorgeschlagene entsprechende Anwendung (§ 28 Rdnr. 40: „zumindest analog") des § 28 Abs. 2 Nr. 1, 2. Alt. VwVfG.

74 Kopp, § 28 Rdnr. 39 und Clausen, in: Knack, § 28 Rdnr. 4.1 sprechen von einem Auffangtatbestand.

Normativer Ansatzpunkt für eine dem Normprogramm entsprechende Auslegung der Generalklausel ist, daß eine Entscheidung ohne Anhörung „notwendig“ erscheinen muß. Dazu muß die sofortige Entscheidung wie bei der 1. Alternative zunächst geeignet und erforderlich sein, um dem öffentlichen Interesse im Einzelfall zu genügen. Weiterhin ist aber zu berücksichtigen, daß nicht das öffentliche Interesse, das allgemein an einem einfachen und zweckmäßigen Verwaltungsverfahren besteht[75], die Voraussetzung des Ausnahmetatbestandes erfüllen kann, weil es das Interesse des Beteiligten überwiegt[76]. Dem steht entgegen, daß das in § 24 Abs. 1 SGB X berücksichtigte Interesse des einzelnen Beteiligten an einer Anhörung dort zugleich zum öffentlichen Interesse erklärt worden ist, indem es als Bestandteil eines rechtsstaatlichen Verwaltungsverfahrens anerkannt worden ist[77]. Von einer Anhörung Beteiligter, die nach § 24 Abs. 1 SGB X grundsätzlich durchzuführen ist, kann nur abgesehen werden, wenn das öffentliche Interesse an einer sofortigen Entscheidung im Verhältnis zum individuellen Interesse an der Durchführung der Anhörung überwiegt.

Ebenso wie bei dem Leitbild des § 80 Abs. 2 Nr. 4 VwGO ist in § 24 Abs. 2 Nr. 1, 2. Alt. SGB X ein besonderes, d. h. ein überwiegendes öffentliches Interesse vorausgesetzt[78]. Wann diese Voraussetzung vorliegt, ist der gesetzgeberischen Wertung zu entnehmen. So kann etwa der Ausnahmeregelung des § 24 Abs. 2 Nr. 6 SGB X, nach der vor Maßnahmen in der Verwaltungsvollstreckung von einer Anhörung abgesehen werden kann, entnommen werden, daß dem öffentlichen Interesse am Erfolg einer Maßnahme im Einzelfall dadurch entsprochen werden kann, daß die Anhörung unterbleiben kann, um den Beteiligten zu überraschen, z. B. einen Beitragsschuldner, von dem anderenfalls keine Beiträge zu erlangen wären. Von der Anhörung kann beispielsweise auch dann abgesehen werden, wenn das Verwaltungsverfahren geheim durchgeführt wird, um andere Maßnahmen im öffentlichen Interesse nicht zu gefährden[79]. Etwa wenn wegen Verstoßes gegen das Betäubungsmittelgesetz einem Kassenarzt die Zulassung entzogen werden soll[80] und durch eine Anhörung die staatsanwaltschaftlichen Ermittlungen gefährdet wären. Eine gesetzgeberische Wertung enthält insofern § 100 a Nr. 4 StPO.

---

[75] Vgl. § 9 SGB X, § 10 VwVfG — dazu Kopp, § 10 Rdnr. 9 ff.

[76] Schnapp, in: SGb 1980, S. 180; Gruehn, S. 439.

[77] So auch Häberle, Öffentliches Interesse, S. 539 f. zu § 80 Abs. 2 Nr. 4 VwGO.

[78] Vgl. Häberle, Öffentliches Interesse, S. 538; siehe auch Thieme, in: Wannagat, § 34 Rdnr. 19 und Clausen, in: Knack, § 28 Rdnr. 4.1.

[79] Siehe oben 3. Kapitel unter B II 1.

[80] Vgl. § 368 a Abs. 6 RVO, dazu: Heinemann/Liebold, § 368 a Rdnr. C 124.

Fraglich ist, ob auch rein fiskalische Interessen als besondere öffentliche Interessen die Voraussetzung der Ausnahme nach § 24 Abs. 2 Nr. 1, 2. Alt. SGB X erfüllen[81]. Derartige Interessen können etwa ein Absehen von Anhörung erfordern, soweit anderenfalls aufgrund von § 622 Abs. 2 RVO eine vorläufige Rente als Dauerrente für 1 Jahr weitergezahlt werden müßte, obwohl die Voraussetzungen der Rente nicht mehr vorliegen[82]. Dem Normprogramm des § 69 Abs. 2 SGB IV kann zwar entnommen werden, daß ein öffentliches Interesse an wirtschaftlicher und sparsamer Aufgabenerfüllung besteht. Demgegenüber wertet aber speziell für den Einzelfall der § 45 SGB X das Interesse des einzelnen am Bestand eines rechtswidrigen Verwaltungsakts auch für die Zukunft grundsätzlich höher als das Interesse, unberechtigte Leistungen zu vermeiden. Dementsprechend kann ein fiskalisches Interesse nicht als besonderes öffentliches Interesse anerkannt werden[83].

Da eine sofortige Entscheidung nur notwendig „erscheinen" muß, genügt es hier wie bei der 1. Alternative des § 24 Abs. 2 Nr. 1 SGB X, daß dies nach objektiver Betrachtung der zum Entscheidungszeitpunkt zugänglichen Informationen der Fall ist.

Wenn der Tatbestand des § 24 Abs. 2 Nr. 1, 2. Alt. SGB X vorliegt und die Behörde ihr Ermessen zu betätigen hat, ist den Anforderungen des Übermaßverbots stets schon genügt, da bei einer Entscheidung, die ohne Anhörung notwendig erscheint, ein Absehen von Anhörung immer geeignet, erforderlich und verhältnismäßig ist[84].

II. Einhaltung einer maßgeblichen Frist

Nach § 24 Abs. 2 Nr. 2 SGB X kann von der Anhörung Beteiligter abgesehen werden, wenn „durch die Anhörung die Einhaltung einer für die Entscheidung maßgeblichen Frist in Frage gestellt würde". Voraussetzung dieses Ausnahmetatbestandes ist, daß eine Entscheidung ergehen soll, für die eine Frist maßgeblich ist.

Unter einer Entscheidung ist im Zusammenhang des § 24 SGB X eine hoheitliche Maßnahme einer Behörde zur Regelung eines Einzelfalles

[81] Dafür: Gruehn, S. 439; Schellhorn, in: Burdenski/v. Maydell/Schellhorn, § 34 Rdnr. 29; zu § 28 VwVfG: Kopp, § 28 Rdnr. 43 (siehe auch § 48 Rdnr. 57) und Clausen, in: Knack, § 28 Rdnr. 4.1.

[82] Vgl. auch bei Gruehn, S. 439; Hauck, in: Hauck/Haines, § 24 Rdnr. 12; Grüner, § 24 Anm. IX.

[83] Im Ergebnis ebenso Hauck, in: Hauck/Haines, § 24 Rdnr. 12; Grüner, § 24 Anm. IX 3; Peters, § 34 Anm. 6; Behn, S. 262; BSG, in: SozR 1200, § 34 Nr. 3, S. 15 (= BSGE 46, 57 [59]); Nr. 4, S. 19; Nr. 9, S. 44.

[84] Siehe auch bei Grüner, § 24 Anm. IX 3; Schnapp, in: BochKomm, § 34 Rdnr. 16 und bei Kopp, § 28 Rdnr. 44.

auf dem Gebiet des öffentlichen Rechts, die auf unmittelbare Rechtswirkung nach außen gerichtet ist, zu verstehen. Das ergibt sich daraus, daß Voraussetzung für die Anhörung Beteiligter nach § 24 Abs. 1 SGB X der beabsichtigte Erlaß eines Verwaltungsakts ist. Ein Verwaltungsakt liegt nach § 31 SGB X vor, wenn eine Entscheidung die aufgeführten Merkmale hat[85]. Das Merkmal der Regelung ist gegeben, wenn durch die Entscheidung ein Recht begründet, festgestellt, geändert oder aufgehoben wird[86]. Dazu ist nach § 31 SGB I eine gesetzliche Ermächtigung erforderlich[87].

Für eine Entscheidung ist eine Frist maßgeblich, wenn ihre Regelung nur ab oder bis zu einem bestimmten Zeitpunkt oder innerhalb eines bestimmten Zeitraumes vorgenommen werden kann[88]. Das ist der Fall, wenn die Behörde nur befristet ermächtigt ist, die Regelung zu treffen, also vor einem bestimmten Zeitpunkt nicht berechtigt ist, eine Regelung zu treffen oder das Recht dazu zu einem bestimmten Zeitpunkt oder nach Ablauf eines Zeitraumes nicht mehr hat. Da nach § 24 Abs. 2 Nr. 2 SGB X durch die Anhörung, d. h. durch den mit ihr verbundenen Zeitverlust, die *Einhaltung* einer Frist in Frage gestellt sein muß, kommen hier als maßgebliche Fristen nur diejenigen in Betracht, nach deren Ablauf die beabsichtigte Regelung nicht mehr erfolgen darf. Durch die Beschränkung der Anhörung Beteiligter nach § 24 SGB X auf Verwaltungsakte, die in Rechte eines Beteiligten eingreifen, ergibt sich, daß für eine Entscheidung eine Frist i. S. d. Abs. 2 Nr. 2 maßgeblich ist, wenn mit ihrem Ablauf der Verlust des Rechts der Behörde, in Rechte eines Beteiligten einzugreifen, verbunden ist[89]. Maßgebliche Fristen in diesem Sinne sind etwa die in § 45 Abs. 1 SGB I, §§ 25 Abs. 1, 27 Abs. 2 SGB IV und § 50 Abs. 4 SGB X vorgesehenen Verjährungsfristen oder die Fristen für die Rücknahme eines rechtswidrigen begünstigenden Verwaltungsaktes der §§ 45 Abs. 3, 4 SGB X[90]. Eine Frist, deren Ver-

---

[85] Siehe oben 2. Kapitel unter A.

[86] Vgl. Erichsen/Martens, in: Erichsen/Martens, § 11 II 4.

[87] Dieser „Totalvorbehalt" gilt aufgrund des § 31 SGB I nur für den Bereich des Sozialgesetzbuches. Für das allgemeine Verwaltungsrecht und das Finanzverwaltungsrecht bedarf jedoch auch der Verwaltungsakt, vor dessen Erlaß eine Anhörung durchzuführen ist, aufgrund des „Eingriffsvorbehalts" einer Ermächtigungsgrundlage, da vorausgesetzt ist, daß dieser Verwaltungsakt in Rechte Beteiligter eingreift. — Vgl. dazu v. Münch, in: Erichsen/Martens, § 2 II 2 und Ossenbühl, in: Erichsen/Martens, § 5 II.

[88] Vgl. aber § 32 Abs. 2 Nr. 1 SGB X (ebenso §§ 36 Abs. 2 Nr. 1 VwVfG und 120 Abs. 2 Nr. 1 AO), wonach die Regelung selbst befristet werden kann.

[89] Ebenso Bley, in: SGB-SozVers-GesKomm, § 34 Anm. 12 d; siehe auch Casselmann, in: Koch/Hartmann, § 34 Rdnr. 13.

[90] Siehe auch VDR-Komm, § 24 Rdnr. 11; Grüner, § 24 Anm. IX 4; v. Wulffen, in: Schroeder-Printzen/Engelmann u. a., § 24 Anm. 8.1; Jahn, § 24 Rdnr. 3; zu § 28 VwVfG: Clausen, in: Knack, § 28 Rdnr. 4.1; Kopp, § 28 Rdnr. 45; zu § 91 AO: Söhn, in: Hübschmann/Hepp/Spitaler, § 91 Rdnr. 31.

säumung keine materiell-rechtlichen, sondern nur prozessuale Folgen hat, wie z. B. die Untätigkeitsfrist nach §§ 88 SGG, 75 VwGO[91], ist keine maßgebliche Frist[92]. Es kommt damit bei diesem Beispiel nicht mehr darauf an, ob die Untätigkeitsfrist gemäß §§ 88 Abs. 1 S. 2 SGG, 75 S. 3 VwGO bei zureichendem Grund für die Untätigkeit vom Gericht verlängert werden kann. Die Ansicht, daß die Untätigkeitsfrist wegen der Möglichkeit der Fristverlängerung nicht maßgeblich ist[93], ist daher abzulehnen.

Vereinzelt wird die Meinung vertreten, der Behörde könne von dem Beteiligten unter Androhung eines Rechtsbehelfs eine maßgebliche Frist i. S. d. § 24 Abs. 2 Nr. 2 SGB X gesetzt werden[94]. Die Behörde würde jedoch bei Überschreiten dieser Frist nicht das Recht verlieren, den beabsichtigten Verwaltungsakt zu erlassen. Mangels materiell-rechtlicher Folgen ist daher auch eine solche Frist nicht als maßgebliche Frist i. S. d. § 24 Abs. 2 Nr. 2 SGB X anzusehen.

Regelmäßig werden die maßgeblichen Fristen gesetzlich bestimmt sein, doch ist dies nicht erforderlich[95]. Eine solche Frist kann auch nur bestimmbar sein[96] oder aus einem anderen Grund, etwa durch Vereinbarung, gelten[97].

Umstritten ist, ob auch eine Frist eine maßgebliche Frist i. S. d. § 24 Abs. 2 Nr. 2 SGB X ist, deren Ablauf dazu führt, daß die Behörde zwar das Recht zum Eingriff behält, eine Regelung aber nur noch mit Zeitverlust und unter strengeren Voraussetzungen treffen kann. Eine

---

[91] Entsprechend § 46 FGO.

[92] Hauck, in: Hauck/Haines, § 24 Rdnr. 13; vgl. auch bei Kopp, § 28 Rdnr. 45.

[93] Clausen, in: Knack, § 28 Rdnr. 4.2.

[94] So entsprechend zu § 28 VwVfG Clausen, in: Knack, § 28 Rdnr. 4.2.

[95] Hauck, in: Hauck/Haines, § 24 Rdnr. 13; VDR-Komm, § 24 Rdnr. 11; Peters, § 34 Anm. 6; v. Wulffen, in: Schroeder-Printzen/Engelmann u. a., § 24 Anm. 8.1; Schellhorn, in: Burdenski/v. Maydell/Schellhorn, § 34 Rdnr. 30; Schnapp, in: BochKomm, § 34 Rdnr. 17; Pickel, § 24 Anm. 4 b; siehe auch Wolber, in: SozVers 1976, S. 89; Borgs, in: Meyer/Borgs, § 28 Rdnr. 22; Kopp, § 28 Rdnr. 45; Leonhardt, in: Stelkens/Bonk/Leonhardt, § 28 Rdnr. 24; Clausen, in: Knack, § 28 Rdnr. 4.2; Söhn, in: Hübschmann/Hepp/Spitaler, § 91 Rdnr. 31 — im Anschluß an die Begründung zu § 21 Abs. 2 Nr. 2 MEVwVfG, S. 126 sowie BT-Drucks. 6/1173, S. 42 und 7/910, S. 51.

[96] Als Beispiel wird „unverzüglich" in § 91 Abs. 2 BSHG genannt (Schellhorn, in: Burdenski/v. Maydell/Schellhorn, § 34 Rdnr. 31; Schnapp, in: BochKomm, § 34 Rdnr. 17; Behn, S. 263 Fn. 44). Dazu ist zu bemerken, daß die Mitteilung nach § 91 Abs. 2 BSHG nicht von § 24 SGB X erfaßt wird, da sie kein Verwaltungsakt ist (vgl. Schellhorn/Jirasek/Seipp, § 91 Rdnr. 36). — Bei unbestimmten Fristen ist auch zu fordern, daß sich ergibt, daß ein ordnungsgemäßes Verfahren nicht durchgeführt werden soll, d. h. nicht etwa nur „zügig" ein Verwaltungsverfahren durchzuführen ist.

[97] Hauck, in: Hauck/Haines, § 24 Rdnr. 13; Peters, § 34 Anm. 6; Schnapp, in: BochKomm, § 34 Rdnr. 17; v. Wulffen, in: Schroeder-Printzen/Engelmann u. a., § 24 Anm. 8.1; Pickel, § 24 Anm. 4 b; Clausen, in: Knack, § 28 Rdnr. 4.2.

solche Frist besteht etwa nach § 622 Abs. 2 RVO. Aufgrund dieser Vorschrift wird mit Ablauf von 2 Jahren nach dem Unfall die Rente zur Dauerrente. Diese kann nur in Abständen von mindestens einem Jahr geändert werden. Außerdem kann der Versicherungsträger nach der automatischen Umwandlung nach § 622 Abs. 2 RVO eine Dauerrente nicht mehr gemäß § 1585 Abs. 2 RVO feststellen, ohne an die vorher getroffene Feststellung der Grundlagen für die Rentenberechnung gebunden zu sein. So kann eine materiell unberechtigte Rente zumindest für ein Jahr bis zur Änderung nach § 48 SGB X weiter zu gewähren sein.

Die h. M. in der Literatur nimmt an, daß es sich auch bei der 2-Jahres-Frist des § 622 Abs. 2 RVO um eine maßgebliche Frist i. S. d. § 24 Abs. 2 Nr. 2 SGB X handelt[98]. Demgegenüber ist jedoch einzuwenden, daß der Gesetzgeber in § 24 Abs. 1 SGB X die Anhörung Beteiligter zum Grundsatz erklärt hat. Damit hat er auch den damit verbundenen Zeitverlust in Kauf genommen. Ein Zeitverlust kann daher auch grundsätzlich die Behörde nicht zu einem Absehen von der Anhörung Beteiligter berechtigen. Nur wenn aus dem Zeitverlust die Undurchführbarkeit der Maßnahme folgt, ist daher in Abs. 2 Nr. 2 ebenso wie in Abs. 2 Nr. 1, 1. Alt. eine Ausnahme vorgesehen[99]. Dementsprechend liegt eine maßgebliche Frist nur dann vor, wenn mit dem Fristablauf der Verlust der Ermächtigung zu der beabsichtigten Entscheidung verbunden ist. Die 2-Jahres-Frist des § 622 Abs. 2 RVO stellt demnach keine maßgebliche Frist i. S. d. § 24 Abs. 2 Nr. 2 SGB X dar[100]. Nachdem das Bundessozialgericht die Frage zunächst offengelassen hatte[101], hat es nunmehr entschieden, daß die Regelung des § 24 Abs. 2 Nr. 2 SGB X nicht zu einem Absehen von einer Anhörung vor Ablauf der Frist des § 622 Abs. 2 RVO berechtigt; das Risiko des Fristablaufs trägt der Versicherungsträger[102].

Die Einhaltung einer für die Entscheidung maßgeblichen Frist ist, wie in § 24 Abs. 2 Nr. 2 SGB X vorausgesetzt, durch die Anhörung dann „in Frage gestellt", wenn bei Durchführung der Anhörung die Frist versäumt würde[103]. Bei der Beurteilung der für die Anhörung erforderlichen Zeit ist neben der Anhörungsfrist auch die Zeit einzu-

---

[98] Elster, S. 228; Gruehn, S. 438 f.; Wolber, in: SozVers 1976, S. 89; Grünig, in: SozVers 1978, S. 198; Behn, S. 263 f.; Meyer, S. 306; siehe auch bei Hauck, in: Hauck/Haines, § 24 Rdnr. 13.

[99] So auch zu § 28 VwVfG: Borgs, in: Meyer/Borgs, § 28 Rdnr. 22; Kopp, § 28 Rdnr. 45.

[100] Peters, § 34 Anm. 6; siehe auch bei Pickel, § 24 Anm. 4 b.

[101] BSG, in: SozR 1200, § 34 Nr. 3, S. 14 f. (= BSGE 46, 57 [58 f.]); Nr. 4, S. 18 — dort hat es lediglich entschieden, daß § 623 Abs. 2 RVO keine maßgebliche Frist enthält.

[102] BSG, in: SozR 1200, § 34 Nr. 9, S. 44 f.; siehe auch Schlesw.-Holst. LSG, in: SGb 1980, S. 62; BSG, in: SozSich 1979, S. 319 f.

[103] Vgl. auch Bley, in: SGB-SozVers-GesKomm, § 34 Anm. 12 d.

beziehen, die zur Berücksichtigung einer Äußerung erforderlich ist. Besteht die Möglichkeit der Fristverlängerung, so kann deshalb im Einzelfall die Einhaltung einer maßgeblichen Frist nicht in Frage gestellt sein[104].

Wenn der Ausnahmetatbestand der Nr. 2 des § 24 Abs. 2 SGB X vorliegt, hat die Behörde bei der Ausübung des ihr eingeräumten Ermessens unter Beachtung des Übermaßverbots auch zu erwägen, ob nicht eine Anhörung mit einer verkürzten Frist oder eine nachträgliche Anhörung als „milderes Mittel" in Betracht kommen. Bei der Beurteilung der Verhältnismäßigkeit ist es zu beachten, wenn der drohende Fristablauf aus der Sphäre der Behörde herrührt.

Im Gesetzgebungsverfahren zu § 28 VwVfG war vom Rechtsausschuß eine Ergänzung des entsprechenden Abs. 2 Nr. 2 angeregt worden, nach der diese Ausnahmevorschrift nicht gelten sollte, wenn die Behörde die dort bezeichnete Lage schuldhaft herbeigeführt hat. Dagegen ist vom Innenausschuß das grundsätzliche Bedenken geäußert worden, daß derartige Sanktionen, die an ein schuldhaftes Verhalten der Behörde anknüpfen, unter Umständen auch bei anderen Vorschriften geschehen müßten[105]. Da die Anwendung des Ausnahmetatbestandes nicht, wie vom Rechtsausschuß angeregt, bereits bei einem schuldhaften Verhalten der Behörde ausgeschlossen ist, kann ein Herbeiführen des drohenden Fristablaufs seitens der Verwaltung nur bei der Ermessensausübung berücksichtigt werden[106]. Auf eine Absicht der Behörde kommt es dabei, ebenso wie bei der Schaffung einer eilbedürftigen Lage i. S. d. § 24 Abs. Nr. 1, 1. Alt. SGB X nicht an[107]. Entscheidend ist auch hier, inwieweit der drohende Fristablauf aus dem Verantwortungsbereich der Behörde herrührt. Je mehr Faktoren aus dem Bereich der Verwaltung kommen, je weniger wird ein Absehen von einer Anhörung als Ergebnis der Ermessensausübung in Betracht kommen. Hat die Behörde das Verfahren sogar verschleppt, wird sie sich jedenfalls nicht mehr auf § 24 Abs. 2 Nr. 2 SGB X berufen können[108]. Andererseits fällt es zu Lasten des Beteiligten ins Gewicht, wenn er den drohenden Fristablauf verschuldet hat, z. B. indem er dem Versicherungsträger einen Umzug nicht mitgeteilt hat[109].

---

[104] Hauck, in: Hauck/Haines, § 24 Anm. 13; Peters, § 34 Anm. 6; Pickel, § 24 Anm. 4 b; vgl. auch bei Kopp, § 28 Rdnr. 46.

[105] BT-Drucks. 7/4494, S. 7.

[106] Vgl. Leonhardt, in: Stelkens/Bonk/Leonhardt, § 28 Rdnr. 24; Borgs, in: Meyer/Borgs, § 28 Rdnr. 22; Kopp, § 28 Rdnr. 46; Schnapp, in: BochKomm, § 34 Rdnr. 18; Wolber, in: SozVers 1976, S. 89; dazu Elster, S. 228; siehe auch Thieme, in: Wannagat, § 34 Rdnr. 16 und Behn, S. 264 sowie Tipke, in: Tipke/Kruse, § 91 Rdnr. 4; Söhn, in: Hübschmann/Hepp/Spitaler, § 91 Rdnr. 31.

[107] Siehe oben 4. Kapitel unter B I 1.

[108] Schnapp, in: BochKomm, § 34 Rdnr. 17.

[109] Pickel, § 24 Anm. 4 b.

III. Entscheidung aufgrund eigener Angaben des Beteiligten

Unter der Voraussetzung, daß von den tatsächlichen Angaben eines Beteiligten, die dieser in einem Antrag oder einer Erklärung gemacht hat, nicht zu seinen Ungunsten abgewichen werden soll, kann gemäß § 24 Abs. 2 Nr. 3 SGB X von der Anhörung abgesehen werden[110]. Dieser Ausnahmetatbestand trägt dem Gedanken Rechnung, daß, wenn Konsens besteht, weil die Behörde ihrer Entscheidung Tatsachen als wahr zugrundelegen will, die der Beteiligte mitgeteilt hat, eine Anhörung als geschehen zu betrachten ist[111]. Die Mitteilung der tatsächlichen Angaben stellt dabei eine „vorweggenommene Äußerung"[112] dar, neben der die Durchführung einer Anhörung nach § 24 Abs. 1 SGB X, also nachdem sich die Behörde ihre Meinung gebildet hat, überflüssig erscheint[113]. Dies gilt nicht nur, wenn die Behörde von der Mitteilung des Beteiligten nicht abweichen will, sondern auch dann, wenn bei der beabsichtigten Entscheidung zugunsten des Beteiligten abgewichen werden soll. Insofern ist ein Konsens zwischen Behörde und Beteiligten anzunehmen.

Die Ausnahmevorschrift kann so lange keine Anwendung finden, wie für die Behörde noch Anhaltspunkte bestehen, daß die tatsächlichen Angaben des Beteiligten unvollständig oder gar falsch sind, z. B. bei einem unvollständig ausgefüllten Antragsformular. In diesem Fall folgt eine Ermittlungspflicht aus dem Untersuchungsgrundsatz und der Pflicht zu Auskunft, Beratung und dem Hinwirken auf die Stellung sachdienlicher Anträge nach §§ 14, 15, 16 Abs. 3 und 17 Abs. 1 S. 1 SGB I[114]. Eine Ausnahme nach § 24 Abs. 2 SGB X kommt erst in Betracht, wenn die Behörde ihre Sachverhaltsermittlung und Meinungsbildung mit dem Ergebnis abgeschlossen hat, daß die von dem Beteiligten gemachten tatsächlichen Angaben der Entscheidung zugrunde gelegt werden sollen, oder von ihnen zugunsten des Beteiligten abgewichen wird[115].

---

[110] In diesem Fall bedarf es auch keiner Begründung des Verwaltungsakts; vgl. § 35 Abs. 2 Nr. 1 SGB X sowie § 39 Abs. 2 Nr. 1 VwVfG und § 121 Abs. 2 Nr. 1 AO.

[111] Vgl. BT-Drucks. 7/910, S. 52 sowie BT-Drucks. 7/868, S. 28.

[112] Siehe bei Söhn, in: Hübschmann/Hepp/Spitaler, § 91 Rdnr. 33 und bei Kopp, § 28 Rdnr. 47.

[113] VDR-Komm, § 24 Rdnr. 11; Hauck, in: Hauck/Haines, § 24 Rdnr. 14; Pickel, § 24 Anm. 4 c; vgl. auch Schellhorn, in: Burdenski/v. Maydell/Schellhorn, § 34 Rdnr. 32 und 22.

[114] Vgl. auch § 25 VwVfG und § 89 AO, die als „Soll-Vorschriften" dies für den Regelfall anordnen.

[115] Siehe auch bei Schnapp, in: BochKomm, § 34 Rdnr. 18; Thieme, in: Wannagat, § 34 Rdnr. 17; Wolber, in: SozVers 1976, S. 89; Söhn, in: Hübschmann/Hepp/Spitaler, § 91 Rdnr. 34; Clausen, in: Knack, § 28 Rdnr. 4.3; Kopp, § 28 Rdnr. 47 — unzutreffend: Pickel, § 24 Anm. 4 c, danach soll die Unvollständigkeit erst bei der Ausübung des Ermessens Berücksichtigung finden.

Die Anhörung Beteiligter erscheint nur dann unnötig, wenn die tatsächlichen Angaben den in § 24 Abs. 1 SGB X genannten entscheidungserheblichen Tatsachen entsprechen, da anderenfalls das Recht auf Anhörung durch die Ausnahme ungerechtfertigt verkürzt würde. Da in § 24 Abs. 1 SGB X neben den Tatsachen auch ihre Entscheidungserheblichkeit Anhörungsgegenstand ist[116], ist zu fordern, daß die tatsächlichen Angaben von dem Beteiligten auch in bezug auf eine Rechtsnorm gemacht worden sind[117]. Das ist der Fall, wenn die Angaben in einem Antrag gemacht wurden, um dadurch einen bestimmten Anspruch geltend zu machen oder die Angaben in einer Erklärung in sachlichem Zusammenhang mit einer solchen Geltendmachung stehen[118].

Erforderlich ist weiterhin, daß die tatsächlichen Angaben in einem Antrag oder einer Erklärung gemacht worden sind. Während, wie festgestellt, unter Antrag in diesem Zusammenhang der auf die Erlangung einer Leistung gerichtete Antrag zu verstehen ist[119], liegt eine Erklärung vor, wenn die Voraussetzungen einer Willenserklärung erfüllt sind, d. h. Erklärung, Handlungs-, Erklärungs- und Rechtsfolgewille vorliegen.

In § 24 Abs. 2 Nr. 3 SGB X ist vorausgesetzt, daß es sich um die Angaben „eines Beteiligten“ handelt. Aus dem Zweck der Ausnahmevorschrift, die unnötige Durchführung einer Anhörung zu vermeiden, folgt, daß es sich bei dem in Abs. 2 Nr. 3 genannten Beteiligten um denjenigen handeln muß, der nach § 24 Abs. 1 SGB X anzuhören ist[120]. Nur dann kann eine Anhörung als erfolgt angesehen werden.

Soll von den tatsächlichen Angaben eines Beteiligten abgewichen werden, so sollen der Entscheidung andere Tatsachen zugrunde gelegt werden, zu denen nach § 24 Abs. 1 SGB X grundsätzlich[121] anzuhören ist[122]. Etwas anderes gilt, wenn nur der Bezug der tatsächlichen Angaben anders beurteilt wird, also eine andere Rechtsauffassung zugrunde gelegt wird[123]. In diesem Fall kann nach § 24 Abs. 2 Nr. 3 SGB X

---

[116] Siehe oben 3. Kapitel unter A II.

[117] Siehe auch bei Grüner, § 24 Anm. IX 5.

[118] Vgl. BSG, in: DRV 1981, S. 258.

[119] Siehe oben 2. Kapitel unter B II.

[120] Bley, in: SGB-SozVers-GesKomm, § 34 Anm. 13 c.

[121] Eine Ausnahme besteht, wie eingangs festgestellt, wenn zugunsten des Beteiligten abgewichen werden soll, da dann von einem Konsens zwischen Behörde und Beteiligten auszugehen ist.

[122] Für den Fall des wesentlichen Abweichens von dem in einer Steuererklärung erklärten Sachverhalt ist die Anhörung in § 91 Abs. 1 S. 2 AO ausdrücklich geregelt — dieser Vorschrift kommt nur deklaratorische Bedeutung zu; vgl. Söhn, in: Hübschmann/Hepp/Spitaler, § 91 Rdnr. 33 und 27 sowie Tipke, in: Tipke/Kruse, § 91 Rdnr. 4 und 2.

[123] Schnapp, in: BochKomm, § 34 Rdnr. 18; Thieme, in: Wannagat, § 34

von einer Anhörung abgesehen werden. Das folgt daraus, daß die tatsächlichen Angaben i. S. d. Nr. 3 in bezug auf eine Rechtsnorm gemacht sind, also damit eine Rechtsauffassung geäußert wird. Zu einer abweichenden Rechtsauffassung ist nicht anzuhören, da dies auf ein Rechtsgespräch[124] hinausliefe. Der Beteiligte hat aber schon nach § 24 Abs. 1 SGB X kein Recht auf eine Erörterung von Rechtsfragen[125]. Beispiel für ein Vorliegen des Ausnahmetatbestandes ist die Entziehung oder Umwandlung einer Rente aufgrund der Mitteilung des Versicherten an den Rentenversicherungsträger über die Annahme eines Arbeitsplatzes[126].

Soweit die Behörde vor der Ablehnung eines Antrags anzuhören hat[127], sollte sie bei der Ausübung des Ermessens erwägen, ob sie den Beteiligten nicht trotz Vorliegens des Ausnahmetatbestandes anhört. Die Mitteilung der beabsichtigten Ablehnung könnte sie mit dem Hinweis auf die Möglichkeit der Rücknahme des Antrags verbinden. Wenn der Beteiligte von dieser Möglichkeit Gebrauch macht, würde dadurch eine weitere Vereinfachung des Verwaltungsverfahrens erreicht werden. Der Beteiligte hätte möglicherweise den Vorteil der Kostenersparnis.

IV. Erlaß von Allgemeinverfügungen oder Massenverwaltungsakten

Nach der Nr. 4 des § 24 Abs. 2 SGB X kann vor dem Erlaß von Allgemeinverfügungen oder gleichartiger Verwaltungsakte in größerer Anzahl[128] von der Anhörung Beteiligter abgesehen werden[129]. Der Zweck der Ausnahmeregelung ist, die Verwaltung davor zu schützen, durch eine Überlastung an der einfachen und zweckmäßigen Durchführung des Verwaltungsverfahrens gehindert zu werden[130]. Dieser Schutz wird

Rdnr. 17; Peters, § 34 Anm. 6; Bley, in: SGB-SozVers-GesKomm, § 34 Anm. 13 d bb; Pickel, § 24 Anm. 4 e; zu § 28 VwVfG: Borgs, in: Meyer/Borgs, § 28 Rdnr. 23; Ule/Laubinger, § 24 II 1 3.

[124] Siehe oben 3. Kapitel unter A II.

[125] Siehe oben 3. Kapitel unter B II 6 c.

[126] Weitere Beispiele in VDR-Komm, § 24 Anm. 11 und bei Casselmann, in: Koch/Hartmann, § 34 Rdnr. 14.

[127] Siehe dazu oben 2. Kapitel unter B.

[128] In diesen Fällen kann nach § 35 Abs. 2 Nr. 3 und 5 SGB X (entsprechend § 39 Abs. 2 Nr. 3 und 5 VwVfG und § 121 Abs. 2 Nr. 3 und 5 AO) auch von einer Begründung des Verwaltungsakts abgesehen werden.

[129] Insbesondere diese Ausnahmeregelung hat zu Bedenken in verfassungsrechtlicher Hinsicht Anlaß gegeben. Die insofern geäußerten Bedenken greifen im Ergebnis jedoch nicht durch. — Siehe oben 4. Kapitel unter A I.

[130] Vgl. BT-Drucks. 7/868, S. 28; 7/910, S. 52; 6/1982, S. 133 — Wolber, in: SozVers 1976, S. 89; Grüner, § 24 Anm. IX 7; Schnapp, in: BochKomm, § 34 Rdnr. 19; Borgs, in: Meyer/Borgs, § 28 Rdnr. 24; Leonhardt, in: Stelkens/Bonk/Leonhardt, § 28 Rdnr. 27; Clausen, in: Knack, § 28 Rdnr. 4.4; Kopp, § 28

für die Fälle der Allgemeinverfügung und der Massenverwaltungsakte geschaffen. In anderen Fällen drohender Überlastung kann die Behörde nicht von einer Anhörung Beteiligter absehen, sondern muß durch Bereitstellung personeller und sachlicher Mittel sicherstellen, daß sie ihre Aufgaben erfüllen kann.

1. Allgemeinverfügungen

Die Allgemeinverfügung ist nach der Legaldefinition des § 31 SGB X[131] ein Verwaltungsakt mit einer generell-konkreten Regelung. D. h., sie ist gekennzeichnet durch die Regelung eines konkreten Sachverhalts und einen durch die Beziehung zu diesem Sachverhalt bestimmbaren, aber noch unbestimmten Adressatenkreis[132].

Soweit die Adressaten einer Allgemeinverfügung nicht ohne weiteres zu bestimmen sind, besteht die Gefahr einer Überlastung der Behörde, wenn sie verpflichtet wäre,. alle Adressaten zu ermitteln, um diese anzuhören. Insbesondere wenn eine Allgemeinverfügung öffentlich bekanntgegeben werden darf[133], werden derartige Ermittlungen kaum durchführbar sein[134]. Die Gefahr der Überlastung der Behörde besteht beim Erlaß einer Allgemeinverfügung auch dadurch, daß sich diese an viele Adressaten richten kann und daher eine Vielzahl von Anhörungen durchzuführen wäre.

Liegt der Ausnahmetatbestand vor, daß der Erlaß einer Allgemeinverfügung beabsichtigt ist, so ist bei der Ermessensausübung zu beachten, ob ein Absehen von der Anhörung Beteiligter den mit der Ausnahmeregelung verfolgten Zweck fördert. Das setzt voraus, daß im Einzelfall eine Überlastung der Behörde droht. Das Tatbestandsmerkmal der 2. Alternative des § 24 Abs. 2 Nr. 4 SGB X, daß eine „größere Zahl" von Verwaltungsakten erlassen werden soll, also eine größere Zahl von Anhörungen durchzuführen ist, ist daher auch für den Fall der 1. Alternative von Bedeutung, soweit nicht eine Überlastung durch erforderliche Ermittlungen droht[135].

Rdnr. 48; Söhn, in: Hübschmann/Hepp/Spitaler, § 91 Rdnr. 35; siehe auch Bley, in: SGB-SozVers-GesKomm, § 34 Anm. 14 a.

[131] Entsprechend § 35 VwVfG und § 118 AO.

[132] Siehe oben 2. Kapitel unter A.

[133] Siehe § 37 Abs. 3 S. 2 SGB X; ebenso § 41 Abs. 2 S. 3 VwVfG und § 122 Abs. 3 S. 2 AO.

[134] Vgl. Borgs, in: Meyer/Borgs, § 28 Rdnr. 24; Leonhardt, in: Stelkens/Bonk/Leonhardt, § 28 Rdnr. 28; Schellhorn, in: Burdenski/v. Maydell/Schellhorn, § 34 Rdnr. 33; Thieme, in: Wannagat, § 34 Rdnr. 18; Bley, in: SGB-SozVers-GesKomm, § 34 Anm. 14 b; Grüner, § 24 Anm. IX 6; v. Wulffen, in: Schroeder-Printzen/Engelmann u. a., § 24 Anm. 8.2; Rohwer-Kahlmann/Ströer, § 34 Rdnr. 3; Jahn, § 24 Rdnr. 3.

[135] Bley, in: SGB-SozVers-GesKomm, § 34 Anm. 14 b; Grüner, § 24 Anm. IX 6; Schnapp, in: BochKomm, § 34 Rdnr. 19.

2. *Massenverwaltungsakte*

Nach der 2. Alternative des § 24 Abs. 2 Nr. 4 SGB X kann auch vor dem Erlaß „gleichartiger Verwaltungsakte in größerer Zahl" von einer Anhörung abgesehen werden. Diese Verwaltungsakte können als „Massenverwaltungsakte" bezeichnet werden. Mit ihrem Erlaß ist bei einer Vielzahl durchzuführender Anhörungen die Gefahr einer Überlastung der Behörde verbunden. Auch die 2. Alternative des § 24 Abs. 2 Nr. 4 SGB X soll daher vor der Gefahr der Überlastung der Behörde schützen.

a) Gleichartige Verwaltungsakte

Voraussetzung des Ausnahmetatbestandes ist zunächst, daß „gleichartige Verwaltungsakte" erlassen werden sollen. Formal sind Verwaltungsakte immer gleichartig; daher ist hier darauf abzustellen, daß es sich um Verwaltungsakte etwa gleichen Inhalts handelt[136]. Bei diesen handelt es sich typischerweise nicht um „persönliche" Entscheidungen, da es bei ihnen auf die persönlichen Verhältnisse des Beteiligten regelmäßig nicht ankommt[137].

Gleichartige Verwaltungsakte liegen nicht schon bei gleichartiger Regelung vor, sondern setzen voraus, daß auf gleichgelagerte Sachverhalte dieselbe Rechtsnorm mit im wesentlichen gleicher Rechtsfolge zur Anwendung kommen soll[138]. Gleichgelagerte Sachverhalte liegen typischerweise vor, wenn es nicht auf die persönlichen Verhältnisse des Beteiligten ankommt. Entscheidungen i. S. d. § 33 SGB I, bei denen die individuellen Verhältnisse zu berücksichtigen sind, sind daher regelmäßig keine gleichartigen Verwaltungsakte.

Auf die gleichgelagerten Sachverhalte muß weiterhin dieselbe Rechtsnorm mit im wesentlichen gleicher Rechtsfolge Anwendung finden. Wesentlich gleich sind die Rechtsfolgen etwa auch dann, wenn die Höhe einer festgestellten Summe unterschiedlich ist. Eine tarifmäßige Feststellung nach identischen gesetzlichen Kriterien reicht zur Annahme

---

[136] Siehe bei Söhn, in: Hübschmann/Hepp/Spitaler, § 91 Rdnr. 37 und bei Tipke, in: Tipke/Kruse, § 91 Rdnr. 4.

[137] Schnapp, in: BochKomm, § 34 Rdnr. 19; Hauck, in: Hauck/Haines, § 24 Rdnr. 16; Rohwer-Kahlmann/Ströer, § 34 Rdnr. 4; v. Wulffen, in: Schroeder-Printzen/Engelmann u. a., § 24 Anm. 8.2; Jahn, § 24 Rdnr. 3; Borgs, in: Meyer/Borgs, § 28 Rdnr. 25; Leonhardt, in: Stelkens/Bonk/Leonhardt, § 28 Rdnr. 29; Kopp, § 28 Rdnr. 49.

[138] Schnapp, in: BochKomm, § 34 Rdnr. 19; Bley, in: SGB-SozVers-GesKomm, § 34 Anm. 14 c aa; Peters, § 34 Anm. 6; Thieme, in: Wannagat, § 34 Rdnr. 19; Grüner, § 24 Anm. IX 7; Hauck, in: Hauck/Haines, § 24 Rdnr. 16; Pickel, § 24 Anm. 4 d; Rohwer-Kahlmann/Ströer, § 34 Rdnr. 4; v. Wulffen, in: Schroeder-Printzen/Engelmann u. a., § 24 Anm. 8.2; Leonhardt, in: Stelkens/Bonk/Leonhardt, § 28 Rdnr. 29; Kopp, § 28 Rdnr. 49; Söhn, in: Hübschmann/Hepp/Spitaler, § 91 Rdnr. 37.

gleichgelagerter Verwaltungsakte allein nicht aus; es müssen auch gleichgelagerte Sachverhalte zugrundeliegen. Sie vermag daher auch die Gleichartigkeit von Verwaltungsakten nicht zu indizieren[139]. Ebensowenig spricht allein die Anwendung von Formblättern für gleichartige Verwaltungsakte[140]. Als Beispiele für gleichartige Verwaltungsakte können Rentenanpassungsbescheide und die Beitragsbescheide in der Sozialversicherung gelten.

b) Verwaltungsakte in größerer Anzahl

Ein Absehen von der Anhörung Beteiligter nach § 24 Abs. 2 Nr. 4, 2. Alt. SGB X setzt weiterhin voraus, daß gleichartige Verwaltungsakte in „größerer Zahl" erlassen werden sollen: Wann eine größere Zahl von Verwaltungsakten vorliegt, ist im Hinblick auf den Zweck der Ausnahmevorschrift, die Verwaltung vor Überlastung zu schützen, danach zu beurteilen, bei welcher Anzahl eine Überlastung der bearbeitenden Stelle droht[141]. Dabei kann es nicht auf die Sichtweise der Behörde ankommen, da das Recht auf Anhörung sonst in deren Hand gegeben würde.

Ein Anhaltspunkt könnte sich aus der in § 18 Abs. 1 VwVfG zum Ausdruck gekommenen gesetzgeberischen Wertung ergeben. Nach dieser Vorschrift kann bei einem Verwaltungsverfahren, an dem mehr als fünfzig Personen in gleichem Interesse beteiligt sind, ein Vertreter bestellt werden, wenn die Beteiligten selbst keinen Vertreter bestellt haben und sonst die ordnungsgemäße Durchführung des Verwaltungsverfahrens beeinträchtigt wäre. Auch hier sind Gesichtspunkte der Überlastung der Behörde berücksichtigt. Es wird ihr ermöglicht, an Stelle von mehr als fünfzig Anhörungen nur eine einzige, die des Vertreters, durchzuführen[142]. Aus der Wertung des Gesetzgebers in § 18 Abs. 1 VwVfG läßt sich entnehmen, daß beim Erlaß von bis zu fünfzig Verwaltungsakten eine Überlastung der Behörde nicht in Betracht kommt. Beim Erlaß von bis zu fünfzig Verwaltungsakten ist daher nicht von einer größeren Zahl auszugehen. Aber auch beim Erlaß von mehr als fünfzig Verwaltungsakten muß, ebenso wie in § 18 Abs. 1 VwVfG der Nachweis gefordert werden, daß eine Überlastung droht, um im Einzelfall eine größere Zahl i. S. d. § 24 Abs. 2 Nr. 4, 2. Alt. SGB X an-

---

[139] Söhn, in: Hübschmann/Hepp/Spitaler, § 91 Rdnr. 37; Kopp, § 28 Rdnr. 49.

[140] Leonhardt, in: Stelkens/Bonk/Leonhardt, § 28 Rdnr. 29; Borgs, in: Meyer/Borgs, § 28 Rdnr. 25.

[141] Siehe auch Bley, in: SGB-SozVers-GesKomm, § 34 Anm. 14 c bb; Pickel, § 24 Anm. 4 d und Leonhardt, in: Stelkens/Bonk/Leonhardt, § 28 Rdnr. 29; Clausen, in: Knack, § 28 Rdnr. 4.4; Borgs, in: Meyer/Borgs, § 28 Rdnr. 25.

[142] Kopp, § 19 Rdnr. 4; ähnlich: Borgs, in: Meyer/Borgs, § 19 Rdnr. 4 und § 28 Rdnr. 7 m. w. N.

nehmen zu können. Aus § 18 Abs. 1 VwVfG läßt sich daher nur eine Untergrenze von fünfzig Verwaltungsakten entnehmen.

Ein Anhaltspunkt dafür, wann im Verwaltungsverfahren pauschal von einer „größeren Zahl“ auszugehen ist, könnte sich aus § 76 Abs. 6 VwVfG ergeben. Dort ist vorgesehen, daß zur Erörterung der Einwendungen gegen einen Plan im Anhörungsverfahren, das unter anderem auch dem rechtlichen Gehör dient[143], eine öffentliche Bekanntmachung die Benachrichtigung über den Erörterungstermin ersetzen kann, wenn mehr als dreihundert Benachrichtigungen vorzunehmen wären[144]. Auch hier sind wieder Gesichtspunkte der Verwaltungseffizienz berücksichtigt worden. Dabei hat der Gesetzgeber in Kauf genommen, daß durch die andere Art der Benachrichtigung nicht alle zu benachrichtigenden Personen auch tatsächlich Kenntnis erlangen und daher im Anhörungsverfahren ihre Einwendungen nicht erörtern können. Der Gesetzgeber wertet in § 76 Abs. 6 VwVfG bei Verwaltungshandlungen dreihunderteins als eine „größere Zahl“, d. h. eine Anzahl, bei der eine Überlastung der Verwaltung droht. Diese Wertung des Gesetzgebers ist auf die Ausnahme von der Anhörung Beteiligter nach § 24 Abs. 2 Nr. 4, 2. Alt. SGB X übertragbar. Zwar wird dadurch pauschal beim Erlaß von mindestens dreihunderteins gleichartigen Verwaltungsakten die Möglichkeit eröffnet, von einer Anhörung Beteiligter abzusehen, während im Anhörungsverfahren zur Planfeststellung nur die Chance der Gelegenheit zur Erörterung verschlechtert wird. Andererseits wird im Anhörungsverfahren zur Planfeststellung aber auch eine Anhörung im Widerspruchsverfahren durch §§ 74, 70 VwVfG ausgeschlossen, während diese sonst stattfindet. Beim Erlaß von mehr als dreihundert gleichartigen Verwaltungsakten kann die Behörde daher davon ausgehen, daß der Tatbestand des § 24 Abs. 2 Nr. 4, 2. Alt. SGB X erfüllt ist.

Voraussetzung ist weiterhin, daß diese Massenverwaltungsakte gleichzeitig oder kurz hintereinander erlassen werden; das folgt aus dem Zweck der Ausnahmeregelung, eine Überlastung zu vermeiden[145]. Beim Erlaß von mehr als fünfzig bis zu dreihundert gleichartigen Verwaltungsakten kann vom Tatbestand des Erlasses von Massenverwaltungs-

---

[143] Bonk, in: Stelkens/Bonk/Leonhardt, § 73 Rdnr. 8; Kopp, § 73 Rdnr. 1.

[144] Vgl. auch § 10 Abs. 8 BImSchG und § 18 Abs. 5 FStrG.

[145] Bley, in: SGB-SozVers-GesKomm, § 34 Anm. 14 c bb; Grüner, § 24 Anm. IX 7; Rohwer-Kahlmann/Ströer, § 34 Rdnr. 4; Clausen, in: Knack, § 28 Rdnr. 4.4. — Bedenken bei: Thieme, in: Wannagat, § 34 Rdnr. 19; Peters, § 34 Anm. 6; VDR-Komm, § 24 Rdnr. 11; a. A.: BT-Drucks. 7/910, S. 52 unter Berufung auf Art. 3 Abs. 1 GG. — Die Differenzierung zwischen dem Erlaß zahlreicher gleichartiger Verwaltungsakte und nur weniger verstößt jedoch nicht als willkürlich gegen diese Norm, da durch die Überlastungsgefahr ein sachlicher Grund besteht.

akten nur ausgegangen werden, wenn zugleich Anhaltspunkte für die Gefahr einer Überlastung der Behörde bestehen.

3. *Abweichende Rechtslage nach § 28 VwVfG und § 91 AO*

Nach § 28 Abs. 2 Nr. 4 VwVfG und § 91 Abs. 2 Nr. 4 AO kann nicht nur bei Vorliegen der auch in § 24 Abs. 2 Nr. 4 SGB X aufgeführten Tatbestände von der Anhörung Beteiligter abgesehen werden, sondern auch dann, wenn die Behörde „Verwaltungsakte mit Hilfe automatischer Einrichtungen erlassen will“[146]. Die Ausnahme von der Anhörung Beteiligter vor dem Erlaß sog. EDV-Bescheide rechtfertigt sich aus der Überlegung, daß die Verwaltung ihre Aufgaben wegen der Vielzahl heute oft nur durch den Einsatz von EDV-Anlagen erfüllen kann und eine Anhörung bei der Vielzahl von EDV-Bescheiden die Behörde überlasten würde. Die Interessen des Beteiligten erscheinen auch bei diesem Ausnahmetatbestand gewahrt, soweit die automatischen Einrichtungen im Bereich der einfachen, schematischen und „unpersönlichen“ Massenverwaltung zum Einsatz kommen, wie bei der periodischen automatischen Feststellung von Verbrauchswerten. Es ist daher zu fordern, daß als Verwaltungsakte, die mit Hilfe automatischer Einrichtungen hergestellt werden, nur solche angesehen werden, bei denen der Bescheid nicht nur formell automatisch „ausgedruckt“ wird, wie bei Schreibautomaten[147], sondern auch inhaltlich ohne manuelles Eingreifen gefertigt wird[148]. Als Beispiel für EDV-Bescheide werden die automatisch erstellten Telefongebühren-Abrechnungen der Deutschen Bundespost genannt[149].

Eine Überlastung der Behörde kann nicht nur drohen, wenn viele Verwaltungsakte erlassen werden sollen, sondern auch, wenn ein Verwaltungsakt an viele Adressaten als Sammelverfügung[150] ergeht. Auch dabei können viele Anhörungen Beteiligter durchzuführen sein. Dieser Fall wird weder von § 24 Abs. 2 Nr. 4 SGB X[151] noch von § 28 Abs. 2 Nr. 4 VwVfG und § 91 Abs. 2 Nr. 4 AO erfaßt. Während er wegen des

---

[146] § 34 ESGB I sah in Abs. 2 Nr. 4 zunächst vor, daß von der Anhörung Beteiligter abgesehen werden kann, wenn „gleichartige Verwaltungsakte in größerer Zahl oder mit Hilfe automatischer Einrichtungen erlassen werden sollen“ — auf Vorschlag des Ausschusses für Arbeit und Sozialordnung ist die heutige Fassung teils zur Harmonisierung mit § 24 EVwVfG 1973, teils zur Verstärkung der Anhörung Beteiligter entstanden. Vgl. BT-Drucks. 7/3786, S. 5.

[147] Clausen, in: Knack, § 28 Rdnr. 4.4.

[148] Orlopp, in: Klein/Orlopp, § 91 Anm. 5 d; siehe auch bei Söhn, in: Hübschmann/Hepp/Spitaler, § 91 Rdnr. 38 und Helsper, in: Koch, § 91 Rdnr. 9.

[149] Siehe bei Borgs, in: Meyer/Borgs, § 28 Rdnr. 26.

[150] Siehe bei Wolff/Bachof, VwR I, § 45 II c 2.

[151] Peters, § 34 Anm. 6.

abschließenden Charakters der Ausnahmeregelungen in § 24 Abs. 2 SGB X[152] dort keine Berücksichtigung finden kann, besteht nach § 28 Abs. 2 VwVfG und § 91 Abs. 2 AO aufgrund der Generalklausel[153] die Möglichkeit, auch in diesem Fall von der Anhörung Beteiligter abzusehen[154].

V. Anpassung einkommensabhängiger Leistungen

In Abs. 2 des § 24 SGB X ist unter Nr. 5 vorgesehen, daß eine Anhörung dann unterbleiben kann, wenn „einkommensabhängige Leistungen den geänderten Verhältnissen angepaßt werden sollen". Dieser Ausnahmetatbestand hat in § 28 VwVfG und § 91 AO, die für Verwaltungsbereiche gelten, in denen in der Regel keine Leistungen seitens der Verwaltung an den Beteiligten erbracht werden, keine Parallele. Die Ausnahmeregelung dient dazu, die Verwaltungseffektivität zu erhöhen, indem sie das Absehen von einer Anhörung Beteiligter, die überflüssig erscheint, ermöglicht. Eine Äußerung des Beteiligten ist beim Anpassungsbescheid nicht zu erwarten, da der Leistungsgrund bestehen bleibt und lediglich die Anspruchshöhe dem geänderten Einkommen angepaßt wird. Das bedeutet, daß der entscheidungsrelevante Tatbestand dem Beteiligten bekannt ist und für eine Äußerung dazu regelmäßig kein Raum ist[155].

Voraussetzung für das Vorliegen des Ausnahmetatbestandes des § 24 Abs. 2 Nr. 5 SGB X ist, daß Regelungsgegenstand des Anpassungsbescheides eine einkommensabhängige Leistung ist. Solche Leistungen sind diejenigen Leistungen, die von den laufenden Einnahmen des Leistungsempfängers abhängig sind. Das sind auch die Leistungen, die als dynamisierte Leistungen am früheren und als fortbezogen angesehenen Einkommen im Vergleich mit dem entsprechenden Einkommen Erwerbstätiger orientiert sind[156]. Regelmäßig wird es sich um Sozialleistungen in der Form der Geldleistung handeln[157]. Als Beispiel für einkommensabhängige Leistungen können die Renten in der gesetzlichen Renten- und Unfallversicherung genannt werden[158].

---

[152] Siehe oben 4. Kapitel unter A I.

[153] Siehe oben 4. Kapitel unter A III.

[154] BT-Drucks. 7/910, S. 52.

[155] Rohwer-Kahlmann/Ströer, § 34 Rdnr. 3; v. Wulffen, in: Schroeder-Printzen/Engelmann u. a., § 24 Anm. 8.2; Grüner, § 24 Anm. IX 8; Schellhorn, in: Burdenski/v. Maydell/Schellhorn, § 34 Rdnr. 36.

[156] Bley, in: SGB-SozVers-GesKomm, § 34 Anm. 15 c.

[157] Vgl. § 11 SGB I — siehe auch bei Hauck/Haines, § 24 Rdnr. 17.

[158] Vgl. auch BSG, in: SozR 1200, § 34 Nr. 14, S. 61 ff., 63: Danach liegt bei einer wiederaufgelebten Witwenrente (§ 1291 Abs. 2 RVO) eine einkommensabhängige Leistung nicht vor, wenn eine Witwe nach Auflösung ihrer zweiten Ehe aus verständigem Grund einen Unterhaltsverzicht erklärt hat.

Obwohl auch Beiträge vom Beteiligten an die Träger der Sozialversicherung nach allgemeinem juristischen Sprachgebrauch „geleistet“ werden, wird im Sozialrecht unter einer „Leistung“ regelmäßig nur diejenigen eines Leistungsträgers an einen Beteiligten verstanden[159]. Dementsprechend wird der Fall der Beitragsänderung nicht von § 24 Abs. 2 Nr. 5 SGB X erfaßt[160]; kann aber unter § 24 Abs. 2 Nr. 3, 4 SGB X fallen.

Einkommensabhängige Leistungen werden „angepaßt“, indem sie erhöht oder gekürzt werden. Der Fall der Erhöhung kann hier außer Betracht bleiben, da in diesem Fall die Voraussetzung des § 24 Abs. 1 SGB X, daß in ein Recht eingegriffen wird, nicht erfüllt wird[161]. Angepaßt wird eine Leistung auch dann, wenn sie im Extremfall auf Null gekürzt wird[162], nicht jedoch, wenn die Leistung fortfällt, weil der Leistungstatbestand nicht mehr erfüllt wird. Von einer Anpassung kann auch dann nicht gesprochen werden, wenn zuvor noch keine Leistung erbracht worden ist, also bei der Erstfeststellung; Anpassung setzt stets die Neufestsetzung einer bereits gewährten Leistung voraus[163]. Da eine Ausnahme von der Anhörung Beteiligter nach § 24 Abs. 2 Nr. 5 SGB X nicht für jeden Fall der Anpassung einer Leistung an geänderte Verhältnisse vorgesehen ist, sondern nur für den speziellen Fall der einkommensabhängigen Leistungen, sind entsprechend unter „Verhältnisse“ i. S. d. Vorschrift nur die Einkommensverhältnisse zu verstehen[164]. Die Anpassung einer einkommensabhängigen Leistung an die Vermögensverhältnisse des Beteiligten erfüllt daher nicht den Tatbestand der Anpassung einkommensabhängiger Leistung an die geänderten Verhältnisse i. S. d. Ausnahmeregelung[165].

Die Erfüllung des Tatbestandes des § 24 Abs. 2 Nr. 5 SGB X ist unabhängig davon, ob der Anpassungsbescheid aufgrund eigener Ermitt-

---

[159] Vgl. BSGE 3, 234 (235 f.); 5, 140 (141 f.) und 6, 47 (50) zu § 144 SGG.

[160] Bley, in: SGB-SozVers-GesKomm, § 34 Anm. 15 b; Thieme, in: Wannagat, § 34 Rdnr. 20; Schellhorn, in: Burdenski/v. Maydell/Schellhorn, § 34 Rdnr. 36; Grüner, § 24 Anm. IX 8.

[161] Vgl. Bley, in: SGB-SozVers-GesKomm, § 34 Anm. 15 d.

[162] Grüner, § 24 Anm. IX 8 und Thieme, in: Wannagat, § 34 Rdnr. 20 sprechen insofern von „entziehen“.

[163] Schellhorn, in: Burdenski/v. Maydell/Schellhorn, § 34 Rdnr. 37; Bley, in: SGB-SozVers-GesKomm, § 34 Anm. 15 b; Grüner, § 24 Anm. IX 8; Pickel, § 24 Anm. 4 e; VDR-Komm, § 24 Rdnr. 11.

[164] Schnapp, in: BochKomm, § 34 Rdnr. 20; Bley, in: SGB-SozVers-GesKomm, § 34 Anm. 15 d; Rohwer-Kahlmann/Ströer, § 34 Rdnr. 11; v. Wulffen, in: Schroeder-Printzen/Engelmann u. a., § 24 Anm. 8.2; Hauck, in: Hauck/Haines, § 24 Rdnr. 17; Schellhorn, in: Burdenski/v. Maydell/Schellhorn, § 34 Rdnr. 36.

[165] Schellhorn, in: Burdenski/v. Maydell/Schellhorn, § 34 Rdnr. 38; Schnapp, in: BochKomm, § 34 Rdnr. 20; Pickel, § 24 Anm. 4 e; Thieme, in: Wannagat, § 34 Rdnr. 20; Grüner, § 24 Anm. IX 8 — unzutreffend insofern bezüglich § 60 Abs. 4 BVG: Hauck, in: Hauck/Haines, § 24 Rdnr. 17.

lungen der Behörde erfolgt oder aufgrund einer Erklärung des Beteiligten[166]. Bei einer Anpassung aufgrund eigener Angaben des Beteiligten kann auch nach § 24 Abs. 2 Nr. 3 SGB X von der Anhörung abgesehen werden[167]. Auch der Ausnahmetatbestand des § 24 Abs. 2 Nr. 4 SGB X kann gleichzeitig mit dem der Nr. 5 erfüllt sein[168].

Sind die Einkommensverhältnisse von der Behörde ermittelt worden, so kann dies bei der Ermessensausübung zu berücksichtigen sein. Das ist etwa der Fall, wenn eine Anhörung des Beteiligten zu einer anderen Beurteilung der Einkommensverhältnisse führen könnte, etwa hinsichtlich der abzugsfähigen Aufwendungen für Einnahmen aus einer nicht abhängigen Beschäftigung.

VI. Maßnahmen in der Verwaltungsvollstreckung

Nach § 24 Abs. 2 Nr. 6 SGB X kann von der Anhörung Beteiligter dann abgesehen werden, wenn Maßnahmen in der Verwaltungsvollstreckung getroffen werden sollen. Diese Vorschrift stimmt mit § 28 Abs. 2 Nr. 5 VwVfG und § 91 Abs. 2 Nr. 5 AO überein. Sie dient dazu, den Erfolg der Maßnahme sicherzustellen, der gefährdet erscheint, wenn der Beteiligte durch eine Anhörung von den beabsichtigten Vollstreckungsmaßnahmen erfährt und sich ihnen entziehen kann[169].

Die Verwaltungsvollstreckung ist für das Sozialrecht in § 66 SGB X geregelt. Nach Abs. 1 dieser Vorschrift gilt für die Vollstreckung zugunsten der Behörden des Bundes und der bundesunmittelbaren juristischen Personen des öffentlichen Rechts[170] das Verwaltungs-Vollstreckungsgesetz des Bundes; nach Abs. 2 gilt ansonsten das jeweilige Verwaltungs-Vollstreckungsgesetz des Landes. Auch für die Vollstreckung nach diesen Gesetzen gilt das 10. Buch des Sozialgesetzbuches, da die Vollstreckung nach § 66 SGB X i. V. m. dem jeweiligen Verwaltungs-Vollstreckungsgesetz, insofern also durch die Behörde nach dem 10. Buch des Sozialgesetzbuches, wie in § 1 Abs. 1 S. 1 SGB X vorausgesetzt, erfolgt[171]. Keine Anwendung findet das 10. Buch des Sozial-

---

[166] Schnapp, in: BochKomm, § 34 Rdnr. 20; Hauck, in: Hauck/Haines, § 24 Rdnr. 17; Pickel, § 24 Anm. 4 e — von Thieme, in: Wannagat, § 34 Rdnr. 20 und Grüner, § 24 Anm. IX 8 wird die Vorschrift — ohne Begründung — restriktiv dahin ausgelegt, daß sie nicht für die Amtsermittlung gelten soll.

[167] Siehe auch VDR-Komm, § 24 Rdnr. 11.

[168] Vgl. Bley, in: SGB-SozVers-GesKomm, § 34 Anm. 15 a; Hauck, in: Hauck/Haines, § 24 Rdnr. 16; Jahn, § 24 Rdnr. 3.

[169] Siehe dazu auch schon oben 4. Kapitel unter A I.

[170] Vgl. § 90 Abs. 1 SGB IV.

[171] Das entspricht auch der im Gesetzgebungsverfahren zum Ausdruck gekommenen Intention, für den gesamten Sozialleistungsbereich einheitliche

gesetzbuches jedoch, wenn, wie in § 66 Abs. 4 SGB X vorgesehen, die Behörde die Vollstreckung nach der Zivilprozeßordnung durch einen Gerichtsvollzieher[172] vornehmen läßt. § 834 ZPO enthält dafür eine dem § 24 Abs. 2 Nr. 6 SGB X entsprechende Regelung.

Als Maßnahmen in der Verwaltungsvollstreckung i. S. d. § 24 Abs. 2 Nr. 6 SGB X kommen nur Verwaltungsakte in Betracht, da nur vor ihrem Erlaß eine Verpflichtung zur Anhörung bestehen kann. Als Beispiel seien hier Bescheide über die Festsetzung eines Zwangsmittels[173], etwa eines Zwangsgeldes genannt. Da die Ausnahmevorschrift nur Maßnahmen *in* der Verwaltungsvollstreckung[174] erfaßt, kann nach ihr von der Anhörung vor Erlaß des der Vollstreckung zugrunde liegenden Verwaltungsakts nicht abgesehen werden[175]. Das gilt auch dann, wenn Grundverfügung und Vollstreckung beim sofortigen Vollzug[176] zusammenfallen[177]; in diesem Fall wird jedoch nach § 24 Abs. 2 Nr. 1, 1. Alt. SGB X von einer Anhörung vor dem Erlaß der Grundverfügung abgesehen werden können[178].

Liegt der Tatbestand des § 24 Abs. 2 Nr. 6 SGB X vor, so ist es bei der Ausübung des Ermessens etwa zu beachten, wenn der Beteiligte keine Möglichkeit hat, sich der Vollstreckung zu entziehen und der Erfolg der Maßnahme daher nicht gefährdet ist[179].

Verfahrensvorschriften zu schaffen. Vgl. BT-Drucks. 8/2034, S. 30; bei Hauck, in: Hauck/Haines, § 1 Rdnr. 12 und Engelmann, in: Schroeder-Printzen/Engelmann u. a., § 1 Anm. 2.3 jeweils m. w. N.

172 Siehe bei Schroeder-Printzen, in: Schroeder-Printzen/Engelmann u. a., § 66 Anm. 6 f.

173 Vgl. § 9 Abs. 1 VwVG und z. B. weiterhin auch § 57 Abs. 1 VwVG NW.

174 Vgl. dazu Bley, in: SGB-SozVers-GesKomm, § 34 Anm. 16; Peters, § 34 Anm. 6.

175 Schellhorn, in: Burdenski/v. Maydell/Schellhorn, § 34 Rdnr. 40; v. Wulffen, in: Schroeder-Printzen/Engelmann u. a., § 24 Anm. 8.2; Schnapp, in: BochKomm, § 34 Rdnr. 21; Pickel, § 24 Anm. 4 d; Grüner, § 24 Anm. IX 9 — weitergehend zu § 28 VwVfG: Kopp, § 28 Rdnr. 53 und zu § 91 AO: Söhn, in: Hübschmann/Hepp/Spitaler, § 91 Rdnr. 39, die von einer „Vollstreckung i. w. S." ausgehen wollen und die Ausnahmeregelung auf die Fälle analog anwenden, in denen ein Verwaltungsakt bereits durch einen vorausgehenden Verwaltungsakt im wesentlichen vorbestimmt ist. Gegen eine solche Anwendung, die bei § 24 Abs. 2 Nr. 6 SGB X wegen des abschließenden Charakters der Ausnahmeregelung (siehe oben 4. Kapitel unter A I) nicht in Betracht kommt, spricht bei § 28 VwVfG und § 91 AO das Vorhandensein der Generalklausel in Abs. 2 (siehe oben 4. Kapitel unter A III), durch die diese Fälle erfaßt werden können.

176 Vgl. § 6 Abs. 2 VwVG und z. B. § 55 Abs. 2 VwVG NW.

177 BVerwGE 26, 161 (164); OVG Münster, in: OVGE 11, 68 (72); Drews, in: Drews/Wacke/Vogel/Martens, § 7 7; § 10 3 a aa. Nach Skouris, S. 278 ff., 281 erfolgt beim sofortigen Vollzug eine Vollstreckung ohne Verwaltungsakt; dabei wäre keine Anhörung erforderlich.

178 Schnapp, in: BochKomm, § 34 Rdnr. 20; zu § 28 VwVfG: Clausen, in: Knack, § 28 Rdnr. 4.5.

179 Siehe oben 4. Kapitel unter A I.

Zweiter Teil

Verstoß gegen die Anhörungspflicht

Erstes Kapitel

Folgen eines Verstoßes

A. Fehlerhaftigkeit des Verwaltungsakts

I. Rechtswidrigkeit

Wird eine nach § 24 SGB X vorzunehmende Anhörung Beteiligter nicht vorgenommen, so liegt ein Verfahrensfehler vor, etwa wenn die Behörde irrig eine Ausnahme für gegeben hält. Dem Unterlassen der Anhörung steht es gleich, wenn die Behörde den Beteiligten zwar anhört, dabei aber fehlerhaft handelt. Das ist z. B. der Fall, wenn die Behörde dem Beteiligten den Anhörungsgegenstand nicht mitteilt[1] oder eine zu kurze Äußerungsfrist setzt[2]. Um einen Fall unterlassener Anhörung handelt es sich auch, wenn eine notwendige Hinzuziehung[3] eines dann anzuhörenden Beteiligten unterbleibt[4].

Der Verfahrensfehler, der bei unterlassener oder fehlerhafter Anhörung vorliegt, führt zu einer Fehlerhaftigkeit des Verfahrensprodukts, d. h. des Verwaltungsakts. Der Verwaltungsakt wird durch den Verfahrensfehler rechtswidrig[5]. Dies folgt aus § 42 SGB X[6]. Diese Vorschrift enthält eine Regelung über den Anspruch auf Aufhebung eines Verwaltungsakts, der unter Verstoß gegen eine Verfahrensvorschrift erlassen worden ist. Die Aufhebung eines Verwaltungsakts kann, wie das Prozeßrecht verdeutlicht[7], aber nur dann beansprucht werden, wenn der Verwaltungsakt rechtswidrig ist.

---

[1] Vgl. BSG, in: SozR 1300, § 24 Nr. 2.

[2] BSG, in: SozR 1200, § 34 Nr. 12.

[3] Siehe oben 2. Kapitel unter C III.

[4] v. Wulffen, S. 115.

[5] Siehe dazu auch Meyer, S. 307; Laubinger, S. 334 f. sowie Meyer, in: Meyer/Borgs, § 45 Rdnr. 1.

[6] Entsprechend § 46 VwVfG und § 127 AO.

Bis zu seiner Aufhebung ist ein rechtswidriger Verwaltungsakt gemäß § 39 Abs. 2 SGB X wirksam[8]. Er ist mit Erfolg anfechtbar, d. h., seine Aufhebung kann erfolgreich durch Widerspruch oder Anfechtungsklage beansprucht werden. Wird ein solcher Rechtsbehelf nicht oder nicht zulässig erhoben, z. B. wenn die Rechtsbehelfsfrist[9] versäumt wird, so wird der Verwaltungsakt formell bestandskräftig, d. h. unanfechtbar und kann nach § 77 SGG[10] auch materiell bestandskräftig werden[11].

Ein fehlerhafter Verwaltungsakt kann jedoch nicht nur rechtswidrig, sondern auch nichtig sein[12]. Ein nichtiger Verwaltungsakt ist gemäß § 39 Abs. 3 SGB X[13] unwirksam; er ist daher nicht aufzuheben, sondern es kann lediglich seine Nichtigkeit festgestellt werden[14].

II. Nichtigkeit

Wann die Fehlerhaftigkeit eines Verwaltungsakts zur Nichtigkeit führt, ist in § 40 SGB X[15] geregelt. Nach Abs. 1 dieser Vorschrift ist ein Verwaltungsakt nichtig, „soweit er an einem besonders schwerwiegenden Fehler leidet und dies bei verständiger Würdigung aller in Betracht kommenden Umstände offenkundig ist". Daneben enthält Absatz 2 einen Katalog der Fehler, deren Vorliegen zur Nichtigkeit führen; Absatz 3 zählt Fehler auf, bei denen die Nichtigkeitsfolge nicht ohne weiteres eintritt. Da ein Verstoß gegen § 24 SGB X nicht in § 40 Abs. 2 und 3 SGB X geregelt ist, muß zur Beurteilung der Frage, ob ein Verwaltungsakt, bei dessen Erlaß gegen § 24 SGB X verstoßen worden ist, nichtig ist, auf die Generalklausel des § 40 Abs. 1 SGB X zurückgegriffen werden.

Zur Beurteilung, ob ein fehlerhafter Verwaltungsakt nichtig ist, wird der Evidenztheorie folgend in § 40 Abs. 1 SGB X auf die Schwere und Offenkundigkeit des Fehlers abgestellt[16]. Ein Fehler wiegt dann schwer,

---

[7] Siehe § 54 Abs. 2 S. 1 SGG, § 113 Abs. 1 S. 1 VwGO, entsprechend auch § 100 Abs. 1 S. 1 FGO.

[8] Ebenso § 43 Abs. 2 VwVfG und § 124 Abs. 2 AO.

[9] §§ 81, 87 SGG; §§ 70, 74 VwGO, § 355 AO und § 47 FGO.

[10] Dazu: Meyer-Ladewig, § 77 Rdnr. 3 ff.

[11] Siehe bei Wolff/Bachof, VwR I, § 52 und Badura, in: Erichsen/Martens, § 41 V 1.

[12] Laubinger, S. 335.

[13] Ebenso § 43 Abs. 3 VwVfG und § 124 Abs. 3 AO.

[14] Siehe § 40 Abs. 5 SGB X, entsprechend § 44 Abs. 5 VwVfG, § 125 Abs. 5 AO; vgl. auch § 55 Abs. 1 Nr. 2 SGG, § 43 Abs. 1, 2. Alt. VwGO, § 41 Abs. 1, 2. Alt. FGO.

[15] Entsprechend § 44 VwVfG, § 125 AO.

[16] Siehe bei Schroeder-Printzen, in: Schroeder-Printzen/Engelmann u. a.,

wenn er zur geltenden Rechtsordnung oder ihr zugrunde liegenden Zweck- und Wertvorstellungen derart in Widerspruch steht, daß es unerträglich wäre, wenn der Verwaltungsakt Rechtswirkung hätte[17]. Die Anhörung Beteiligter im Verwaltungsverfahren stellt einen vom Rechtsstaatsprinzip getragenen Verfahrensgrundsatz dar[18], der durch § 24 SGB X im Sozialverwaltungsrecht besonders stark ausgeprägt ist[19]. Dennoch kann ein Verstoß gegen § 24 SGB X nicht als ein schwerwiegender Fehler angesehen werden[20]. Diese Wertung folgt aus § 41 Abs. 1 Nr. 3 SGB X[21]: Ist dort vorgesehen, daß der Verfahrensfehler durch Unterlassen der Anhörung Beteiligter durch Nachholung geheilt werden kann, so ist dem die Wertung des Gesetzgebers zu entnehmen, daß eine fehlende Anhörung den Verwaltungsakt nicht nichtig werden läßt[22]. Auch verlangt der Grundsatz der Anhörung Beteiligter im Verwaltungsverfahren keine uneingeschränkte Geltung, wie § 24 Abs. 2 SGB X zeigt[23].

Bei einem Verfahrensfehler durch Verstoß gegen § 24 SGB X fehlt es auch an der Offenkundigkeit des Fehlers[24]. Diese liegt nur vor, wenn der Fehler für einen durchschnittlichen Betrachter ohne weiteres erkennbar ist[25]. Ein unter Verstoß gegen § 24 SGB X erlassener Verwaltungsakt ist daher nicht nichtig, sondern (nur) rechtswidrig[26].

---

§ 40 Anm. 2 m. w. N.; BT-Drucks. 8/2034, S. 33; 7/910, S. 63 sowie Kopp, § 44 Rdnr. 3 m. w. N.

[17] Siehe Schroeder-Printzen, in: Schroeder-Printzen/Engelmann u. a., § 40 Anm. 2; sowie Kopp, § 44 Rdnr. 5 ff.

[18] Siehe oben 1. Teil, 1. Kapitel unter C II 2.

[19] Siehe oben 1. Teil, 4. Kapitel unter A I.

[20] Meyer, S. 307; v. Wulffen, in: Schroeder-Printzen/Engelmann u. a., § 24 Anm. 9.

[21] Pickel, § 24 Anm. 5.

[22] Vgl. Kopp, § 44 Rdnr. 6.

[23] Vgl. oben 1. Teil, 4. Kapitel unter A I.

[24] Schellhorn, in: Burdenski/v. Maydell/Schellhorn, § 34 Rdnr. 49; v. Wulffen, in: Schroeder-Printzen/Engelmann u. a., § 24 Anm. 9.

[25] Siehe Schroeder-Printzen, in: Schroeder-Printzen/Engelmann u. a., § 40 Anm. 4; Kopp, § 28 Rdnr. 9.

[26] H. M., vgl. BSGE 44, 207 (210) und Schellhorn, in: Burdenski/v. Maydell/Schellhorn, § 34 Rdnr. 49 jeweils m. w. N.; sowie Pickel, § 24 Anm. 5; Hauck, in: Hauck/Haines, § 24 Rdnr. 19; Peters, § 34 Anm. 2; Bley, in: SGB-SozVers-GesKomm, § 34 Anm. 8 a; Grüner, § 24 Anm. VIII 1; v. Wulffen, in: Schroeder-Printzen/Engelmann u. a. § 24 Anm. 9; Krasney, S. 546; Prochnow, S. 372; Meyer, S. 307 — zu § 28 VwVfG: vgl. Clausen, in: Knack, § 28 Rdnr. 6 — zu § 91 AO: Hübschmann, in: Hübschmann/Hepp/Spitaler, § 91 Rdnr. 41.

B. Aufhebung des Verwaltungsakts

Grundsätzlich ist der unter Verstoß gegen § 24 SGB X erlassene Verwaltungsakt auf einen Widerspruch oder eine Anfechtungsklage des Betroffenen hin durch die Behörde bzw. das Gericht aufzuheben. Die Aufhebung kann jedoch dann nicht mehr beansprucht werden, wenn dieser Verfahrensfehler durch Heilung gemäß § 41 Abs. 1 Nr. 3 SGB X[27] unbeachtlich geworden ist.

I. Heilung des Verfahrensfehlers

Nach § 41 Abs. 1 Nr. 3 SGB X ist die Verletzung einer Verfahrensvorschrift unbeachtlich, wenn „die erforderliche Anhörung eines Beteiligten nachgeholt wird". Demnach kann ein Verstoß gegen § 24 SGB X durch die nachträgliche Anhörung Beteiligter geheilt werden. Von der Nachholung der Anhörung ist diejenige Anhörung zu unterscheiden, die, soweit § 71 VwGO nicht einschlägig ist, nach §§ 24, 62 SGB X[28] zusätzlich durchzuführen ist, wenn der Verwaltungsakt durch den Widerspruchsbescheid „verbösert" werden soll[29].

Gemäß § 41 Abs. 2 SGB X darf die Anhörung aber „nur bis zum Abschluß eines Vorverfahrens oder, falls ein Vorverfahren nicht stattfindet, bis zur Erhebung der Klage nachgeholt werden". Die Regelung der Heilung rechtfertigt sich daraus, daß eine Anhörung dem Beteiligten solange noch die Möglichkeit gibt, auf den Verwaltungsakt Einfluß zu nehmen, wie sich das Verfahren noch im Verantwortungsbereich der Verwaltung befindet[30]. Diese Voraussetzung liegt auch dann vor, wenn etwa vor Abschluß des Vorverfahrens bzw. vor Erhebung der Klage bei Gericht ein Antrag auf Aussetzung der sofortigen Vollziehung gestellt wird[31]. Im gerichtlichen Verfahren gegen den Verwaltungsakt ist eine Heilung dagegen nicht mehr möglich[32].

---

[27] Entsprechend § 45 Abs. 1 Nr. 3 VwVfG, § 126 Abs. 1 Nr. 3 AO.

[28] Nach Kopp, VwGO, § 71 Rdnr. 1 ist ggf. § 71 VwGO analog anzuwenden. Diese Ansicht verkennt jedoch, daß die für eine Analogie erforderliche Gesetzeslücke (vgl. Larenz, S. 354 ff., S. 365 ff.) nicht besteht.

[29] Siehe auch § 367 Abs. 2 S. 2 AO.

[30] Vgl. BSG, in: SozR 1200, § 34 Nr. 1, S. 2 f.; Nr. 2, S. 9 (= BSGE 44, 207 [211 f.]); Nr. 5 (= BSGE 47, 249 [253]); Nr. 7, S. 33; Grüner, § 24 Anm. VII 3 — zur nachträglichen Anhörung siehe auch oben, 1. Teil, 4. Kapitel unter A I und Eibert, S. 155 ff.

[31] Vgl. OVG Münster, in: NJW 1978, S. 1764 f.; OVG Rheinland-Pfalz, in: DÖV 1979, S. 606 f. sowie dazu Laubinger, S. 341 f. und Schoch, in: NVwZ 1983, S. 256 ff.

[32] Diese Regelung kann auch nicht dadurch umgangen werden, daß während des Verfahrens fehlerfrei ein neuer Bescheid erlassen wird, vgl. VDR-Komm, § 24 Rdnr. 12 und BSG, in: SozR 1200, § 34 Nr. 5 (= BSGE 47, 249 f.); Nr. 6; Nr. 10 (= BSGE 49, 229); Nr. 15.

Dem Grundgedanken der Heilung eines Verstoßes gegen § 24 SGB X im Verwaltungsverfahren entsprechend, könnte der Zeitpunkt der Beendigung des Vorverfahrens, auf den § 41 Abs. 2, 1. Alt. SGB X abstellt, ebenso wie in der 2. Alternative als der Zeitpunkt der Klageerhebung[33] zu bestimmen sein[34]. Dagegen spricht jedoch die selbständige Erwähnung des Abschlusses des Vorverfahrens in § 41 Abs. 2 SGB X, so daß für die 1. Alternative auf die Beendigung des Vorverfahrens abzustellen ist. Damit stellt sich die Frage, ob das Vorverfahren bereits mit der Entäußerung des Bescheides beendet ist oder erst mit dessen Zustellung. Für die erste Ansicht spricht, daß eine eventuelle Äußerung des Beteiligten nach der Absendung des Bescheides für diesen keine Berücksichtigung mehr finden kann. Die Wirksamkeit eines Bescheides setzt aber gemäß § 39 Abs. 1 SGB X[35] die Bekanntgabe voraus, die beim Widerspruchsbescheid gemäß §§ 85 Abs. 3 SGG, 73 Abs. 3 VwGO[36] durch Zustellung zu erfolgen hat. Die Bekanntgabe ist der Zeitpunkt, nach dem die Behörde ihre Entscheidung nur noch unter den Voraussetzungen der §§ 44 ff. SGB X aufheben kann. Da die Behörde bis zu diesem Zeitpunkt noch nicht an den Bescheid gebunden ist, muß ihr auch bis zu diesem Zeitpunkt die Möglichkeit der Heilung eines Verfahrensfehlers eingeräumt werden. Dementsprechend ist die Heilung — insbesondere durch (soweit zulässig) eine kurzfristige telefonische Anhörung — noch bis zur Zustellung des Widerspruchsbescheides zulässig[37].

Wird der Verwaltungsakt durch den Widerspruchsbescheid verbösert[38], so hat insofern kein Vorverfahren stattgefunden, so daß eine Heilung nach § 41 Abs. 2, 2. Alt. SGB X bis zur Erhebung der Klage nachgeholt werden kann[39]. Bis zu diesem Zeitpunkt kann auch eine Heilung erfolgen, wenn der Beteiligte gemäß § 78 Abs. 2 S. 1 SGG[40] von der Möglichkeit Gebrauch macht, anstelle eines Widerspruchs Klage zu erheben[41] oder aus anderen Gründen[42] kein Vorverfahren stattfindet.

[33] Das ist nach § 90 SGG, § 81 VwGO (entsprechend § 64 FGO) der Zeitpunkt des Eingangs der Klage beim Gericht — siehe auch bei Grüner, § 24 Anm. VII 2.

[34] BSG, in: SozR 1200, § 34 Nr. 13, S. 58.

[35] Entsprechend § 43 Abs. 1 VwVfG, § 124 Abs. 1 AO.

[36] Vgl. auch § 366 AO.

[37] So auch Wiesner, in: Schroeder-Printzen/Engelmann u. a., § 41 Anm. 3; zu § 45 Abs. 2 VwVfG: Kopp, § 45 Rdnr. 40; Klappstein, in: Knack, § 45 Rdnr. 4.2.1; Meyer, in: Meyer/Borgs, § 45 Rdnr. 25; Stelkens, in: Stelkens/Bonk/Leonhardt, § 45 Rdnr. 18; Ule/Laubinger, § 58 I 3; Weides, § 19 VI; zu § 45 Abs. 2 VwVfG NW: VG Münster, in: GewArch 1980, S. 195 sowie zu § 126 Abs. 2 AO: Kühn/Kutter, § 126 Anm. 3; Tipke, in: Tipke/Kruse, § 126 Rdnr. 3.

[38] Vgl. BSG, in: SozR 1200, § 34 Nr. 8, S. 39.

[39] Grüner, § 24 Anm. VII 2; zu § 45 Abs. 2 VwVfG: vgl. Stelkens, in: Stelkens/Bonk/Leonhardt, § 45 Rdnr. 25 und Weides, § 19 VI.

[40] Vgl. auch § 45 FGO.

Die Heilung eines Verstoßes gegen § 24 SGB X setzt nach § 41 Abs. 1 Nr. 3 SGB X voraus, daß die Anhörung Beteiligter nachgeholt wird. Das ist der Fall, wenn das durch § 24 SGB X vorgeschriebene Anhörungsverfahren nachträglich durchgeführt wird, dem Beteiligten also nach Mitteilung des Anhörungsgegenstandes Gelegenheit zur Äußerung in einer angemessenen Frist gegeben wird und eine eventuelle Äußerung des Beteiligten Berücksichtigung findet[43].

Fraglich ist, ob und ggf. unter welchen Voraussetzungen die Anhörung auch durch das Widerspruchsverfahren geheilt werden kann. Einer Heilung durch das Widerspruchsverfahren könnte der Wortsinn des § 41 Abs. 2 SGB X entgegenstehen. Nach der Vorschrift ist es zulässig, die versäumte Anhörung „bis zum Abschluß eines Vorverfahrens" nachzuholen. Das könnte bedeuten, daß eine Nachholung „*durch* das Vorverfahren" ausgeschlossen sein soll[44]. Durch die Formulierung der Norm ergibt sich jedoch nur zwingend, daß die Anhörung nicht automatisch allein aufgrund der Durchführung eines Vorverfahrens schon nachgeholt wird; es wird aber andererseits nicht ausgeschlossen, daß die Anhörung auch durch ein Vorverfahren bis zu seinem Abschluß nachgeholt werden kann[45].

Gegen die Möglichkeit, die Anhörung durch ein Vorverfahren nachzuholen, könnte sprechen, daß die Anhörung damit praktisch bedeutungslos werden könnte. Es besteht nämlich die Gefahr, daß sich die in der Praxis festzustellende Neigung, die als müßig empfundene Anhörung[46] zu unterlassen und ggf. bei einem Widerspruch des Beteiligten zu heilen[47], noch verstärkt, wenn die Heilung durch das Widerspruchsverfahren selbst eintreten kann. Dabei ist zu berücksichtigen, daß bei der nachgeholten Anhörung im Gegensatz zu der durch § 24 SGB X vorgeschriebenen vorherigen Anhörung bereits eine Entscheidung der Behörde „in der Welt" ist[48] und damit erfahrungsgemäß die Chancen einer Einflußnahme durch eine Äußerung des Beteiligten ohnehin geringer sind als bei einer vorherigen Anhörung[49]. Es erscheint daher angezeigt,

---

[41] BSG, in: SozR 1200, § 34 Nr. 1, S. 3; Nr. 2, S. 7 f. (= BSGE 44, 207 [210 f.]); Nr. 5 (= BSGE 47, 249 [253 f.]); Nr. 12, S. 56; Meyer, S. 307 und Grüner, § 24 Anm. VII 6.

[42] Vgl. § 78 Abs. 1 SGG, § 68 Abs. 1 VwGO.

[43] Siehe zum Inhalt des Rechts auf Anhörung oben, 1. Teil, 3. Kapitel.

[44] So OVG Münster, in: DVBl. 1981, S. 689, 690 zu § 45 Abs. 2 VwVfG NW; Mandelartz, S. 115 f. — siehe auch Pickel, § 24 Anm. 5.

[45] BVerwGE 66, 111 (115); Schoch, in: NVwZ 1983, S. 254.

[46] Vgl. die Ausführungen von Bonnermann, in: Der Kompaß 1978, S. 118 f.

[47] Vgl. Schoch, in: NVwZ 1983, S. 250 f. m. w. N.

[48] Hufen, S. 2165 spricht insofern von „verwaltungspsychologischer Bestandskraft".

[49] Vgl. Schoch, in: NVwZ 1983, S. 252 m. w. N.

der Tendenz, das Anhörungsrecht praktisch bedeutungslos werden zu lassen, dadurch entgegenzuwirken, daß ein Nachholen der Anhörung nur unter strengen Voraussetzungen, insbesondere nur bei der Durchführung eines eigenen, der vorherigen Anhörung (auch vom Aufwand her) entsprechenden Anhörungsverfahrens zugelassen wird[50]. Dagegen ist jedoch einzuwenden, daß ebenso wie für die Verwaltung auch für das Gericht, das über die Heilung durch nachgeholte Anhörung zu entscheiden hat, nach Art. 20 Abs. 3 GG allein das Gesetz Maßstab ist und edukatorische Überlegungen unberücksichtigt bleiben müssen. Insofern sind die Aufsichtsbehörden aufgerufen, die Einhaltung der Vorschriften für das Verwaltungsverfahren zu überwachen und sicherzustellen. Die Gefahr der praktischen Bedeutungslosigkeit des Anhörungsrechts kann dementsprechend nicht dazu führen, daß die Heilung einer unterlassenen Anhörung nicht auch durch das Vorverfahren erfolgen kann, wenn das Gesetz dies zuläßt. Nach dem Normtext ist aber die Heilung durch das Vorverfahren nicht ausgeschlossen und auch systematische Überlegungen, bei denen wie dargestellt erzieherische Gesichtspunkte außer Betracht bleiben müssen, bieten keinen Anhaltspunkt dafür, daß eine unterlassene Anhörung nicht auch durch das Widerspruchsverfahren geheilt werden kann.

Nach Sinn und Zweck des Anhörungsrechts ist erforderlich, daß der Beteiligte zur Verteidigung seiner Rechte im Verwaltungsverfahren die Möglichkeit erhält, auf das Verfahren und sein Ergebnis Einfluß zu nehmen[51]. Dazu ist im Fall der gesetzlich zugelassenen Heilung ein Anhörungsverfahren neben dem Vorverfahren nur geboten, wenn dies nicht auch durch das Widerspruchsverfahren geschehen kann[52].

Teilweise wird eine Heilung durch das Vorverfahren unabhängig von weiteren Voraussetzungen jedenfalls dann angenommen, wenn der Beteiligte durch den Widerspruch Gelegenheit hatte, seine Interessen zu vertreten, und von dieser Möglichkeit durch Einlegung des Widerspruchs auch Gebrauch gemacht hat[53]. Von der in § 41 Abs. 1 Nr. 3 SGB X geforderten Nachholung der Anhörung kann aber nur dann die Rede sein, wenn auch den Anforderungen des § 24 Abs. 1 SGB X entsprochen wird. Ein Nachholen kann daher nicht schon immer darin gesehen werden, daß ein Widerspruchsverfahren durchgeführt wird[54].

---

[50] Schoch, in: NVwZ 1983, S. 252 f.

[51] Siehe oben 1. Teil, 1. Kapitel unter C II 2.

[52] BVerwGE 66, 111 (114); 184 (189).

[53] Vgl. Casselmann, in: Koch/Hartmann, § 34 Rdnr. 9 und BVerwGE 54, 276 (279 f.).

[54] Behn, S. 314; Pickel, in: FS für Grüner, S. 319; Schoch, in: NVwZ 1983, S. 253 f.; zu § 45 Abs. 2 VwVfG: Klappstein, in: Knack, § 45 Rdnr. 3.3; zu § 45 Abs. 2 VwVfG NW: VG Münster, in GewArch 1980, S. 195; OVG Münster, in: DVBl. 1981, S. 689, 690 sowie Mandelartz, S. 115 f.

Vielmehr muß der Beteiligte durch die Begründung des Verwaltungsakts alle objektiv entscheidungserheblichen Tatsachen und ihre Entscheidungserheblichkeit erfahren haben. Weiterhin muß dem Beteiligten aufgrund der Rechtsbehelfsbelehrung bewußt gewesen sein, daß er nunmehr in der angegebenen Frist (die auch angemessen i. S. d. § 24 Abs. 1 SGB X sein muß) Gelegenheit hat, sich zu den entscheidungserheblichen Tatsachen und ihrer Entscheidungserheblichkeit zu äußern[55]. Schließlich muß eine eventuelle Äußerung des Beteiligten auch Berücksichtigung finden.

Wenn im Widerspruchsverfahren die Anhörung Beteiligter nach § 24 SGB X nachgeholt wird, ist nicht erforderlich, daß ein Widerspruchsbescheid ggf. auf eine Äußerung des Beteiligten besonders eingeht[56], da nach § 24 SGB X eine Äußerung des Beteiligten zwar zu berücksichtigen, zu ihr aber nicht Stellung zu nehmen ist[57]. Dementsprechend tritt die Heilung in solchen Fällen auch dann ein, wenn ein Widerspruchsbescheid nicht ergeht, sondern der Widerspruch gemäß § 85 Abs. 4 SGG[58] an das zuständige Sozialgericht als Klage weitergeleitet wird[59].

Ist der Widerspruchsbescheid von einer anderen Stelle zu erlassen als der Behörde, die den Verwaltungsakt erlassen hat, so stellt sich die Frage, ob auch diese Widerspruchsbehörde eine Anhörung Beteiligter mit heilender Wirkung nachholen kann. Da die Anhörung von der Stelle durchzuführen ist, die über den Verwaltungsakt zu entscheiden hat[60], ist die Frage, soweit dieses Merkmal auch auf die Widerspruchsbehörde zutrifft, zu bejahen[61]. Die Einschränkung, daß die Widerspruchsbehörde die Anhörung nur nachholen kann, soweit sie zur Entscheidung befugt

---

[55] BVerwGE 66, 111 (114).

[56] BSG, in: SozR 1200, § 34 Nr. 1, S. 4; siehe auch bei Wiesner, in: Schroeder-Printzen/Engelmann u. a., § 41 Anm. 3. — Zu § 28 VwVfG: Kopp, § 45 Rdnr. 41 f.; OVG Rheinland-Pfalz, in: DÖV 1979, S. 606, 607 — zu § 28 VwVfG NW: OVG Münster, in: DVBl. 1981, S. 689, 690.

[57] Siehe oben 1. Teil, 3. Kapitel unter B II 6 c — mit dieser Begründung ist auch die abweichende Auffassung: BSG, in: SozR 1200, § 34 Nr. 13, S. 59; Behn, S. 315; Grüner, § 24 Anm. VII 4; siehe auch BSG, in: SozR 1200, § 34 Nr. 12, S. 55; zu § 28 VwVfG: Meyer, in: Meyer/Borgs, § 45 Rdnr. 33; zu § 28 VwVfG NW: OVG Münster, in: NJW 1978, S. 1764, 1765 abzulehnen.

[58] Siehe aber § 81 EVwPO und BR-Drucks. 100/82, S. 110, wonach diese Möglichkeit künftig entfallen soll.

[59] BSG, in: SozR 1200, § 34 Nr. 1; Krasney, S. 546; Hauck, in: Hauck/Haines, § 24 Rdnr. 19; Pickel, § 24 Anm. 5. — Siehe auch BSG, in: SozR 1200, § 34 Nr. 12, S. 55 und Nr. 13, S. 59; Grüner, § 24 Anm. VII 3. — Die a. A. von Behn, S. 315, mit der Begründung, der Beteiligte erfahre sonst nicht, was mit seiner Äußerung geschehen ist, vermag mangels der Pflicht der Behörde, auf eine Äußerung einzugehen (s. o.), nicht zu überzeugen.

[60] Siehe oben 1. Teil, 3. Kapitel unter B II 5.

[61] Vgl. Laubinger, S. 338 ff.; Schoch, in: NVwZ 1983, S. 254 f.; BVerwGE 66, 111 (114 f.); 184 (187 f.).

ist, bedeutet, daß sie bis zu dem Zeitpunkt, in dem die Ausgangsbehörde über eine Abhilfe des Widerspruchs entscheidet und die Sache an die Widerspruchsbehörde weitergibt, einen Anhörungsmangel nicht heilen kann. Das folgt daraus, daß gemäß §§ 85 Abs. 2 SGG, 73 Abs. 1 VwGO der Devolutiveffekt ihre Zuständigkeit zur Entscheidung erst begründet, wenn die Ausgangsbehörde die Abhilfe verweigert und die Sache vorlegt.

Nach Eintritt des Devolutiveffekts soll dann nach einer in der Literatur vertretenen Auffassung die Widerspruchsbehörde anstelle der Ausgangsbehörde für das Nachholen der Anhörung allein zuständig sein[62]. Diese Ansicht geht davon aus, daß der Devolutiveffekt entsprechend dem gerichtlichen Verfahren eine ausschließliche Zuständigkeit der Widerspruchsbehörde begründet. Diese Annahme widerspricht jedoch den §§ 85 Abs. 1 SGG, 72 VwGO, die eine Beschränkung der Abhilfe durch die Ausgangsbehörde nicht enthalten, d. h., die Zuständigkeit zu einer Entscheidung auch nach Vorlage bei der Widerspruchsbehörde noch bei der Ausgangsbehörde belassen. Demnach kann nach Eintritt des Devolutiveffekts die Widerspruchsbehörde neben der Ausgangsbehörde zuständig sein[63].

Die Heilungsmöglichkeit der Widerspruchsbehörde kann jedoch dadurch eingeschränkt sein, daß sie abweichend von §§ 78 Abs. 1 SGG, 68 Abs. 1 VwGO durch Gesetz auf die Prüfung der Rechtmäßigkeit des Verwaltungsakts beschränkt ist[64]. In diesem Fall kann die Anhörung nur von der Ausgangsbehörde wirksam nachgeholt werden. Das gilt auch im Fall der Ermessensentscheidung. Zwar prüft die Widerspruchsbehörde hier nicht nur die Recht-, sondern auch die Zweckmäßigkeit der Maßnahme. Ermessenskontrolle ist aber nicht gleichbedeutend mit Ermessensausübung. Wenn die Widerspruchsbehörde hier bestätigt, daß das Ermessen recht- und zweckmäßig ausgeübt wurde, so schließt das nicht aus, daß dies auch bei einer anderen, insbesondere einer für den Beteiligten günstigeren Entscheidung der Fall gewesen sein könnte. Eine solche Entscheidung könnte der Beteiligte aber nur von der Ausgangsbehörde, nicht auch von der zur Nachprüfung berufenen Widerspruchsbehörde erlangen[65].

Zusammenfassend kann festgestellt werden, daß eine unterlassene Anhörung gemäß § 41 Abs. 1 Nr. 3, Abs. 2 SGB X mit heilender Wirkung durch nachträgliche Anhörung, auch durch ein Vorverfahren,

---

[62] Siehe Kopp, § 45 Rdnr. 37; Klappstein, in: Knack, § 45 Rdnr. 2.7.

[63] Laubinger, S. 338 ff.; Schoch, in: NVwZ 1983, S. 254 f.; BVerwGE 66, 111 (114 f.); 184 (187 f.).

[64] Vgl. BVerwGE 66, 111 (115) und Schoch, in: NVwZ 1983, S. 255 m. w. N.

[65] BVerwGE 66, 184 (187 f.), 3. Senat; enger: BVerwGE 66, 111 (115), 1. Senat.

wenn den Anforderungen des § 24 SGB X genügt wird, durch die Ausgangsbehörde und, soweit sie zu eigener Entscheidung befugt ist, auch durch die Widerspruchsbehörde nachgeholt werden kann. Die Heilung eines Anhörungsmangels durch ein Gericht, das vom Anwendungsbereich des 10. Buches des Sozialgesetzbuches nicht erfaßt wird[66], ist nicht möglich[67].

Wird die Anhörung Beteiligter gemäß § 41 Abs. 1 Nr. 3, Abs. 2 SGB X den Anforderungen des § 24 Abs. 1 SGB X an die Durchführung entsprechend nachgeholt, so wird der Verfahrensfehler geheilt, d. h., er ist nach § 41 Abs. 1 SGB X unbeachtlich. Daraus folgt, daß der Verwaltungsakt nicht mehr als fehlerhaft angesehen und daher seine Aufhebung nicht mehr begehrt werden kann[68].

Teilweise wird vertreten, daß die Wirkung der Heilung rückwirkend eintrete, weil sie auf den für eine Aufhebung des Verwaltungsakts maßgeblichen Zeitpunkt des Erlasses erfolgen müsse[69]. Die Aufhebung eines wegen eines Verfahrensfehlers rechtswidrigen Verwaltungsakts ist nicht mehr vorzunehmen, wenn der Fehler nach § 41 SGB X unbeachtlich ist. Dazu ist nicht erforderlich, daß die Unbeachtlichkeit Rückwirkung hat. Daher kann davon ausgegangen werden, daß die Wirkung der Heilung durch und demzufolge auch erst ab Nachholung der Verfahrenshandlung eintritt. Bis zum Zeitpunkt der Nachholung liegt ein rechtswidriger Verwaltungsakt vor[70]. Da die Rechtswidrigkeit eines Verwaltungsakts seine Wirksamkeit nicht berührt[71], ist, soweit eine Änderung etwa aufgrund einer nachgeholten Anhörung nicht erfolgt, vom Zeitpunkt der Heilung an ein rechtmäßiger Verwaltungsakt mit dem Inhalt gegeben, den er bei Erlaß hatte[72].

---

[66] § 1 SGB X, entsprechend § 1 VwVfG.

[67] Abzulehnen ist daher die Ansicht von Laubinger, S. 341 f., der dies für das gerichtliche Verfahren wegen der Aussetzung der sofortigen Vollziehung annimmt. Im Ergebnis wie hier: Schoch, in: NVwZ 1983, S. 257.

[68] Mit der Fortsetzungsfeststellungsklage (vgl. § 131 Abs. 1 S. 3 SGG, § 113 Abs. 1 S. 4 VwGO sowie § 100 Abs. 1 S. 4 FGO) kann jedoch die Feststellung der Rechtswidrigkeit begehrt werden — vgl. Meyer, in: Meyer/Borgs, § 45 Rdnr. 11, wenn etwa wegen Wiederholungsgefahr oder der Geltendmachung von Schadensersatzansprüchen ein Feststellungsinteresse besteht; vgl. Kopp, VwGO, § 113 Rdnr. 57 ff.

[69] Vgl. Klappstein, in: Knack, § 45 Rdnr. 2.5; Stelkens, in: Stelkens/Bonk/Leonhardt, § 45 Rdnr. 5; Ule/Laubinger, § 58 I 1; Kühn/Kutter, § 126 Anm. 3.

[70] Vgl. BSG, in: SozR 1200, § 34 Nr. 7, S. 33 und Nr. 13, S. 58; Wiesner, in: Schroeder-Printzen/Engelmann u. a. § 41 Anm. 1.2; Pickel, § 41 Anm. 5 a; Meyer, in: Meyer/Borgs, § 45 Rdnr. 12; Kopp, § 45 Rdnr. 6; Spanner, in: Hübschmann/Hepp/Spitaler, § 126 Rdnr. 4.

[71] Siehe oben 2. Teil, 1. Kapitel unter A I.

[72] BSG, in: SozR 1200, § 34 Nr. 13, S. 58.

II. Die Regelung der Aufhebung nach § 46 VwVfG und § 127 AO im Gegensatz zu § 42 SGB X

§ 42 S. 1 SGB X, § 46 VwVfG und § 127 AO bestimmen, daß die Aufhebung eines Verwaltungsakts, der unter Verletzung einer Verfahrens- oder Formvorschrift zustande gekommen ist, wegen der Verletzung nicht beansprucht werden kann, wenn keine andere Entscheidung in der Sache hätte getroffen werden können. Nach § 42 S. 2 SGB X gilt diese Regelung jedoch nicht, „wenn die erforderliche Anhörung unterblieben oder nicht wirksam nachgeholt ist".

Die Ausnahmeregelung des § 42 S. 2 SGB X trägt der vor dem Inkrafttreten des 10. Buches des Sozialgesetzbuches verfestigten Rechtsprechung des Bundessozialgerichts[73], die auch in der Literatur[74] Zustimmung gefunden hat, Rechnung[75]. Danach ist wegen der besonders starken Ausgestaltung[76] der Anhörung Beteiligter im Sozialverwaltungsverfahren auch eine von § 46 VwVfG unterschiedliche Regelung geboten[77].

Während also im Sozialverwaltungsverfahren wegen eines Verstoßes gegen § 24 SGB X, der nicht geheilt worden ist, stets die Aufhebung des Verwaltungsakts beansprucht werden kann, kommt es nach § 46 VwVfG, § 127 AO darauf an, ob eine andere Sachentscheidung getroffen werden konnte. Eine andere Sachentscheidung ist immer dann möglich, wenn bei einer Entscheidung der Behörde Ermessen eingeräumt ist oder ein Beurteilungsspielraum besteht. Die Regelung findet auf solche Entscheidungen daher grundsätzlich keine Anwendung[78]. Eine Ausnahme besteht jedoch, soweit bei diesen Entscheidungen das Ermessen auf Null reduziert[79] ist[80].

---

[73] BSG, in: SozR 1200, § 34 Nr. 2, S. 11 f. (= BSGE 44, 207, [213 f.]); Nr. 4, S. 22 f.; Nr. 6, S. 29.

[74] Siehe etwa Krasney, S. 547 ff.; Prochnow, S. 372 f. — kritisch: Krause, S. 40 f.

[75] Vgl. BT-Drucks. 8/4022, S. 89.

[76] Siehe oben 1. Teil, 4. Kapitel unter A I.

[77] Bei den von Schwampe, S. 98, im Hinblick auf Art. 3 GG geäußerten Bedenken wird verkannt, daß aufgrund der verschiedenen Verwaltungsziele ein sachlicher Differenzierungsgrund besteht. — Vgl. auch Grüner, § 24 Anm. VIII 2.

[78] Vgl. BT-Drucks. 7/910, S. 66; BVerwG, in: DÖV 1981, S. 178, 179; OVG Münster, in: DVBl. 1978, S. 508; OVG Rheinland-Pfalz, in: DÖV 1979, S. 606; VG Münster, in: GewArch 1980, S. 195, 196; VG Köln, in: NJW 1981, S. 780, 781; Bettermann, S. 276 ff.; Klappstein, in: Knack, § 46 Rdnr. 4.3 f.; Meyer, in: Meyer/Borgs, § 46 Rdnr. 26; Stelkens, in: Stelkens/Bonk/Leonhardt, § 46 Rdnr. 7; Kopp, § 46 Rdnr. 24; Ule/Laubinger, § 58 II 1; Orlopp, in: Klein/Orlopp, § 127 Anm. 1; Förster, in: Koch, § 127 Rdnr. 3; Kühn/Kutter, § 127 Anm. 4; Spanner, in: Hübschmann/Hepp/Spitaler, § 127 Rdnr. 11 sowie Tipke, in: Tipke/Kruse, zu § 127 und Krebs, S. 11 ff. jeweils m. w. N.

C. Aussetzung der sofortigen Vollziehung

Soweit bei einem Verwaltungsakt Widerspruch und Anfechtungsklage keine aufschiebende Wirkung haben, der Verwaltungsakt also sofort vollziehbar ist, kann die Widerspruchsbehörde die Vollziehung aussetzen oder das Gericht der Hauptsache die aufschiebende Wirkung anordnen bzw. wiederherstellen[81]. Ist der Verwaltungsakt wegen eines Verstoßes gegen die Pflicht zur Anhörung Beteiligter rechtswidrig, so ist dies bei der Entscheidung im Aussetzungsverfahren zu berücksichtigen. Regelmäßig wird daraufhin die sofortige Vollziehung auszusetzen sein[82]. Wird der Verfahrensfehler geheilt, so kann die Aussetzung der sofortigen Vollziehung entfallen[83].

D. Kostenentscheidung

Nach § 63 Abs. 1 S. 1 SGB X[84] hat der Beteiligte, soweit sein Widerspruch erfolgreich ist, Anspruch auf Erstattung der zur zweckentsprechenden Rechtsverfolgung oder Rechtsverteidigung notwendigen Aufwendungen gegen den Rechtsträger, dessen Behörde den angefochtenen Verwaltungsakt erlassen hat. Danach kann auch für die Geltendmachung des Rechts auf Anhörung ein Kostenerstattungsanspruch bestehen.

Der Kostenerstattungsanspruch besteht nach § 63 Abs. 1 S. 2 SGB X auch dann, wenn der Widerspruch erfolglos war, weil die Verletzung einer Verfahrens- oder Formvorschrift nach § 41 SGB X unbeachtlich war, also auch bei Heilung durch Nachholung der Anhörung Beteiligter. Entsprechend wird nach § 193 SGG dem Beteiligten Kostenerstattung

---

79 Wolff/Bachof, VwR I, § 31 III e 2; Erichsen/Martens, in: Erichsen/Martens, § 12 II 2 c cc jeweils m. w. N.

80 Vgl. BVerwGE 62, 108 (116); OVG Rheinland-Pfalz, in: DÖV 1979, S. 606; VG Münster, in: GewArch 1980, S. 195, 196; VG Köln, in: NJW 1981, S. 780, 781; Bettermann, S. 277 f.; Klappstein, in: Knack, § 46 Rdnr. 4.4; Kopp, § 46 Rdnr. 25; Ule/Laubinger, § 58 II 1; Orlopp, in: Klein/Orlopp, § 127 Anm. 1; Krebs, S. 113 jeweils m. w. N. — Die abweichende Auffassung (Meyer, in: Meyer/Borgs, § 46 Rdnr. 27; siehe auch Eibert, S. 61 f.) vermag nicht zu überzeugen, da ihr Argument, die Gerichte würden sonst unter Druck gesetzt, eine Ermessensreduktion anzunehmen, um nicht die Wiederholung des Verwaltungsverfahrens verfügen zu müssen, von der Unterstellung ausgeht, daß die Gerichte sich von derartigen sachwidrigen Überlegungen leiten lassen würden.

81 Vgl. §§ 86, 97 SGG, § 80 VwGO und § 69 FGO.

82 Vgl. HessVGH, in: ESVGH 30, 207; OVG Münster, in: NJW 1978, S. 1764; OVG Rheinland-Pfalz, in: DÖV 1979, S. 606.

83 Vgl. OVG Rheinland-Pfalz, in: DÖV 1979, S. 606 f., sowie OVG Münster, in: NJW 1978, S. 1764, 1765.

84 § 63 SGB X entspricht § 80 VwVfG.

zu gewähren sein, wenn der Verwaltungsakt wegen unterlassener Anhörung aufzuheben war.

Entsprechendes gilt nach § 154 Abs. 1 VwGO, wenn die Klage erfolgreich war, bzw. nach § 155 Abs. 5 VwGO, abweichend von § 154 Abs. 2 VwGO, wenn sie wegen § 46 VwVfG erfolglos war[85].

E. Wiedereinsetzung in den vorigen Stand

Nach § 41 Abs. 3 S. 1 SGB X[86] ist weitere Folge eines Verstoßes gegen § 24 SGB X, daß die Versäumung einer Rechtsbehelfsfrist als nicht verschuldet gilt, wenn durch die unterlassene Anhörung Beteiligter vor Erlaß des Verwaltungsakts die rechtzeitige Einlegung versäumt worden ist. Die unterlassene Anhörung ist dann kausal für das Versäumen einer Rechtsbehelfsfrist, wenn der Beteiligte aufgrund der Durchführung der Anhörung ein Rechtsmittel rechtzeitig erhoben hätte[87]. Das ist z. B. der Fall, wenn ihm durch Mitteilung des Anhörungsgegenstandes entscheidungserhebliche Tatsachen, welche die Behörde nicht zur Begründung ihrer Entscheidung herangezogen hat, bekanntgeworden wären und er einen Rechtsbehelf auf diese Tatsachen gestützt hätte.

Als Rechtsbehelfsfristen, die durch eine unterlassene Anhörung versäumt worden sind, kommen die Fristen für Widerspruch[88] und Anfechtungsklage[89] in Betracht. Sind diese Fristen versäumt worden, so kommt eine Wiedereinsetzung in den vorigen Stand in Frage. Die Beurteilung der Frage erfolgt nicht nach § 27 SGB X[90], sondern gemäß § 62 SGB X[91] entweder nach § 87 Abs. 2 SGG i. V. m. § 67 SGG für das Widerspruchsverfahren oder nach § 67 SGG für das Klageverfahren bzw. nach § 70 Abs. 2 VwGO i. V. m. § 60 VwGO oder § 60 VwGO[92], wenn für die Streitigkeit nicht das Sozialgericht, sondern das Verwaltungsgericht[93] zuständig ist[94]. Wiedereinsetzung in den vorigen Stand

---

85 Kopp, § 28 Rdnr. 61; siehe auch §§ 135 Abs. 1, 137 FGO; dazu Kühn/Kutter, § 91 Anm. 5.

86 § 43 Abs. 3 SGB X entsprechen § 45 Abs. 3 VwVfG und § 126 Abs. 3 AO.

87 Vgl. Wiesner, in: Schroeder-Printzen/Engelmann u. a., § 41 Anm. 4, — Kopp, § 45 Rdnr. 44; Meyer, in: Meyer/Borgs, § 45 Rdnr. 37 ff.; Klappstein, in: Knack, § 45 Rdnr. 6.2; Ule/Laubinger, § 58 I 4.

88 Siehe § 81 SGG, § 70 VwGO und § 355 AO.

89 Siehe § 87 SGG, § 74 VwGO und § 47 FGO.

90 Entsprechend § 32 VwVfG und § 110 AO.

91 Entsprechend § 79 VwVfG, anders § 365 AO.

92 Entsprechend § 56 FGO.

93 Vgl. § 51 SGG, danach ist etwa für Streitigkeiten, deren Entscheidung sich nach Vorschriften des Bundessozialhilfegesetzes richten, das Verwaltungsgericht zuständig.

ist danach zu gewähren, wenn der Beteiligte glaubhaft macht[95], daß die Voraussetzungen des § 41 Abs. 3 S. 1 SGB X vorliegen.

Die Wiedereinsetzungsfrist beginnt nach Wegfall des Hindernisses[96]. Dieses Ereignis tritt nach § 41 Abs. 3 S. 2 SGB X mit dem Zeitpunkt der Nachholung der unterlassenen Verfahrenshandlung ein. Das bedeutet, daß, wenn sich der Beteiligte in einem nach Ablauf der Rechtsbehelfsfrist nachgeholten Anhörungsverfahren äußert, die Frist erst beginnt, nachdem die Äußerung berücksichtigt worden ist[97].

F. Haftungsansprüche

I. Folgenbeseitigungsanspruch

Ist der Beteiligte aufgrund eines Verstoßes gegen § 24 SGB X durch einen Verwaltungsakt rechtswidrig beeinträchtigt, so hat er einen Folgenbeseitigungsanspruch[98] auf Beseitigung der Folgen des rechtswidrigen Verwaltungsakts[99]. Das ist insbesondere dann der Fall, wenn der Verwaltungsakt bereits vollzogen worden ist[100].

II. Schadensersatzanspruch

Hat der Beteiligte durch den Verstoß gegen die Anhörungspflicht einen Schaden erlitten, so steht ihm unter den Voraussetzungen des

[94] § 45 Abs. 3 S. 2 VwVfG verweist zwar auf die Wiedereinsetzung in den vorigen Stand nach § 32 VwVfG, gilt aber auch für die Wiedereinsetzung nach der VwGO; vgl. Meyer, in: Meyer/Borgs, § 45 Rdnr. 34; Kopp, § 45 Rdnrn. 43 und 46; Stelkens, in: Stelkens/Bonk/Leonhardt, § 45 Rdnr. 24; Klappstein, in: Knack, § 45 Rdnr. 6.2; Ule/Laubinger, § 58 I 4 jeweils m. w. N. Das gleiche gilt für § 126 Abs. 3 AO hinsichtlich § 56 FGO. — Die Regelung der §§ 45 Abs. 3 S. 2 VwVfG und 126 Abs. 3 S. 2 AO ist in § 41 Abs. 3 S. 2 „richtig gestellt“, vgl. BT-Drucks. 8/2034, S. 35.

[95] Siehe § 67 Abs. 2 S. 2 SGG, § 60 Abs. 2 S. 2 VwGO und § 110 Abs. 2 S. 2 AO, § 56 Abs. 2 S. 2 FGO.

[96] Vgl. § 67 Abs. 2 S. 1 SGG, § 60 Abs. 2 S. 1 VwGO, § 110 Abs. 2 S. 1 AO, § 56 Abs. 2 S. 1 FGO sowie § 61 Abs. 2 S. 1 AO.

[97] Vgl. Kopp, § 45 Rdnr. 45.

[98] Der allgemein anerkannte Folgenbeseitigungsanspruch hatte im Staatshaftungsgesetz vom 26. 6. 1981 (BGBl. Teil I, S. 553) eine ausdrückliche Regelung erfahren; das Staatshaftungsgesetz ist jedoch vom Bundesverfassungsgericht für verfassungswidrig erklärt worden. — Siehe BVerfGE 61, 149.

[99] Schellhorn, in: Burdenski/v. Maydell/Schellhorn, § 34 Rdnr. 51; Pickel, § 24 Anm. 5.

[100] Vgl. § 131 Abs. 1 SGG, § 113 Abs. 1 VwGO (entsprechend § 100 Abs. 1 FGO) und dazu bei Meyer-Ladewig, § 131 Rdnr. 4 sowie bei Kopp, VwGO, § 113 Rdnr. 38 jeweils m. w. N.

§ 839 BGB i. V. m. Art. 34 GG ein Schadensersatzanspruch wegen Amtspflichtverletzung zu[101]. Das ist etwa der Fall, wenn durch schuldhafte Verletzung der Anhörungspflicht eine Sachleistung auch materiell rechtswidrig entzogen wird und der Beteiligte sich Ersatz beschaffen muß.

[101] Schellhorn, in: Burdenski/v. Maydell/Schellhorn, § 34 Rdnr. 51; v. Wulffen, in: Schroeder-Printzen/Engelmann u. a., § 24 Anm. 10; Pickel, § 24 Anm. 5 — zu § 28 VwVfG: Kopp, § 28 Rdnr. 61; Meyer, in: Meyer/Borgs, § 45 Rdnr. 11.

Zweites Kapitel

Rechtsschutz

A. Rechtsweg

Liegen die Voraussetzungen des Rechts auf Anhörung nach § 24 SGB X vor und führt die Behörde die Anhörung nicht oder fehlerhaft durch und lehnt ggf. einen Antrag des Beteiligten auf Anhörung ab, so stellt sich die Frage nach der gerichtlichen Durchsetzbarkeit des Rechts auf Anhörung des Beteiligten. Da das Recht auf Anhörung nach § 24 SGB X seine Grundlage im öffentlichen Recht findet[1], ist für Streitigkeiten über dieses Recht gemäß § 40 VwGO der Verwaltungsrechtsweg eröffnet[2].

Nach § 51 SGG haben die Sozialgerichte als besondere Verwaltungsgerichte in Angelegenheiten der Sozialversicherung, der Arbeitslosenversicherung und der übrigen Aufgaben der Bundesanstalt für Arbeit sowie der Kriegsopferversorgung zu entscheiden. Ansonsten, etwa in Angelegenheiten der Sozialhilfe, entscheiden die allgemeinen Verwaltungsgerichte. Dementsprechend haben jeweils nach der Zuständigkeit für den Gegenstand des Verfahrens, in dessen Zusammenhang das Recht auf Anhörung durchgesetzt werden soll[3], die Sozialgerichte oder die allgemeinen Verwaltungsgerichte über das Recht nach § 24 SGB X zu entscheiden[4].

B. Rechtsschutzform

Mit der Klage auf Anhörung wird ein tatsächliches Handeln der Behörde begehrt; für dieses Begehren ist die allgemeine Leistungsklage die richtige Klageart[5]. Aufgrund der von der Behörde zur Durchführung

1 Siehe oben 1. Teil, 1. Kapitel unter C.

2 Zum Verwaltungsrechtsweg vgl. bei Kopp, VwGO, § 40 Rdnr. 6 ff. m. w. N.

3 Meyer-Ladewig, § 51 Rdnr. 22 ff.

4 Über die Anhörung Beteiligter nach § 28 VwVfG haben die allgemeinen Verwaltungsgerichte, über die Anhörung Beteiligter nach § 91 AO haben gemäß § 33 FGO die Finanzgerichte als besondere Verwaltungsgerichte zu entscheiden.

5 Siehe § 54 Abs. 5 SGG — siehe auch bei Kopp, VwGO, vor § 40 Rdnr. 4, sowie § 40 Abs. 1 FGO.

der Anhörung erforderlichen Beurteilung[6] kann der Verpflichtete nur zur Anhörung Beteiligter verurteilt werden. Für die Beurteilung des unbestimmten Rechtsbegriffs auf der Rechtsfolgeseite haben insofern die Grundsätze für ein der Behörde eingeräumtes Ermessen zu gelten. Eine Verpflichtung zur Vornahme bestimmter Handlungen kann danach nicht erfolgen, da dem Gericht keine Entscheidungsbefugnis für die der Verwaltung vorbehaltene Ausgestaltung der Anhörung Beteiligter zukommt[7].

Hat die Behörde einen Antrag des Beteiligten auf Anhörung abgelehnt, so erfolgt diese Ablehnung durch einen Verwaltungsakt, der das Nichtbestehen eines entsprechenden Rechts feststellt[8]. Da dieser Verwaltungsakt die Behörde zu einem Unterlassen der Anhörung Beteiligter berechtigt, ist er zur Durchsetzung der Anhörung Beteiligter aufzuheben. Dazu ist gegen die Ablehnung grundsätzlich zunächst Widerspruch einzulegen[9]. Ist dieser erfolglos, so kann der Beteiligte mit einer Anfechtungsklage die Aufhebung des Verwaltungsakts durch das Verwaltungsgericht begehren. Zur Durchsetzung der Anhörung Beteiligter ist sie zusammen mit der allgemeinen Leistungsklage zu erheben[10].

Vorläufiger Rechtsschutz kann durch das Verwaltungsgericht im Wege einer einstweiligen Anordnung nach § 123 VwGO[11] bzw. durch das Sozialgericht nach § 123 VwGO analog[12] erlangt werden.

C. Selbständige Durchsetzbarkeit des Rechts auf Anhörung

Eine selbständige Durchsetzung des Rechts auf Anhörung könnte jedoch, wie schon erwähnt[13], durch § 44 a VwGO ausgeschlossen sein. Die Vorschrift, die durch § 97 Nr. 2 VwVfG in die Verwaltungsgerichtsordnung eingefügt wurde, bestimmt, daß Rechtsbehelfe gegen behördliche Verfahrenshandlungen nur gleichzeitig mit den gegen die Sachentscheidung zulässigen Rechtsbehelfen geltend gemacht werden können. Dies gilt nicht, wenn behördliche Verfahrenshandlungen vollstreckt werden können oder gegen einen Nichtbeteiligten ergehen. Dieser Regelung liegt der Gedanke zugrunde, daß die Entscheidung in einem Verwaltungs-

[6] Siehe oben 1. Teil, 1. Kapitel unter C I.

[7] Siehe § 131 i. V. m. § 54 Abs. 2 S. 2 SGG, § 114 VwGO, § 102 FGO; vgl. Kopp, VwGO, § 114 Rdnr. 13. — Zum Beurteilungsspielraum siehe bei Koch, S. 79 ff. m. w. N.

[8] Vgl. zum feststellenden Verwaltungsakt: Hoffmann-Becking, S. 196 ff.

[9] Siehe § 78 SGG und § 68 VwGO sowie § 44 Abs. 1 FGO.

[10] Vgl. auch § 54 Abs. 4 SGG.

[11] Entsprechend § 114 FGO.

[12] Siehe BVerfGE 46, 166 und bei Wertenbruch, in: v. Münch, S. 505.

[13] Siehe oben 1. Teil, 1. Kapitel unter C III.

verfahren grundsätzlich nicht durch die selbständige gerichtliche Kontrolle einzelner Verfahrenshandlungen verzögert oder erschwert werden soll[14]. Aufgrund dieses Gedankens soll die Regelung des § 44 a VwGO auch ohne eine entsprechende Vorschrift allgemein die Klagebefugnis für entsprechende Klagen im Verwaltungsrechtsweg ausschließen[15]. Die Anwendung des § 44 a VwGO setzt voraus, daß das Unterlassen der Anhörung Beteiligter bzw. die Ablehnung eines entsprechenden Antrags eine behördliche Verfahrenshandlung ist, gegen die ein Rechtsbehelf geltend gemacht werden kann. Einer Handlung steht das Unterlassen einer Handlung, für die eine Pflicht besteht, gleich. Sowohl das Unterlassen einer Anhörung als auch die Ablehnung einer Anhörung kommen daher als behördliche Verfahrenshandlungen i. S. d. § 44 a VwGO in Betracht[16]. Gegen beide Verfahrenshandlungen können auch, wie oben gezeigt, Rechtsbehelfe geltend gemacht werden: Gegen das Unterlassen die allgemeine Leistungsklage und ggf. gegen die Ablehnung Widerspruch und Anfechtungsklage. Weiterhin kann vorläufiger Rechtsschutz durch eine einstweilige Anordnung erlangt werden[17]. Nach § 44 a VwGO könnte daher die selbständige Durchsetzbarkeit der Anhörung Beteiligter ausgeschlossen sein[18]. Eine Ausnahme nach § 44 a S. 2 VwGO kommt nicht in Betracht, da die Anhörung Beteiligter nachgeholt werden kann und daher auch eine „Vollstreckung" im weitesten Sinne[19] nicht vorliegt.

Unter Verfahrenshandlungen i. S. d. § 44 a VwGO könnten jedoch auch nur „reine" Verfahrenshandlungen[20] zu verstehen sein. Eine reine Verfahrenshandlung liegt nur dann vor, wenn durch die Verfahrenshandlung keine materielle Rechtsposition betroffen sein kann[21]. Eine

---

[14] Vgl. Begründung zu § 82 Nr. 2 MEVwVfG, S. 245 f., BT-Drucks. 6/1173, S. 80 f. und BT-Drucks. 7/910, S. 97.

[15] Schnapp, in: BochKomm, § 34 Rdnr. 23; Badura, in: Erichsen/Martens, § 41 III; Kopp, VwGO, § 44 a Rdnr. 1; siehe auch BVerwG, in: NJW 1979, S. 177.

[16] Siehe bei Kopp, VwGO, § 44 a Rdnr. 3.

[17] Vgl. auch OVG Münster, in: NJW 1981, S. 70; VG Köln, in: NJW 1978, S. 1397 und InfAuslR 1981, S. 111; Kopp, VwGO, § 44 a Rdnr. 4; Redeker/v. Oertzen, § 44 a Rdnr. 2; Stelkens, in: Stelkens/Bonk/Leonhardt, § 97 Rdnr. 4; Busch, in: Knack, § 97 Rdnr. 4.1; Weides, § 7 V 9; Pagenkopf, S. 2382 — danach sind als Rechtsbehelfe i. S. d. § 44 a VwGO Widerspruch, Klage und einstweilige Anordnung anzusehen; einschränkend: Meyer, in: Meyer/Borgs, § 97 Rdnr. 22 und Schmidt, S. 747 f.

[18] So im Ergebnis Schnapp, in: BochKomm, § 34 Rdnr. 23; zu § 28 VwVfG: Kopp, § 28 Rdnr. 59; Leonhardt, in: Stelkens/Bonk/Leonhardt, § 28 Rdnr. 34; siehe auch VG Köln, in: InfAuslR 1981, S. 111 f.

[19] Siehe bei Kopp, VwGO, § 44 a Rdnr. 8 und Stelkens, in: Stelkens/Bonk/Leonhardt, § 97 Rdnr. 11.

[20] Pagenkopf, S. 2383.

[21] Pagenkopf, S. 2383; Plagemann, S. 2261 f.; Redeker, S. 1597; Weides, § 7 V 9; siehe auch VG Köln, in: NJW 1978, S. 1397 sowie OVG Münster, in: NJW 1981, S. 70.

materielle Rechtsposition ist durch eine Verfahrenshandlung dann betroffen, wenn Verfahrensrechte des Beteiligten, die zur Wahrung seiner Rechte bestehen und insofern das materielle Recht „ergänzen", versagt werden. Andererseits ist eine materielle Rechtsposition nicht betroffen, wenn lediglich verfahrensordnende Maßnahmen getroffen werden, wie etwa die Entscheidung über die Erhebung bestimmter Beweise[22]. Liegt eine reine Verfahrenshandlung nicht vor, so ist § 44 a VwGO nicht anwendbar und es bleibt bei der allgemeinen Regelung der Klagebefugnis[23].

Die restriktive Auslegung der Verfahrenshandlung i. S. d. § 44 a VwGO ist durch Art. 19 Abs. 4 GG geboten[24]. Bei weitergehender Auslegung wäre dem Gebot effektiven Rechtsschutzes nicht genügt, da der Rechtsschutz materieller Rechte im Verfahren verkürzt wäre[25]. Ein effektiver Schutz der materiellen Rechte durch die Verfahrensrechte des Beteiligten wäre bis zur Entscheidung nicht gewährleistet, da die Verwaltung zur Beachtung der Verfahrensrechte durch das Gericht nicht verurteilt werden könnte[26]. Die verfassungskonforme, restriktive Auslegung der „Verfahrenshandlung" i. S. d. § 44 a VwGO steht auch im Einklang mit der im Gesetzgebungsverfahren zum Ausdruck gekommenen Zielsetzung. Durch die Regelung sollten selbständige gerichtliche Verfahren um Verwaltungsverfahrenshandlungen ausgeschlossen werden, die *nur* das Verfahren betreffen, d. h., deren Gehalt ausschließlich darin besteht, die Rechtmäßigkeit des Verfahrens, in dem eine materielle Entscheidung ergeht, zu betreffen[27].

Ausgehend von einem restriktiven Verständnis der Verfahrenshandlung i. S. d. § 44 a VwGO kann diese Vorschrift auf das Recht des Beteiligten auf Anhörung nach § 24 SGB X keine Anwendung finden, da dieses Recht der Wahrung der Rechte des Beteiligten im Verfahren dient[28]. Eine selbständige Durchsetzung des Rechts auf Anhörung ist daher durch die Regelung des § 44 a VwGO nicht ausgeschlossen[29].

---

[22] Vgl. auch bei Redeker/v. Oertzen, § 44 a Rdnr. 2 und bei Kopp, VwGO, § 44 a Rdnr. 5.

[23] Plagemann, S. 2262.

[24] Plagemann, S. 2261; Pagenkopf, S. 2382 f.; siehe auch Schenke, S. 325 und Pietzcker, S. 226 f.

[25] Vgl. auch VGH Kassel, in: NVwZ 1982, S. 136, 139. — Dies berücksichtigt § 68 EVwPO, siehe Begründung BR-Drucks. 100/82, S. 105 und Schenke, S. 325, Schmidt, S. 748 sowie Steinberg, S. 629.

[26] Vgl. aber auch BVerwG, in: NJW 1982, S. 120 und dazu Stelkens, S. 1137 f.

[27] Vgl. Begründung zu § 82 Nr. 2 MEVwVfG, S. 245 f.; BT-Drucks. 6/1173, S. 81; BT-Drucks. 7/910, S. 97.

[28] Siehe oben 1. Teil, 1. Kapitel unter C II 2.

[29] Redeker, S. 1597; Steinberg, S. 629; im Ergebnis ebenso zu § 28 VwVfG: Borgs, in: Meyer/Borgs, § 28 Rdnr. 29; Schmidt, S. 747.

Dieses Ergebnis folgt insbesondere für das Anhörungsrecht nach § 24 SGB X auch daraus, daß das Recht auf Anhörung wegen seiner herausragenden Rolle gerade im Sozialverwaltungsverfahren nicht durch die Regelung des § 44 a VwGO blockiert werden darf. Vom Gesetzgeber ist die besonders starke Ausgestaltung des Rechts auf Anhörung für das Sozialverwaltungsrecht beabsichtigt worden[30] und durch die abschließende Aufzählung der Ausnahmetatbestände in § 24 Abs. 2 SGB X[31] und die infolge von § 42 S. 2 SGB X obligatorische Aufhebung eines unter Verstoß gegen das Anhörungsrecht ergangenen Verwaltungsakts[32] im Gesetz zum Ausdruck gekommen. Aus dieser gesetzgeberischen Wertung folgt als Konsequenz, daß die hervorgehobene Stellung des Anhörungsrechts nach § 24 SGB X nicht wieder eingeebnet werden darf, indem die Anhörung als eine Verfahrenshandlung i. S. d. Regelung des § 44 a VwGO, der wegen ihrer untergeordneten rein verfahrensrechtlichen Bedeutung die selbständige Durchsetzung versagt werden kann, angesehen wird.

Der selbständigen Durchsetzung des Rechts auf Anhörung nach § 24 SGB X steht weder § 44 a VwGO noch dessen zugrundeliegender Gedanke, der bei Fehlen einer entsprechenden Norm (wie etwa im SGG) die Klagebefugnis ausschließen soll[33], entgegen.

Da ein Recht auf Anhörung erst geltend gemacht werden kann, wenn die Behörde ihre Ermittlungen mit der Absicht abgeschlossen hat, einen eingreifenden Verwaltungsakt zu erlassen[34], kommt eine Durchsetzung der Anhörung vor Erlaß des Verwaltungsakts praktisch kaum in Betracht. Nach Erlaß des Verwaltungsakts wird sie ebenfalls selten relevant werden, da eine Anhörung nicht mehr mit heilender Wirkung nachgeholt werden kann und der Beteiligte durch ein Vorgehen gegen den als rechtswidrig aufzuhebenden Verwaltungsakt seine Anhörung im Verwaltungsverfahren vor Erlaß eines neuen Verwaltungsakts erreichen kann[35].

---

[30] BT-Drucks. 7/3786, S. 5.

[31] Siehe oben 1. Teil, 4. Kapitel unter A I.

[32] Siehe oben 2. Teil, 1. Kapitel unter B II.

[33] Siehe oben 2. Teil, 2. Kapitel unter C.

[34] Siehe oben 1. Teil, 2. Kapitel unter A.

[35] Vgl. oben 2. Teil, 1. Kapitel unter B.

Zusammenfassung

Im folgenden werden die Ergebnisse der Untersuchung der gesetzlichen Ausgestaltung der Anhörung Beteiligter im Verwaltungsverfahren in Thesen zusammengefaßt. Dabei wird vom Modell des § 24 SGB X ausgegangen. Aus der sich dann anschließenden Synopse ist zu entnehmen, inwieweit sich die Ausgestaltung der Anhörung Beteiligter im Verwaltungsverfahrensgesetz und der Abgabenordnung von der Ausgestaltung im 10. Buch des Sozialgesetzbuches unterscheidet.

A. Thesen

1. Anhörung Beteiligter ist definiert als die Gelegenheit, sich zu äußern. Sie ist abzugrenzen von der Anhörung Beteiligter als Beweismittel, die als Aufforderung zu einer mündlichen Mitteilung zu definieren ist (1. Teil, 1. Kapitel, A, B).

2. a) § 24 SGB X ist den Interessen des Beteiligten an der Verteidigung seiner Rechte im Verwaltungsverfahren zu dienen bestimmt. Die Vorschrift gibt dem Beteiligten ein subjektives öffentliches Recht auf Anhörung. Dieses Recht ist nicht auf ein bestimmtes Tun gerichtet; es besteht daher nicht in der Form eines Anspruchs (1. Teil, 1. Kapitel, C).

   b) Der Beteiligte kann auf sein Recht auf Anhörung verzichten, denn er ist zur Disposition über das Anhörungsrecht, an dessen Geltendmachung kein überwiegendes öffentliches Interesse besteht, befugt (1. Teil, 1. Kapitel, D).

3. a) Das Recht auf Anhörung setzt voraus, daß die Behörde ihre Sachverhaltsermittlung und eventuell erforderliche Ermessensausübung mit der Absicht abgeschlossen hat, einen Verwaltungsakt zu erlassen (1. Teil, 2. Kapitel, A).

   b) Der beabsichtigte Verwaltungsakt muß objektiv Rechte des Beteiligten beeinträchtigen. Das ist bei der rechtmäßigen Ablehnung eines Antrags nur dann der Fall, wenn der Antragsteller ein Grundrecht ausüben will, das unter einem Verbot mit Erlaubnisvorbehalt steht (1. Teil. 2. Kapitel, B).

c) Ein Recht auf Anhörung nach § 24 SGB X hat nur derjenige, der Beteiligter des Verwaltungsverfahrens ist (1. Teil, 2. Kapitel, C).

4. Anhörungsgegenstand sind alle Tatsachen, deren Berücksichtigung oder Nicht-Berücksichtigung eine andere rechtliche Bewertung des Sachverhalts bewirken können, und die Rechtsfrage der Anwendbarkeit einer Norm auf diese Tatsachen (1. Teil, 3. Kapitel, A).

5. a) Die Behörde hat im Einzelfall zu beurteilen, wie die zur Anhörung Beteiligter erforderlichen Maßnahmen durchzuführen sind. Determinanten ergeben sich hierbei aus dem Übermaßverbot (1. Teil, 3. Kapitel, B I).

b) Zur Durchführung der Anhörung ist dem Beteiligten der Anhörungsgegenstand mitzuteilen (1. Teil, 3. Kapitel, B II 1).

c) Die Behörde kann dem Beteiligten eine bestimmte Form für seine Äußerung vorschreiben (1. Teil, 3. Kapitel, B II 2).

d) Dem Beteiligten ist eine Frist zu setzen, in der er eine Äußerung vorbereiten und sich äußern kann. Regelmäßig kann eine Frist von 2 Wochen als angemessen gelten (1. Teil, 3. Kapitel, B II 3).

e) Der Beteiligte ist grundsätzlich persönlich anzuhören. Bei Handlungsunfähigkeit und Verhinderung des Beteiligten sowie aufgrund von Bevollmächtigung ist der Vertreter des Beteiligten anzuhören. Die Äußerung eines Beistandes kann dem Beteiligten zugerechnet werden (1. Teil, 3. Kapitel, B II 4).

f) Die Anhörung des Beteiligten ist unmittelbar von der Behörde durchzuführen, die den beabsichtigten Verwaltungsakt erlassen will (1. Teil, 3. Kapitel, B II 5).

g) Eine Äußerung des Beteiligten ist von der Behörde bei ihrer Entscheidung zu berücksichtigen, indem sie zur Kenntnis genommen und in die Überlegungen, ob der Verwaltungsakt wie beabsichtigt erlassen werden soll, einbezogen werden muß. Eine Stellungnahme zu der Äußerung ist nicht erforderlich (1. Teil, 3. Kapitel, B II 6).

6. Nach § 24 Abs. 2 SGB X kann die Behörde aus Gründen der Verwaltungseffizienz nach ihrem Ermessen von einer Anhörung Beteiligter nur dann absehen, wenn einer der abschließend aufgeführten Ausnahmetatbestände vorliegt (1. Teil, 4. Kapitel, A).

7. Von einer Anhörung kann abgesehen werden, wenn wegen Gefahr im Verzug eine Eilentscheidung oder wegen der gemeinsamen Interessen der Mehrheit der Staatsbürger eine Entscheidung ohne Anhörung nach objektiver Betrachtung im Entscheidungszeitpunkt notwendig ist (1. Teil, 4. Kapitel, B I).

8. Ein Verwaltungsakt kann dann ohne Anhörung ergehen, wenn die Behörde nur ab oder bis zu einem bestimmten Zeitpunkt oder innerhalb einer Frist in Rechte des Beteiligten eingreifen darf und dieses Recht bei Durchführung der Anhörung verlieren würde (1. Teil, 4. Kapitel, B II).

9. Eine Anhörung kann entfallen, wenn die Behörde nur Tatsachen zugrunde legen will, die der Beteiligte in bezug auf die anzuwendende Norm selbst erklärt hat oder wenn sie zu seinen Gunsten von diesen Tatsachen abweichen will (1. Teil, 4. Kapitel, B III).

10. Vor dem Erlaß einer Allgemeinverfügung und von Massenverwaltungsakten kann eine Anhörung Beteiligter unterbleiben. Massenverwaltungsakte liegen regelmäßig vor, wenn gleichzeitig mehr als dreihundert Verwaltungsakte etwa gleichen Inhalts erlassen werden. Bei Hinzutreten der Gefahr einer Überlastung der Behörde können schon mehr als fünfzig solcher Verwaltungsakte als Massenverwaltungsakte zu qualifizieren sein (1. Teil, 4. Kapitel, B IV).

11. Werden Leistungen, die von laufenden Einnahmen des Beteiligten abhängen, einem geänderten Einkommen lediglich angepaßt, kann von einer Anhörung des Beteiligten abgesehen werden (1. Teil, 4. Kapitel, B V).

12. Verwaltungsakte, die der Vollstreckung eines Verwaltungsaktes dienen, können ohne Anhörung ergehen (1. Teil, 4. Kapitel, B VI).

13. Ein unter Verstoß gegen die Anhörungspflicht erlassener Verwaltungsakt ist fehlerhaft und rechtswidrig, aber nicht nichtig (2. Teil, 1. Kapitel, A).

14. Ist ein Verwaltungsakt wegen einer unterlassenen Anhörung fehlerhaft, so kann seine Aufhebung beansprucht werden, es sei denn, der Fehler ist unbeachtlich, weil die Anhörung bis zur Bescheidung eines Widerspruchs nachgeholt worden ist (2. Teil, 1. Kapitel, B).

15. Regelmäßig ist die sofortige Vollziehung eines wegen unterlassener Anhörung rechtswidrigen Verwaltungsakts auszusetzen (2. Teil, 1. Kapitel, C).

16. Die Verletzung des Rechts auf Anhörung führt auch bei Heilung des Fehlers zur Freistellung des Beteiligten von den Rechtsverfolgungskosten (2. Teil, 1. Kapitel, D).

17. Führt eine Verletzung des Rechts auf Anhörung dazu, daß der Beteiligte versäumt, ein Rechtsmittel rechtzeitig einzulegen, so hat seine Wiedereinsetzung in den vorigen Stand zu erfolgen (2. Teil, 1. Kapitel, E).

18. Verstößt die Behörde gegen § 24 SGB X, so haftet sie auf Folgenbeseitigung und Schadensersatz (2. Teil, 1. Kapitel, F).

19. Zur Durchsetzung des Rechts auf Anhörung nach § 24 SGB X ist der Rechtsweg zu den Sozialgerichten bzw. zum allgemeinen Verwaltungsgericht gegeben (2. Teil, 2. Kapitel, A).

20. Für das Begehren auf Anhörung ist die allgemeine Leistungsklage die richtige Klageart; ist eine Anhörung abgelehnt worden, muß auch die Aufhebung des ablehnenden Verwaltungsakts begehrt werden. Vorläufiger Rechtsschutz kann im Wege der einstweiligen Anordnung erlangt werden (2. Teil, 2. Kapitel, B).

21. Die selbständige Durchsetzbarkeit des Rechts auf Anhörung ist nicht durch die Regelung des § 44 a VwGO ausgeschlossen (2. Teil, 2. Kapitel, C).

B. Synopse

<table>
<tr><th colspan="3">Anhörung Beteiligter nach</th><th rowspan="2">Siehe dazu</th></tr>
<tr><th>§ 24 SGB X</th><th>§ 28 VwVfG</th><th>§ 91 AO</th></tr>
<tr><td colspan="2">Recht auf Anhörung</td><td>Recht auf fehlerfreie Ermessensausübung</td><td>1. Teil, 1. Kapitel, C IV</td></tr>
<tr><td>Ggf. muß die Behörde einen Bevollmächtigten anhören</td><td colspan="2">Ggf. soll die Behörde einen Bevollmächtigten anhören</td><td>1. Teil, 3. Kapitel, B II 4 d</td></tr>
<tr><td>Die Ausnahmetatbestände sind in Abs. 2 abschließend aufgeführt</td><td colspan="2">Die Aufzählung der Ausnahmetatbestände in Abs. 2 ist nicht abschließend</td><td>1. Teil, 4. Kapitel, A III</td></tr>
<tr><td></td><td colspan="2">Ausdrückliche Regelung einer Ermessensreduktion auf Null in Abs. 3</td><td>1. Teil, 4. Kapitel, A III</td></tr>
<tr><td></td><td>Ausnahmen von der Anhörung in Verteidigungsangelegenheiten und bei Prüfungen</td><td></td><td>1. Teil, 4. Kapitel, A III</td></tr>
<tr><td colspan="2"></td><td>Anhörungspflicht bei Abweichen von einer Steuererklärung ausdrücklich geregelt</td><td>1. Teil, 4. Kapitel, B III</td></tr>
<tr><td></td><td colspan="2">Der Erlaß von sog. EDV-Bescheiden stellt einen Ausnahmetatbestand dar</td><td>1. Teil, 4. Kapitel, B IV 3</td></tr>
<tr><td>Anpassung einkommensabhängiger Leistungen ist Ausnahmetatbestand</td><td colspan="2"></td><td>1. Teil, 4. Kapitel, B V</td></tr>
<tr><td>Ein wegen Verstoßes gegen die Anhörungspflicht fehlerhafter Verwaltungsakt ist aufzuheben</td><td colspan="2">Die Aufhebung eines fehlerhaften Verwaltungsakts kann nicht beansprucht werden, wenn keine andere Sachentscheidung getroffen werden konnte</td><td>2. Teil, 1. Kapitel, B II</td></tr>
</table>

Literaturverzeichnis

Arndt, Adolf: Das rechtliche Gehör, in: NJW 1959, S. 6 ff.; zit.: Arndt, in: NJW 1959.

— Die Verfassungsbeschwerde wegen Verletzung des rechtlichen Gehörs, in: NJW 1959, S. 1297 ff.

Bachof, Otto: Reflexwirkung und subjektive Rechte im Öffentlichen Recht, in: Forschungen und Berichte aus dem Öffentlichen Recht, Gedächtnisschrift für Walter Jellinek, München 1959, S. 287 ff.

Bartlsperger, Richard: Der Rechtsanspruch auf Beachtung von Vorschriften des Verwaltungsverfahrensrechts, in: DVBl. 1970, S. 30 ff.

Baur, Fritz: Der Anspruch auf rechtliches Gehör, in: AcP 153 (1954), S. 393 ff.

— Anmerkung zum Beschluß des Bundesverfassungsgerichts vom 18. 6. 1957 — 1 BVR 41/57 —, in: JZ 1957, S. 542 f. (543); zit.: Baur, in: JZ 1957.

Becker, Franz: Das allgemeine Verwaltungsverfahren in Theorie und Gesetzgebung, Stuttgart 1960.

Behn, Michael: Zu den Folgen der im Verwaltungsverfahren unterlassenen Anhörung des Betroffenen nach I § 34 SGB, dargestellt am Beispiel des Unfallrentenrechts, in: SGb 1979, S. 259 ff., 313 ff., 356 ff.

Behrendt, Ethel Leonore: Recht auf Gehör, Grundrecht und Grundwert, München 1978; zit.: Ethel Leonore Behrendt.

Behrendt, Rudolf: Das rechtliche Gehör im deutschen und französischen Verwaltungsverfahren, Diss. jur. Saarbrücken 1970; zit.: Rudolf Behrendt.

Bettermann, August: Anfechtung von Verwaltungsakten wegen Verfahrensfehlern, in: Hamburg, Deutschland, Europa, Beiträge zum deutschen und europäischen Verfassungs-, Verwaltungs- und Wirtschaftsrecht; Festschrift für Hans Peter Ipsen zum 70. Geburtstag, Tübingen 1977.

Bleckmann, Albert: Allgemeine Grundrechtslehren, Köln, Berlin, Bonn, München 1979.

Bley, Helmar/*Gitter,* Wolfgang/*Gurgel,* Hans Joachim/*Heinze,* Helmut/*Knopp,* Anton/*Müller,* Paul/*Schneider-Danwitz,* Norbert/*Schroeter,* Kurt/*Schwerdtfeger,* Gunther: Sozialgesetzbuch, Sozialversicherung, Kommentar, 1. Buch (I), Allgemeiner Teil, Loseblatt, Stand: 18. Lieferung (61. Teillieferung), Wiesbaden 1981; zit.: Bearbeiter, in: SGB-SozVers-GesKomm.

Bochumer Kommentar zum Sozialgesetzbuch, Allgemeiner Teil, hrsg. von Wilhelm Wertenbruch, Berlin, New York 1979; zit.: Bearbeiter, in: Boch-Komm.

Bonnermann, Rolf: Die Frist zur Anhörung nach § 34 Abs. 1 SGB I in der gesetzlichen Unfallversicherung, in: Der Kompaß 1978, S. 118 ff.; zit.: Bonnermann, in: Der Kompaß 1978.

— Die Frist zur Anhörung gem. § 34 SGB I, in: Der Kompaß 1979, S. 233 ff.; zit.: Bonnermann, in: Der Kompaß 1979.

Brackmann, Kurt: Handbuch der Sozialversicherung einschließlich des Sozialgesetzbuchs, Band I/1, Allgemeiner Teil, 9. Aufl., Loseblatt, Stand: 60. Ergänzungslieferung, Sankt Augustin 1983.

Bröll, Helmut: Das rechtliche Gehör im Strafprozeß unter besonderer Berücksichtigung der verfassungsrechtlichen Einflüsse, Diss. jur. München 1964.

Bullinger, Martin: Leistungsstörungen beim öffentlich-rechtlichen Vertrag, in: DÖV 1977, S. 812 ff.

Burdenski, Wolfhardt/*v. Maydell,* Bernd/*Schellhorn,* Walter: Kommentar zum Sozialgesetzbuch — Allgemeiner Teil —, Neuwied und Darmstadt 1976; zit.: Bearbeiter, in: Burdenski/v. Maydell/Schellhorn.

Dahs, Hans: Das rechtliche Gehör im Strafprozeß, München, Berlin 1965.

Degenhardt, Christoph: Das Verwaltungsverfahren zwischen Verwaltungseffizienz und Rechtsschutzauftrag, in: DVBl. 1982, S. 872 ff.

Dembowski, Heinz/*Schroeder-Printzen,* Günther: Sozialgesetzbuch, Band 1, Allgemeiner Teil, Köln 1976.

Drews, Bill/*Wacke,* Gerhardt/*Vogel,* Klaus/*Martens,* Wolfgang: Gefahrenabwehr, Allgemeines Polizeirecht (Ordnungsrecht) des Bundes und der Länder, Band 1, 8. Aufl., Köln, Berlin, Bonn, München 1975; zit.: Bearbeiter, in: Drews/Wacke/Vogel/Martens.

Dürig, Günter: Der Grundrechtssatz von der Menschenwürde, in: AöR 81 (1956), S. 117 ff.

Eibert, Reinhard: Die formelle Rechtswidrigkeit von Verwaltungsakten — zur Dogmatik und Kritik der §§ 45 und 46 Verwaltungsverfahrensgesetz, Diss. jur. Nürnberg 1978.

Eitel, Walter: Das Grundrecht der Petition gemäß Art. 17 des Grundgesetzes, Diss. jur. Tübingen 1960.

Elster, Welf: Nochmals: Die Anhörung Beteiligter nach dem Allgemeinen Teil des Sozialgesetzbuches, in: SozVers 1976, S. 228.

Engisch, Karl: Einführung in das juristische Denken, 7. Aufl., Stuttgart, Berlin, Köln, Mainz 1977.

Erichsen, Hans-Uwe: Staatsrecht und Verfassungsgerichtsbarkeit I, 3. Aufl., München 1982, zit.: Erichsen, StaatsR.

— Verwaltungsrecht und Verwaltungsgerichtsbarkeit I, München 1977.

Erichsen, Hans-Uwe/*Martens,* Wolfgang (Hrsg.): Allgemeines Verwaltungsrecht, 6. Aufl., Berlin, New York 1983; zit.: Bearbeiter, in: Erichsen/Martens.

Eyermann, Erich/*Fröhler,* Ludwig: Verwaltungsgerichtsordnung, Kommentar, 8. Aufl., München 1980.

Fellner, Michael: Zur Regelung des Verwaltungsverfahrens in den Ländern, in: VerwArch 48 (1957), S. 95 ff.

Feuchthofen, Jörg: Der Verfassungsgrundsatz des rechtlichen Gehörs und seine Ausgestaltung im Verwaltungsverfahren, in: DVBl. 1984, S. 170 ff.

Finger, Herbert: Die Anhörung Beteiligter in der Sozialhilfe, in: ZfF 1976, S. 123 ff.

Finkelnburg, Klaus: Vorläufiger Rechtsschutz im Verwaltungsstreitverfahren, 2. Aufl., München 1979.

Finkelnburg, Klaus/*Lässig*, Curt: Kommentar zum Verwaltungsverfahrensgesetz, 1. Lieferung: §§ 1—10, Düsseldorf 1978; zit.: Bearbeiter, in: Finkelnburg/Lässig.

Forsthoff, Ernst: Lehrbuch des Verwaltungsrechts, Band 1, Allgemeiner Teil, 10. Aufl., München 1973.

Frank, Lothar: Die Verwendung der deutschen Sprache im Verkehr zwischen Versicherungsträger und Ausländern, in: DAngVers 1980, S. 168 ff.

Freitag, Hans Otto: Zur Bedeutung subjektiver öffentlicher Rechte und des Verfahrensrechts für das Verhältnis von Verpflichtungsklage und verbundener Leistungsklage im Sozialgerichtsverfahren, in: DVBl. 1976, S. 6 ff.; zit.: Freitag, in: DVBl. 1976.

— Zum Inkrafttreten des Sozialgesetzbuchs, in: KrV 1976, S. 8 ff.; zit.: Freitag, in: KrV 1976.

Gierth, Karl: Der Bescheidungsanspruch im verwaltungsbehördlichen Verfahren, in: DÖV 1977, S. 761 ff.

Gleitze, Wilfried: Der Allgemeine Teil des Sozialgesetzbuches, in: DOK 1976, S. 25 ff.

Götz, Volkmar: Das neue Verwaltungsverfahrensgesetz, in: NJW 1976, S. 1425 ff.

Gruehn, Günther: Anhörung nach § 34 SGB I — Ausnahmefälle bei der Herabsetzung und Entziehung von Verletztenrenten, in: BG 1978, S. 438 f.

Grüner, Hans (Hrsg.): Verwaltungsverfahren, SGB X, Kommentar, Loseblatt, Stand: 19. Ergänzungslieferung, Percha am Starnberger See 1984.

— Sozialgesetzbuch, Kommentar, Loseblatt, 42. Ergänzungslieferung, Percha am Starnberger See 1984; zit.: Grüner, SGB I.

Grünig, Günther: Ist über die Anhörung (§ 34 SGB I) das letzte Wort gesprochen?, in: SozVers 1978, S. 197 f.; zit.: Grünig, in: SozVers 1978.

— Anhörung Beteiligter, in: SozVers 1978, S. 34 ff.

Häberle, Peter: Verfassung als öffentlicher Prozeß, Berlin 1978.

— Öffentliches Interesse als juristisches Problem, Hamburg 1970; zit.: Häberle, Öffentliches Interesse.

— Verfassungsprinzipien im Verwaltungsverfahrensgesetz, in: Festschrift zum 50jährigen Bestehen des Richard Boorberg Verlags, Stuttgart, München, Hannover 1977, S. 47 ff.; zit.: Häberle, in: Boorberg-FS.

Haines, Hartmut: Der Allgemeine Teil als erste Stufe des Sozialgesetzbuches, in: BKK 1976, S. 2 ff.

Hamann, Andreas: Rechtliches Gehör, in: AnwBl. 1958, S. 141 ff.

Hauck, Karl/*Haines*, Hartmut: Sozialgesetzbuch X/1, 2, Kommentar, Loseblatt, Stand: 6. Lieferung, Berlin 1983; zit.: Bearbeiter, in: Hauck/Haines.

Heck, Wenzel: Zur Bedeutung des Verfassungssatzes vom rechtlichen Gehör, Diss. jur. Tübingen 1963.

Heinemann, Gustav/*Liebold*, Rolf: Kassenarztrecht, Band I, 5. Aufl., Loseblatt, Stand: 11. Lieferung, Berlin, Wiesbaden 1983.

Heinzmann, Rolf: Das rechtliche Gehör im Verwaltungsverfahren, Diss. jur. Tübingen 1958.

Hoffmann-Becking, Michael: Der feststellende Verwaltungsakt, in: DÖV 1972, S. 196 ff.

Hoffmann-Riem, Wolfgang: Anscheinsgefahr und Anscheinsverursachung im Polizeirecht, in: Festschrift für Gerhard Wacke, Köln-Marienburg 1972.

Huber, Ernst Rudolf: Wirtschaftsverwaltungsrecht, 1. Band, 2. Aufl., Tübingen 1953.

Hübschmann/Hepp/Spitaler: Kommentar zur Abgabenordnung und Finanzgerichtsordnung II, 8. Aufl., Loseblatt, Stand: 108. Lieferung, Köln 1984; zit.: Bearbeiter, in: Hübschmann/Hepp/Spitaler.

Hufen, Friedhelm: Heilung und Unbeachtlichkeit grundrechtsrelevanter Verfahrensfehler?, in: NJW 1982, S. 2160 ff.

Isensee, Josef: Die typisierende Verwaltung, Berlin 1976.

Jagusch, Heinrich: Über das rechtliche Gehör im Strafverfahren, in: NJW 1959, S. 265 ff.

Jahn, Kurt: Sozialgesetzbuch für die Praxis, Band II, SGB X, Kommentar, Loseblatt, Stand: 18. Lieferung, Freiburg 1984.

Kenneweg, Wolfgang: Darstellung und kritische Würdigung der Rechtsprechung zum Grundsatz des rechtlichen Gehörs unter besonderer Berücksichtigung verfassungsrechtlicher Gesichtspunkte, Diss. jur. Münster 1967.

Klein, Franz/*Orlopp*, Gerd: Abgabenordnung 1977, Kommentar, München 1977; zit.: Bearbeiter, in: Klein/Orlopp.

Knack, Hans-Joachim: Verwaltungsverfahrensgesetz, Kommentar, 2. Aufl., Köln, Berlin, Bonn, München 1982; zit.: Bearbeiter, in: Knack.

Koch, Hans-Joachim: Unbestimmte Rechtsbegriffe und Ermessensermächtigungen im Verwaltungsrecht, Frankfurt a. M. 1979.

Koch, Hans-Joachim/*Rüßmann*, Helmut: Juristische Begründungslehre, München 1982.

Koch, Hugo/*Hartmann*, Otto K.: Die Rentenversicherung im Sozialgesetzbuch (unter besonderer Berücksichtigung der Angestelltenversicherung), Kommentar, Band I, Loseblatt, Stand: 13. Lieferung, Wiesbaden 1984; zit.: Bearbeiter, in: Koch/Hartmann.

Koch, Karl: Abgabenordnung, AO 1977, Kommentar, 2. Aufl., Köln, Berlin, Bonn, München 1979; zit.: Bearbeiter, in: Koch.

König, Hans-Günther: Der Grundsatz des rechtlichen Gehörs im verwaltungsbehördlichen Verfahren, in: DVBl. 1959, S. 189 ff.

Kolb, Hans-Ulrich: Das rechtliche Gehör als verfassungsgemäßes Recht, Diss. jur. München 1963.

Kopp, Ferdinand O.: Das rechtliche Gehör in der Rechtsprechung des Bundesverfassungsgerichts, in: AöR 106 (1981), S. 604 ff.; zit.: Kopp, in: AöR 1981.

— Der Beteiligtenbegriff des Verwaltungsverfahrensrechts, in: Festschrift zum 50jährigen Bestehen des Richard Boorberg Verlags, Stuttgart, München, Hannover 1977, S. 159 ff.; zit.: Kopp, in: Boorberg-FS.

— Verfassungsrecht und Verwaltungsverfahrensrecht, München 1971; zit.: Kopp, VerfR und VwVfR.

— Beteiligung, Rechts- und Rechtsschutzpositionen im Verwaltungsverfahren, in: Festgabe aus Anlaß des 25jährigen Bestehens des Bundesverwaltungsgerichts, München 1978, S. 387 ff.; zit.: Kopp, in: BVerwG-FS.

— Verwaltungsverfahrensgesetz, Kommentar, 3. Aufl., München 1983.

— Verwaltungsgerichtsordnung, Kommentar, 6. Aufl., München 1984; zit.: Kopp, VwGO.

Krasney, Otto Ernst: Zum Grundwert des rechtlichen Gehörs im Sozialgesetzbuch, in: ZSR 1978, S. 543 ff.

Krause, Peter: Formen des Verwaltungshandelns im Hinblick auf die Sozialversicherungsträger, in: Mitteilungen der Landesversicherungsanstalt Oberfranken und Mittelfranken 1980, S. 474 ff.

— Bundessozialgericht und allgemeines Verwaltungsrecht, in: NJW 1979, S. 1007 ff.; zit.: Krause, in: NJW 1979.

— Die höchstrichterliche Rechtsprechung zum SGB I und zum SGB IV, in: Jahrbuch des Sozialrechts der Gegenwart, Band II, Berlin 1980, S. 35 ff.; zit.: Krause, in: Jahrbuch.

Krebs, Walter: Kompensation von Verwaltungsfehlern durch gerichtlichen Rechtsschutz?, in: DVBl. 1984, S. 109 ff.

Kühn, Rolf/*Kutter*, Heinz: Abgabenordnung, AO 1977, Finanzgerichtsordnung, Kommentar, 13. Aufl., Stuttgart 1979.

Larenz, Karl: Methodenlehre der Rechtswissenschaft, 5. Aufl., Berlin, Heidelberg, New York, Tokyo 1983.

Laubinger, Hans-Werner: Heilung und Folgen von Verfahrens- und Formfehlern, in: VerwArch 72 (1981), S. 333 ff.

— Zur Erforderlichkeit der Anhörung des Antragstellers vor Ablehnung seines Antrags durch die Verwaltungsbehörde, in: VerwArch 75 (1984), S. 55 ff.; zit.: Laubinger, in: VerwArch 1984.

Leisner, Walter: Effizienz als Rechtsprinzip, Tübingen 1971.

Lerche, Peter: Zum „Anspruch auf rechtliches Gehör“, in: ZZP 78 (1965), S. 1 ff.

Löwe, Ernst: Das rechtliche Gehör, Diss. jur. Hamburg 1957.

Löwe, E./*Rosenberg*, Werner: Die Strafprozeßordnung und das Gerichtsverfassungsgesetz, Kommentar, 23. Aufl., 1. Band, Berlin, New York 1976; zit.: Bearbeiter, in: Löwe-Rosenberg.

Loewenstein, Karl: Verfassungsrecht und Verfassungspraxis der Vereinigten Staaten, Berlin, Göttingen, Heidelberg 1959.

Lorenz, Dieter: Das Verwaltungsverfahrensrecht in Sozialrechtsprechung, Verantwortung für den sozialen Rechtsstaat, in: Festschrift zum 25jährigen Bestehen des Bundessozialgerichts, Band 2, Köln, Berlin, Bonn, München 1979; S. 911 ff.; zit.: Lorenz, in: FS für das BSG.

— Der Rechtsschutz des Bürgers und die Rechtsweggarantie, München 1972; zit.: Lorenz, Rechtsschutz.

Luhmann, Niklas: Legitimation durch Verfahren, 2. Aufl., Darmstadt 1975.

Mandelartz, Herbert: Anhörung, Absehen von Anhörung, Nachholen der unterbliebenen Anhörung — Zur Relativierung eines Verfahrensrechts, in: DVBl. 1983, S. 112 ff.

Marburger, Horst: Rechte und Pflichten des Bürgers im Zusammenhang mit dem Verwaltungshandeln der Sozialleistungsträger, in: ZfF 1979, S. 171 ff.

Martens, Wolfgang: Öffentlich als Rechtsbegriff, Bad Homburg, Berlin, Zürich 1969.

Maunz, Theodor/*Dürig*, Günter/*Herzog*, Roman/*Scholz*, Rupert: Grundgesetz, Kommentar in 3 Bänden, Loseblatt, Stand: 22. Lieferung, München 1983; zit.: Bearbeiter, in: Maunz/Dürig/Herzog/Scholz.

Maunz, Theodor/*Zippelius*, Reinhold: Deutsches Staatsrecht, 25. Aufl., München 1983.

Meyer, Hans: Die Verletzung des Anhörungsrechts nach § 34 SGB I in der Rechtsprechung des Bundessozialgerichts, in: SGb 1979, S. 306 ff.

Meyer, Hans/*Borgs-Maciejewski*, Hermann: Verwaltungsverfahrensgesetz, Kommentar, 2. Aufl., Frankfurt a. M. 1982; zit.: Bearbeiter, in: Meyer/Borgs.

Meyer, Wolfgang: Verwaltungsakt und verwaltungsrechtlicher Vertrag im Anwendungsbereich des SGB X, in: SGb 1981, S. 501 ff.; zit.: Wolfgang Meyer.

Meyer-Ladewig, Jens: Sozialgerichtsgesetz, Kommentar, 2. Aufl., München 1981.

Michelsen, Niels: Das rechtliche Gehör im Verwaltungsverfahren der Europäischen Gemeinschaften, Diss. jur. Hamburg 1974.

Müller, Hans-Werner: Anhörung der Beteiligten in der freiwilligen Gerichtsbarkeit, in: NJW 1953, S. 1659 f.

v. Münch, Ingo (Hrsg.): Besonderes Verwaltungsrecht, 6. Aufl., Berlin, New York 1982; zit.: Bearbeiter, in: v. Münch.

Nehls, Jürgen: Die Rechtsprechung des BSG zur Anhörung, in: NVwZ 1982, S. 494 ff.

Neumann, Franz L./*Nipperdey*, Hans Carl/*Scheuner*, Ulrich: Die Grundrechte, Band II, 2. Aufl., Berlin 1968; zit.: Bearbeiter, in: Neumann/Nipperdey/Scheuner.

Neuman-Duesberg, Rüdiger: Das Verwaltungsverfahren des Sozialgesetzbuchs, in: Mitteilung der Landesversicherungsanstalt Oberfranken und Mittelfranken 1980, S. 435 ff.

Ossenbühl, Fritz: Verwaltungsverfahren zwischen Verwaltungseffizienz und Rechtsschutzauftrag, in: NVwZ 1982, S. 465 ff.

Pagenkopf, Martin: Verringerung des Rechtsschutzes gegen behördliche Verfahrenshandlungen?, in: NJW 1979, S. 2382 f.

Peters, Horst: Handbuch der Krankenversicherung, Teil I/1, Sozialgesetzbuch, Allgemeiner Teil, Loseblatt, Stand: 25. Ergänzungslieferung, Stuttgart, Berlin, Köln, Mainz 1983.

Pickel, Harald: Kommentar zum Zehnten Buch des Sozialgesetzbuches, Loseblatt, Stand: 2. Lieferung, Wiesbaden 1982.

— Die Anhörung im sozialrechtlichen Verwaltungsverfahren, in: Festgabe für Hans Grüner, Percha am Starnberger See 1982, S. 399 ff.; zit.: Pickel, in: FS für Grüner.

Pietzcker, Jost: Das Verwaltungsverfahren zwischen Verwaltungseffizienz und Rechtsschutzauftrag, in: VVDStRL 41, S. 193 ff.

Plagemann, Hermann: Anmerkung zum Urteil des VG Köln, Beschluß vom 2. 5. 1978 — ZL 445/78, in: NJW 1978, S. 2261 f.

Potrykus, Gerhard: Jugendwohlfahrtsgesetz, Kommentar, 2. Aufl., München 1974.

Prochnow, Herbert: Rechtliches Gehör im Sozialverwaltungsverfahren, Stand und Ausblick, in: SozSich 1979, S. 370 ff.

Randelzhofer, Albrecht: Der Anspruch auf fehlerfreie Ermessensentscheidung in Rechtslehre und Rechtsprechung, in: BayVBl. 1975, S. 573 ff.

Rausche, Jens: Die Bedeutung des Art. 103 Abs. 1 GG für die Stellung des Angeklagten in der Hauptverhandlung der Tatsacheninstanz, Diss. jur. Hamburg 1967.

Redeker, Konrad: Grundgesetzliche Rechte auf Verfahrensteilhabe, in: NJW 1980, S. 1593 ff.

Redeker, Konrad/*von Oertzen,* Hans-Joachim: Verwaltungsgerichtsordnung, Kommentar, 7. Aufl., Stuttgart, Berlin, Köln, Mainz 1981.

Reinhardt, Klaus: Das rechtliche Gehör in Verwaltungssachen, Zürich 1968.

Renkl, Günter: Der Anspruch auf rechtliches Gehör im Verwaltungsverfahren, Diss. jur. München 1973.

Riegert, Robert A.: Das amerikanische Administrative Law, Berlin 1967.

Röhl, Hellmut: Das rechtliche Gehör, in: NJW 1953, S. 1531 ff.; zit.: Röhl, in: NJW 1953.

— Das rechtliche Gehör, in: NJW 1958, S. 1268 ff.; zit.: Röhl, in: NJW 1958.

— Das rechtliche Gehör, in: NJW 1964, S. 273 ff.; zit.: Röhl, in: NJW 1964.

Rohwer-Kahlmann, Harry/*Ströer,* Heinz: Sozialgesetzbuch, Allgemeiner Teil, SGB I, Kommentar, München 1979.

Rosenberg, Leo/*Schwab,* Karl-Heinz: Zivilprozeßrecht, Kommentar, 13. Aufl., München 1981.

Rüping, Hinrich: Der Grundsatz des rechtlichen Gehörs und seine Bedeutung im Strafverfahren, Berlin 1976.

Rumpel, Manfred: Wesen und Verwirklichung des rechtlichen Gehörs im deutschen Recht, Diss. jur. Würzburg 1960.

Schellhorn, Walter/*Jirasek,* Hans/*Seipp,* Paul: Kommentar zum Bundessozialhilfegesetz, 10. Aufl., Neuwied, Darmstadt 1981.

Schenke, Wolf-Rüdiger: Das Verwaltungsverfahren zwischen Verwaltungseffizienz und Rechtsschutzauftrag, in: VBlBW 1982, S. 313 ff.

Schickedanz, Erich: Das rechtliche Gehör im Verwaltungsverfahrensgesetz-Entwurf, in: ZRP 1975, S. 182 ff.

Schimanski, Werner: Die Anhörung des Beteiligten gem. § 34 Abs. 1 SGB I, in: SGb 1980, S. 521 ff.

Schlephorst, Hubert: Amerikanisches Verwaltungsrecht im Spannungsfeld zwischen zunehmender staatlicher Betätigung und bürgerlichen Freiheitsrechten, Diss. jur. Münster 1963.

Schmidt, Walter: Gerichtlicher Rechtsschutz im Verwaltungsverfahren, in: JuS 1982, S. 745 ff.

Schmitt Glaeser, Walter: Partizipation an Verwaltungsentscheidungen, in: VVDStRL 31, S. 179 ff.

Schnapp, Friedrich E.: Der beteiligte Bürger im sozialrechtlichen Verwaltungsverfahren, in: BlStSozArbR 1980, S. 87 ff.; zit.: Schnapp, in: BlStSozArbR 1980.

— Öffentliche Interessen und private Belange im Verfahren der Sozialleistungsträger, in: SGb 1980, S. 177 ff.; zit.: Schnapp, in: SGb 1980.

— Pflichten des Leistungsträgers im sozialrechtlichen Verwaltungsverfahren, in: DAngVers 1979, S. 9 ff.; zit.: Schnapp, in: DAngVers 1979.

Schoch, Friedrich K.: Rechtsbeistand beim Einstellungsgespräch von Beamtenbewerbern, in: NJW 1982, S. 545 ff.

— Heilung unterbliebener Anhörung im Verwaltungsverfahren durch Widerspruchsverfahren?, in: NVwZ 1983, S. 249 ff.; zit.: Schoch, in: NVwZ 1983.

Schroeder-Printzen, Günther: Die Rechtsprechung des Bundessozialgerichts im Krankenversicherungs- und Kassenarztrecht, in: Sozialenquête und Sozialrecht, Festschrift für Walter Borgs, Wiesbaden 1967, S. 185 ff.

Schroeder-Printzen, Günther/*Engelmann*, Klaus/*Wiesner*, Siegfried/*v. Wulffen*, Matthias: Sozialgesetzbuch, Verwaltungsverfahren — SGB X, Kommentar, München 1981; zit.: Bearbeiter, in: Schroeder-Printzen/Engelmann u. a.

Schultze-Rhonhof, Klaus: Das rechtliche Gehör im Verwaltungsverfahren, Diss. jur. Münster 1957.

Schwampe, Herbert: § 34 SGB I ist tot, es lebe § 24 SGB X — Ein Bedeutungswandel?, in: BG 1981, S. 97.

Schwartz, Bernard: An Introduction to american Administrative Law, 2. Aufl., Great Britain 1962.

Schwarze, Jürgen: Administrative Leistungsfähigkeit als verwaltungsrechtliches Problem, in: DÖV 1980, S. 581 ff.

Seidel, Theodor: Das Recht des Beschuldigten auf rechtliches Gehör im Strafprozeß, Diss. jur. Köln 1963.

Skouris, Wassilios: Die amtliche Bekanntgabe als Voraussetzung empfangsbedürftiger Verwaltungsakte, in: VerwArch 65 (1974), S. 264 ff.

Steinberg, Rudolf: Komplexe Verwaltungsverfahren zwischen Verwaltungseffizienz und Rechtsschutzauftrag, in: DÖV 1982, S. 619 ff.

Stelkens, Paul: Verfahrenshandlungen i. S. des § 44 a S. 1 VwGO, in: NJW 1982, S. 1137 f.

Stelkens, Paul/*Bonk,* Heinz J./*Leonhardt,* Klaus: Verwaltungsverfahrensgesetz, Kommentar, 2. Aufl., München 1983; zit.: Bearbeiter, in: Stelkens/Bonk/Leonhardt.

Stern, Klaus: Das Staatsrecht der Bundesrepublik Deutschland, Band I, Grundbegriffe und Grundlagen des Staatsrechts, Strukturprinzipien der Verfassung, 2. Aufl., München 1984.

Terbille, Michael: Das Petitionsrecht in der Bundesrepublik Deutschland — Genese, Geltungsgrund und Ausgestaltung —, Diss. jur. Münster 1980.

Tipke, Klaus/*Kruse,* Heinrich Wilhelm: Abgabenordnung/Finanzgerichtsordnung, Kommentar, Loseblatt, 10. Aufl., Stand: 41. Lieferung, Köln, Bochum 1983; zit.: Bearbeiter, in: Tipke/Kruse.

Ule, Carl Hermann: Das Verwaltungsverfahrensgesetz, in: DVBl. 1976, S. 421 ff.; zit.: Ule, in: DVBl. 1976.

— Zur Bedeutung des Rechtsstaatsbegriffs in der Rechtsprechung des Bundesverwaltungsgerichts, in: DVBl. 1963, S. 475 ff.; zit.: Ule, in: DVBl. 1963.

— Verfassungsrecht und Verwaltungsprozeßrecht, in: DVBl. 1959, S. 537 ff.; zit.: Ule, in: DVBl. 1959.

Ule, Carl Hermann/*Becker,* Franz: Verwaltungsverfahren im Rechtsstaat, Bemerkungen zum Musterentwurf eines Verwaltungsverfahrensgesetzes, Köln und Berlin 1964.

Ule, Carl Hermann/*Laubinger,* Hans-Werner: Verwaltungsverfahrensrecht, 2. Aufl., Köln, Berlin, Bonn, München 1979.

Verband Deutscher Rentenversicherungsträger (Hrsg.): Kommentar zum Recht der Gesetzlichen Rentenversicherung, Sozialgesetzbuch, 10. Buch, SGB X, Loseblatt, Stand: 7. Ergänzungslieferung, Weinheim a. d. Bergstraße 1983; zit.: VDR-Komm.

Wahl, Rainer: Verwaltungsverfahren zwischen Verwaltungseffizienz und Rechtsschutzauftrag, in: VVDStRL 41, S. 151 ff.

Wannagat, Georg (Hrsg.): Sozialgesetzbuch, Kommentar zum gesamten Recht des Sozialgesetzbuchs, Allgemeiner Teil, Loseblatt, Stand: 4. Lieferung, Köln, Berlin 1984, zit.: Bearbeiter, in: Wannagat.

Weides, Peter: Verwaltungsverfahren und Widerspruchsverfahren, 2. Aufl., München 1981.

Wertenbruch, Wilhelm (Hrsg.): Bochumer Kommentar zum Sozialgesetzbuch, Allgemeiner Teil, siehe ebd.

— Sozialverwaltungsrecht, in: v. Münch, siehe ebd., S. 367 ff.

— Sozialverfassung — Sozialverwaltung, Frankfurt 1974.

— Sozialrecht und allgemeines Verwaltungsrecht, in: DÖV 1969, S. 593 ff.; zit.: Wertenbruch, in: DÖV 1969.

— Erwägungen zur materialen Rechtsstaatlichkeit, in: Festschrift für Hermann Jahrreiß, Köln, Berlin, Bonn, München 1964; zit.: Wertenbruch, in: FS für Jahrreiß.

— Grundgesetz und Menschenwürde, Köln 1958; zit.: Wertenbruch, Grundgesetz und Menschenwürde.

Wilde, Klaus Rüdiger: Der Verzicht Privater auf subjektive öffentliche Rechte, Diss. jur. Hamburg 1966.

v. Winterfeld, Achim: Das Verfassungsprinzip des rechtlichen Gehörs, in: NJW 1961, S. 849 ff.

Wolber, Kurt: Anhörung und Anhörungsfristen nach Art. I § 34 SGB I unter Berücksichtigung der BSG-Rechtsprechung vom 27. 7. 1977, in: SozVers 1978, S. 227 ff.; zit.: Wolber, in: SozVers 1978.

— Anhörung Beteiligter nach dem AT des SGB, in: SozVers 1976, 87 ff.; zit.: Wolber, in: SozVers 1976.

Wolf, Manfred: Rechtliches Gehör und die Beteiligung Dritter am Rechtsstreit, in: JZ 1971, S. 405 ff.

Wolff, Hans Julius/*Bachof*, Otto: Verwaltungsrecht I, 9. Aufl., München 1974, zit.: Wolff/Bachof, VwR I.

—/— Verwaltungsrecht III, 4. Aufl., München 1978; zit.: Wolff/Bachof, VwR III.

v. Wulffen, Matthias: Anmerkung zum Urteil des Bundessozialgerichts vom 22. 6. 1983 — 12 RK 73/82 —, in: SGb 1984, S. 112 ff. (114 f.).

Zeuner, Albrecht: Der Anspruch auf rechtliches Gehör, in: Festschrift für Hans Carl Nipperdey zum 70. Geburtstag, Band I, München und Berlin 1965, S. 1013 ff.

Zippelius, Reinhold: Einführung in die juristische Methodenlehre, 3. Aufl., München 1980.

FSC
www.fsc.org
MIX
Papier | Fördert gute Waldnutzung
FSC® C083411

Kolibri 360 GmbH
Ferdinand-Jühlke-Straße 7
99095 Erfurt, Deutschland
produktsicherheit@kolibri360.de

Druck:
CPI Druckdienstleistungen GmbH
im Auftrag der
Kolibri 360 GmbH
Ferdinand-Jühlke-Str. 7
99095 Erfurt